JN018082

ブレイクスルー

ノーベル賞
科学者
カタリン・カリコ
自伝

BREAKING
THROUGH
My Life in Science

カタリン・カリコ
Katalin Karikó
笹山裕子 訳

河出書房新社

ブレイクスルー　ノーベル賞科学者カタリン・カリコ自伝　**目次**

ブレイクスルー
ノーベル賞科学者カタリン・カリコ自伝

本書に登場するハンガリー人の人名は原則として、正式に「姓・名」の順で表記しています。カリコ氏およびご家族に関しても、ハンガリー時代の記述ではおもに姓・名の順で、より発音の近い「カリコー」という表記を採用しています。

はしがき

二年生最後の日、娘のスーザンはフィラデルフィア郊外の公立小学校から帰ってくると、テーブルの前にすわり、バックパックを開けて、鉛筆と紙をとり出した。そして何か書きはじめた。そのときの眉を寄せて集中している真剣な表情を、わたしはその後、スーザンの成長とともに何度もくり返し目にすることになる。

何を書いているの、とわたしはたずねた。スーザンは顔も上げずに答えた。「ウィルソン先生に手紙を書いているの。一年間、たくさんのことを教えてくれて、ありがとうございましたって」

わたしはスーザンをみつめた。紙から目を離さず、注意深く手紙を書いている。手が一直線に動き、行を変えてまた一直線に動いていく。

わたしはやらなかった。

そんなことは、やったことがなかった。先生にお礼の手紙を書いたことなど、一度もなかった。

だからこの本が、遅ればせのお礼状の役目を果たしてくれることを願っている。時間をかけて、わたしを教育してくれた人たち――ハンガリーでの前半生でお世話になった先生や指導者から、ともに仕事をさせてくれた世界的な心臓学、神経外科学、免疫学の権威にいたるまで――に、感謝を伝えてくれることを。

先生たちから、わたしは自分の土台となる基礎を学んだ。

先生たちから、わたしは次の段階に進む方法を、疑問を持ち、好奇心を抱き、探究し、考えることを学んだ。

先生たちから、わたしはその先に進むことを、自分の知識を活用して貢献することを学んだ。

先生たちのおかげで、戦後、共産主義国家ハンガリーのふたりの労働者から生まれた子どもは、世界を理解し、やがて自分なりに世界に貢献することができた。

農業社会で育った人、さらにいえば生物学者になった人は、必ず種子についての正しい認識を持っている。種子は可能性。約束。滋養。種子は希望のない未来を豊かな未来に変えてくれる。種子を植えることは、信じること。希望を持つことだ。

だからわたしは、お世話になった先生たちにお礼をいいたい。世界じゅうの教育者にお礼をいいたい。種子を植えてくれてありがとう、と。

プロローグ

女の人が実験室の椅子にすわっている。外側からは、どうということのない光景に思われる。すわっているスツールはさして高価でもなく、キャスターが硬い床の上でギシギシと小さな音を立てる。実験台の表面は硬く頑丈な素材——おそらくスチールかエポキシ樹脂——でできていて、こぼれたものを吸いとれるように紙が敷いてある。そばには道具がある。卓上遠心分離機、プラスチックでできた正方形のアッセイプレート、ボルテックスミキサー、電熱器、培養器。なじみのない人の目には、アメリカの一般家庭のキッチンカウンターによくある電化製品にみえるかもしれない。**温めたり、冷ましたり、凍らせたり、混ぜたり、掃除したりするものに。**

近くの窓から自然光が注いでいるかもしれないし、注いでいないかもしれない。頭の上では蛍光灯のブーンという音がしている。華やかさなどひとつもない光景だ。

始業前なのかもしれない。まだ朝早く、太陽が地平線から顔をのぞかせたばかり。その人はピペットと試薬の瓶を手にとる。そして始める。

そして何時間もすわっている。四〇年間だってすわっているかもしれない。

その光景を外側からみていたら、すぐに退屈してしまうだろう。退屈して当然だ。**ずっとすわって**

いるだけなのだから。けれども内側からみた光景は、まったくちがう。

体はじっとしていても、頭はとてつもないアイデアにあふれていて、ぐるぐると忙しく回転している。手がけている研究が画期的な発見(ブレイクスルー)につながれば、いつか世界が変わるかもしれない。その発見をするのが自分なのか、ほかのだれかなのかはわからない。自分が生きている間に発見されるのかもわからない。だが、それはどうでもいいことだ。

重要なのは研究すること、**行動すること**なのだから。

一歩ずつ前に進む。計測し、ピペットで吸いあげ、注ぎ、遠心分離機をスタートさせる。観察し、すべてを見逃すまいとする。作業はだらだら続くが、気持ちがだらけることはない。それどころか、探偵か、刑事コロンボにでもなった気分だ。わずかな手がかりも見逃さず、事件の謎を解明しようとしている気分だ。

外側からどうみえるかは、重要ではない。その人にはわかっている。キャスターがギシギシ鳴り、蛍光灯がブーンと音をさせているありふれた実験室のありふれた一日に、可能性が満ちていることを。

細胞も同じように、見た目とはちがう。

中学校の生物の授業を覚えている人なら、細胞について知っているだろう。生命の最小単位、あらゆる生物体を構成する基本単位だ。もしかしたら、細胞の大まかな構造を知っている人もいるかもしれない。真核生物、つまりあなたが目にしたことがあるほぼすべての生物と、顕微鏡がないとみることができない多くの生物の場合、細胞は次のような構造になっている。細胞膜の中に細胞質と呼ばれるゲル状の液体があり、その中でさまざまな細胞小器官が漂っている。細胞の中心には細胞核があり、

ＤＮＡが詰まっている。教科書の説明のしかたによっては、裏庭のプールのようなものを連想するかもしれない。空気を入れて膨らませるおもちゃがぷかぷか浮いていて、何かが起きるのを待っている光景を。

しかし、実際の細胞は、その光景とは似ても似つかない。

細胞はどれもＳＦに登場する眠らない都市のようなものだ。ずっと活動を続けている。人間のほぼすべての細胞には驚嘆するほどの最新鋭の工場があり、休むことなく何千もの製品を製造している。迷路のような輸送システムは、人間世界の複雑な高速道路網さえ時代遅れに感じさせる。梱包（こんぽう）・出荷センターはＤＨＬより効率的で、発電所は大量のエネルギーを発生させ、廃棄物処理センターでは不必要なものがひとつも残らないよう、何ひとつむだにならないよう、管理している。

細胞の中では、複雑な暗号が書かれ、封印され、伝達され、解読され、分析されている。施錠された門は、特別な鍵で触れないかぎり、開閉しない。監視システムが侵入者を監視し、みつければ飛びかかる。このような、途方もない量の生物学的活動が、あなたの何兆個にもおよぶ細胞の中で、つねに進行している。

あなたがこの本を読んでいるこの瞬間にも、あなたの細胞は送りこみ、引っぱり、積みあげ、輸送し、書きうつし、解読し、建設し、破壊し、折りたたみ、ふさぎ、受けとり、放出している。そのおかげであなたは呼吸したり消化したりして、体のすみずみにまで酸素と栄養を送ることができている。電気を起こし、空気中の振動を解釈している。考え、知覚し、筋肉を収縮し、肉眼ではけっしてみえないような病原体の軍勢を感知し、撃退している。

つまり、あなたは生きている。

こんな話をしたのは、わたしの物語を、**わたし**を理解するために、知っておいてほしいことがあるからだ。それは、外側からは動いていないようにみえていても――スツールにじっとすわっている女の人も、プールに浮かんでいるおもちゃも――まったく逆な場合もあるということ。

複雑で充実した人生――あるいは人生の複雑さそのもの――が、どうってことないものにみえるときもあるということだ。

第1部
肉屋の娘

子ども時代の風景

わたしの家族が好んで語る思い出話がある。まだわたしが物心つく前のことで、ぷくぷくした頰におかっぱ頭、よちよち歩きのわたしは、家の庭に立っている。目の前では父が、飼っていた豚の解体を始めたところだ。それが父の仕事。肉屋なのだ。それで生計を立て、家族を養っている。父は一二歳のときから、この稼業に就いている。

死んだ豚は、土にまみれないように、れんがの台にあおむけに寝かされている。父はブローランプに似た手持ちのウッドバーナーで、豚の毛を焼く。豚の長い腹を裂き、中に手を入れる。臓器に穴を開けないよう、注意深く内臓をすくい出す。こぶだらけの腸がぬらぬらと光る。父は鉈(なた)をふりあげ、背骨のところでまっぷたつにする。そうすると、目の前に横たわっているものは、動物らしくなくなる。生きものというより、商品に近くなる。最後に父は死体を切りわけ、鮮やかな赤い筋肉のかたまりにしていく。

三歳年上の姉ジュジャンナは、その光景に耐えられない。ジョーカとわたしが呼んでいる姉は線が細い。しかし、戦後のハンガリーのこと。線が細いなどという贅沢は、だれにも許されていない――わが家のような、その日暮らしの勤労家庭には、なおさらだ。とにかく、その瞬間、**わたし**を魅了した何かは、姉の目には同じようにうつらなかったようだ。

わたしは今でも魅了されている。

両親は、そのときのわたしの様子を思い出しては笑っていた。わたしは目を大きく見開いて、ひとつも見逃すまいとしていた。動物の体内の複雑な仕組みを。一頭の豚を生かすためにずっと協力してきたさまざまな器官を。ずっと秘められていて、ついにあらわになった謎と驚異を。

それが、わたしにとっての始まりだ。

そうやって父の仕事をみていたことは覚えていないが、当時のわたしをとり巻いていた世界、子ども時代の風景はよく覚えている。

キシュウーイサーラーシュ。ハンガリー中央部、ハンガリー平原北部の町。粘土質の土壌。一面の草原。人口およそ一万人の、農業を中心とした中規模の町。鉄道の駅があるせいか、特に孤立しているわけではない。それに、ブダペストへの幹線道路である四号線も通っている。舗装された道路もあるが、わが家の前の道は土を踏みかためたものだ。

家は簡素で小さい。文字どおり、周囲の土で建てたものだ。粘土とわらを固めた日干しれんがで壁を造り、水漆喰を塗り、分厚い茅葺き屋根でおおっている。茅は日に焼けて色が抜け、白髪まじりのぼさぼさのかつらのようにみえる。

わたしたちは、ひと部屋で生活している。家にはほかにも部屋があるけれど、一年の大半は寒すぎて、物置にしか使えない。だから、暖かい場所に集まって暮らしている。

暖かさの源は、部屋のすみにあるおがくずストーブ。できるだけ安く熱をおこす方法だ。板金でできていて、幅は五〇センチメートルほど。真ん中にあるドラム缶のような筒におがくずを詰めるようになっている。おがくずは木のおもちゃを作っている近所の工場でもらい、馬で家まで運ぶ。家に着き、おがくずを納屋に積みあげると、父の背より高くなる。夏の間は定期的にみにいって、燃えていないことを確かめる。おがくずは自然発火するからだ。

おがくずストーブは、料理に使えるくらい熱くなる。火の勢いが最高潮に達すると、外側の金属が赤くなる。ジョーカもわたしも、近づきすぎてはいけないことを、ちゃんとわきまえている。さもないと火傷（やけど）をするからだ。でも、毎朝燃料入れを引っぱり出して、おがくずを詰めるのは、わたしたちの仕事だ。これは重労働で、しかも注意が必要だ。わたしたちの日課の多くがそうであるように、これはお手伝いではない。すくなくとも今、お手伝いという言葉が指すものとはちがう。親に**頼まれてすること**でも、家族のためにやってあげていることでもない。**やらなければいけないこと。**それ以上でもそれ以下でもない。わたしたちがやらなければ、家族は凍えてしまう。

部屋の真ん中に大きなテーブルがある。ここで食事を作り、食べ、ときには親戚が集まってにぎやかにお祝いをする。姉とわたしは宿題をしたり、本を読んだり、母といっしょに小麦粉と卵でパスタを作ったりする。

毎晩、父はテーブルの上座に立ち、ひとりひとりに夕食を配る。第二次世界大戦中、父は陸軍で前線におもむき、何百人もの兵士の食事を用意し、正確にとり分けた。今でも父の姿が目に浮かぶ。レードルでパスタをすくい、自分のボウルに入れる。「戦時中に前線で従軍した兵士たち！」父は声をはりあげる。次に母のボウルを手にとる。「戦時中に銃後にいた兵士たち！」それからわたしのボウルと姉のボウルを手にして、パスタをすこしずつ入れる。「平時の兵士たち」父は静かな声でいう。それから声をあげて笑い、みんなのボウルにパスタを足してくれる。今だってけっして楽とはいえないが、父はもっとひどい時代を経験してきた。大人はみんなそうだ。

そばにはベッドがある。わたしとジョーカのベッド、父と母のベッド。ベッドはくっつきあっていて、眠っていても手を伸ばせばみんなに触れることができる。

外には父の燻製小屋（ソーセージがぶら下がっていて、パプリカのオレンジ色に染まったどろどろの脂が、床に滴っている）のほかに納屋があり、もう新しい豚が育っている。来年の肉だ。囲いの中では鶏が地面をつついている。菜園もいくつかある。いちばん広い菜園では、自分たちで食べる食料を育てている。ニンジン、インゲンマメ、ジャガイモ、エンドウマメ。夕食は、菜園でそのとき食べごろになっているもので作る（味つけはソーセージと同じパプリカ。何にでも大量のパプリカを入れる）。ジョーカとわたしの菜園もある。そこに、早春になると種子を植える。ぎこちない手つきで、それでもやさしく作業する。種子にていねいに土をかぶせて数週間たつと、芽が顔を出して、太陽に向かって背伸びする。果物も育てている。リンゴ、マルメロ、チェリー、それにブドウ棚とつる棚もある。

庭もある。青いヒヤシンス、白いラッパズイセン、スミレ、咲き誇るバラ。花が咲くと、このつつましい家が、すこしだけ楽園のようになる。

当時は名前もきいたことがなかった、海の向こうのフィラデルフィアという都市に、数十年後、わたしは落ち着くことになる。郊外の広い道沿いの家の庭に植えようと花をさがしはじめ、白いラッパズイセンがなかなかみつからずに困りはてたとき、ようやく自分がしていることに気づいた。わたしがさがしているのは、ただのラッパズイセンではなく、子ども時代のあの花咲く庭、母が種子を植え、世話をしていたあの庭だということに。

町の外にはトウモロコシ畑がある。鍬を使って土を耕し、雑草を掘りおこして、自分たちで植えたトウモロコシだ。間引きし、雑草を抜き、牛糞で肥やし、収穫する。トウモロコシの実は家畜の餌にし、軸は料理用ストーブの燃料にする。

すべてがそんな具合だ。何もむだにしない。クルミの木をゆすって実を落とすと、中の実を食べ、残った殻は燃料にする。

プラスチックがわたしの生活に登場するのも、ゴミという概念を理解するようになるのも、ずっと先のこと。何の役にも立たず、捨てるしかないものがあるという認識は、当時のわたしの頭の中にはまだない。

わが家には牛はいないが、ご近所さんが飼っている。毎朝、姉とわたしは空き瓶を持って、その家に走っていく。搾りたての温かい牛乳を瓶に注ぎ、朝食で配る。残りはケフィアになる。瓶を水ですすぐときは、白くにごった水を鉢に入れて豚にやる。豚はがつがつと何でも食べてしまう。

せかせかと動きまわり、身じたくをしながら（室内の気温は低く、吐く息がみえるときもある）、小さなラジオに耳を傾ける。毎朝アナウンサーが「今日の名前」を発表する。一年三六五日、それぞれの日にちなんだ名前があり、お祝いするのだ。二月一九日はジュジャンナ。一一月一九日はエルジエーベト。「おはようございます」とラジオの声はいう。「一〇月二日、今日の名前はペトラです。この名前はギリシャ語で石や岩を意味する言葉から……」これをきいておけば、学校に着いたときにだれにおめでとうをいえばいいかがわかる。これはいいシステムだ。よく会う人でも、なかなか誕生日までは覚えていない。でも名前を知っていれば、その人の名前の日にお祝いをいうことができる。

わたしが一〇歳になるまで、わが家のトイレは屋外にあった。夜は――特に冬の夜は――おまるで用を足す。知りあいはみんな、すくなくとも当時は、同じようにしていた。

家に水道はなく、裏庭に井戸があった。同じ通りの家は、みんな同じだった。ときどき、井戸に身を乗り出して、暗闇をのぞきこみ、涼しく湿った空気を肌に感じる。夏には、この井戸が冷蔵庫になる。食べ物を水面近くにぶら下げて、腐らないようにする。冬の間は家全体が冷蔵庫だ（特に寒い時期は、卵が凍らないようにベッドの下にしまっていた）。

井戸の水は、家畜の世話や、植物の水やりに使う。硬水で石けんが溶けないため、行水や洗濯には使えないし、飲み水にもならない。だから父が毎日近くの共同給水場にいって、木の棒の両端に広口のバケツをぶら下げて水を運ぶ。ジョーカとわたしもいっしょにいって、小さな容器に水を入れて持ち帰る。その水を週に一度温めて、たらいに入れ、行水をする。

共同給水場では、近所の人たちが噂話（うわさばなし）をしたり、最新情報を交換したりして、日々の楽しみやフラストレーションを分けあっている。わたしにとっては元祖井戸端会議、初めてのチャットルームでもある。

たまに、大きな馬にまたがった男の人が通りにやってくる。大きな音で太鼓を鳴らし、人びとを外に呼びだして、当局が決めたことを発表する。これは共同給水場とは別の、正式な情報伝達で、場所によって「グリオ〔訳注：西アフリカの語り部〕」とか「町の触れ役」とか呼ばれる。

男の人は、大きな声でこんなふうにいう。「次の火曜日、鶏の予防接種を実施する！　鶏は屋内に入れ、必ず接種を受けさせること！」

わたしたちは情報を記憶し、共同給水場にいったときに思い出せるようにしておく。そして、伝達をきいていなかった人がいたときのため、情報をくり返す。「伝達をきいた？　鶏の予防接種だって。そう、次の火曜日にね。鶏を屋内に入れておくようにっていってたよ」

そして次の火曜日になると、お達しどおり獣医学校の学生がわが家にやってくる。ジョーカとわたしは鶏小屋の鶏をつかまえて、一羽ずつ渡して、接種を受けさせる。おそらくそれが、わたしにとって初めてのワクチン接種だ。

いたるところに科学の授業が

科学の授業は、身のまわりのいたるところにあった。

木にのぼって鳥の巣をのぞく。硬い卵が無防備なひなになり、口を大きく開けて餌を待っているのを見守る。ひなは羽が生え、筋肉がついて巣を離れ、地面をついばむようになる。気温が下がると、コウノトリやツバメは飛びたち、いなくなる。春になるともどってきて、また同じサイクルがくり返される。

燻製小屋で、姉とわたしはこぼれた脂をスプーンで集める。そして壺（つぼ）に入れておく。夏になると母は女の人を家に呼ぶ。とても年とったおばあさんで、何世代にもわたって伝えられてきた知識が頭に詰まっている。その人の指示のもと、わたしたちは脂を溶かし、その女の人だけにわかる比率で、炭酸ナトリウムと混ぜる。それを、ふきんを敷いた木箱に流しこみ、固まって石けんになると、針金で切る。石けんは行水に使ったり、削って洗濯に使ったりする。

今思えば、あの地元の「石けん作りのおばあさん」は、わたしが初めて出会った生化学者だった。

ほかにも学んだ。ある夏、畑のジャガイモが害虫にやられた。*Leptinotarsa decemlineata*、コロラドハムシと呼ばれる昆虫だ。卵を産みつけられると、幼虫が大量に生まれ、畑じゅうに広がって茎を食べ、葉をレース状にしてしまう。対処しなければ作物は全滅する。両親は、わたしをコロラドハムシ係に任命した。畑をくまなくみてまわり、虫を一匹ずつつかまえ、壺に入れる。コロラドハムシは体長が一二ミリメートルほどで、頭に斑点があり、背中が黒と白のくっきりとしたストライプ模様になっている。成虫にはそれほど嫌悪感を抱かないが、一匹でも見逃すと大量の卵を産み、そこから気味の悪いピンク色の幼虫が発生して、ねとねと、もぞもぞと動きまわる。わたしはそれもつまみとる。

コロラドハムシ係の仕事は単調で、ときには気持ちの悪い思いもする。でも、昆虫学の入門になるし、生態系を知ることにもつながる。それというのも、ここでも何もむだにしない仕組みになっているからだ。つかまえた虫は鶏の餌になり、鶏は大喜びで食べる。コロラドハムシは鶏の食料になり、鶏はわたしたちの食料になる。わたしは食物連鎖を学び、自分がまさにその一部であることに気づく。

仕事には終わりがない。姉とわたしは鶏に水を運び、卵を集める。たまに、貴重な鶏のうちの一羽を選んで料理しようということになると、ほうきを持って追いかけまわし、さっとつかまえる。皿も服も手で洗う。週に二回、歩いて三〇分のところに住んでいる祖母が庭の花を切って――ラブダロージャ（テマリカンボク）にテレク・セグフー（アメリカナデシコ）、ロージャ（バラ）、ダーリア（ダリア）、サルマヴィラーグ（ムギワラギク）、トゥリパーン（チューリップ）、カルドヴィラーグ（グラジオラス）、バジャロージャ（ボタン）――市場に運び、売っている。わたしたちは花を切って、売り物にする準備を手伝う。

祖母から花の名前を教わったことはないけれど、ちゃんと知っている。五年生のとき、わたしはハンガリーの植物についての本をもらった。ハンガリーの女性植物学者であり画家でもあるチャポディ・ヴェラの手によるみごとな水彩画がたくさん載っている本だ。わたしはその本に夢中になった。何時間もページをめくり、色鮮やかな花びらや、丸々とした球根からひょろりと生えている根っこ、多様な葉脈の正確な描写を覚えていった。

家族が過ごす部屋には、わずかながら電気が通っている。そのおかげで、電灯ふたつのほかに、レコードプレーヤーとラジオを使うことができる。母は音楽が好きで、夕食のしたくをしたり、お菓子を焼いたりするときに、よくレコードをかける。母はお菓子作りが得意で、特にケーキは極上で、しっとりとしたおいしいケーキに手のこんだデコレーションをほどこす。わたしのお気に入りはルードゥラーブ、「ガチョウの足」と呼ばれるケーキで、スポンジケーキにレーズン入りのクリームをはさみ、チョコレートでコーティングしてある。

ジョーカはわたしより料理が上手で、一〇歳になるころにはひとりでケーキを焼けるようになっていた。わたしは料理がそれほど得意でもなければ、好きでもなかった。姉妹の間では、早くから役割分担ができていて、わたしが火をおこし、ジョーカが料理をし、わたしが後片付けをするようになっていた。

父も音楽が大好きだ。お気に入りはオペラのテノール歌手ボイトル・イムレや、ハンガリーの伝統歌曲マジャル・ノータ。父自身、すばらしい声と音楽的才能があり、上手にうたうことも、バイオリンやチターを弾くこともできる。そしていつも大きな声で次から次へとうたっている。

父は何度となく姉とわたしに音楽の手ほどきをしようとしたが、ふたりとも音感がよくなかった。うたえば音程をはずすし、バイオリンを弾いても弓が弦にうまくあたらない。でも、音楽をきくのは好きで、まわりの人たちと同じように、メトロというバンドのファンだ。メトロのボーカルはステヴァノヴィチ・ゾラーンで、アメリカでいえばロイ・オービソンみたいな歌手だ。でも、自分でうたったり、演奏したりとなると、どうもうまくいかない。ある時点で父はわたしたちに教えるのを諦め、自分だけで演奏するようになる。

父にはほかにも才能がある。二桁のかけ算が暗算ででき、すぐに答えを出せる。姉とわたしがしょっちゅう父に問題を出すのだが、めったにまちがえたためしがない。そこからも、わたしは数学以上のことを学ぶ。それは、知能と教育は別物だということだ。名声や学歴がなくても、頭の切れる人はたくさんいる。

そんなことはあたりまえだと、わたしは思っていた。当然のことだから、あらためて教えてもらう必要などないことだと。ところが研究の世界に入ってから、そうではないと知ることになる。わかっていない人はたくさんいるのだと。

わたしが九歳のとき、両親は一〇〇年前に建てられた、崩れかけの泥れんがの家を買った。ぼろぼろでとても住めないが、解体して、その材料を使えば、新しい家を建てられる。

ひと夏をかけて、姉と父とわたしは、それを実行した。屋根からスレートをはずし、釘を全部集める。一〇〇年前の釘はブロンズ製で、店で売っている安物のアルミ製よりずっと頑丈だ。姉とわたしは一本ずつハンマーでたたいてまっすぐにし、また使えるようにする。はずしたスレートはきれいにして積み重ねておく。古い板はサンドペーパーで磨き、ふたたび設置する。大きな穴に粘土とわらと水を入れて混ぜ、それを壁に塗ってなめらかにする。いちばん小さくて身軽なわたしは屋根にのぼり、届きにくいところにも入りこむ。父に教えてもらったとおりに屋根板を釘で留め、上からわら粘土をきれいに塗る。

ついにできあがった家に引っ越したとき、一〇歳になったわたしは、家のすみずみまで知りつくしていた。

さて、これは仕事といえるのだろうか。それとも生活の一環にすぎないのだろうか。

もちろん、わたしたち子どもはたくさん遊ぶ。舗装されていない道路で、同じ年ごろの大勢の友だちと、何時間も遊ぶ。夏にはお店ごっこ。わたしは小さいからお客役、姉たちは店主になる。学校ごっこもする。姉たちが先生で、わたしは生徒。与えられた宿題に、本当の学校と同じように、一生懸命にとり組む。

冬は雪遊び。夏に大雨が降ると、水でいっぱいになった溝に入り、バシャバシャと水をはねかして遊ぶ。

でもわたしにも、まわりの友だちにも、どこまでが仕事でどこからが遊びかわからない。責任がどこでお楽しみに変わるのか。境界線はあいまいで、はっきりしない。わたしたちは働き、そして楽しむ。助け、そして受けとる。

わたしが子どものころから積み重ね、やがて科学者になるための基礎となった学びのうち、いちばん重要なのがそれだ。仕事と遊びは混じりあうということ、溶けあってひとつになるということ、そして境界線という発想そのものが無意味であること。

わたしの両親

一軒の店がある。東欧の町の、古めかしい商店街にある小さな精肉店。冬の朝、子どもたちが店先に集まって、ウインドーのガラスに顔を押しつけている。いったい何をみているのだろう。石畳を踏みしめて、近づいてみよう。店の中に、だれかが作った雪景色がある。ジンジャーブレッドで作った家を思わせるが、そのディスプレーはパンやお菓子ではなく、肉だけでできている。雪におおわれた屋根は白いラード、フェンスは連なったソーセージ、つららはぽたぽたと滴る牛の脂。

この雪景色を店主といっしょに作ったのは、わたしの父だ。

実際にこのウインドーをみたことはないが、子どものころは、よく想像した。父がその様子を話してくれて、キシュウーイサーラーシュじゅうから子どもたちがみにきたといった。その光景が目に浮かぶようだった。まるで自分もいっしょにウインドーに鼻をくっつけて、ガラスに自分の息がかかって半透明の円ができているような気がした。

わたしが生まれたころには、そのようなディスプレーはしなくなっていた。

父は一二歳のときに肉屋の見習いになった。しばらく学校に通ったが、一九三二年に六年間の義務教育を終えた。そして地元の主人から、と畜の方法を学びはじめた。その後、生まれ故郷を出て、ブダペストで修業を続けた。**肉のさばき方を知っていれば、一生食べるのに困らないわよ**と、父は母親、つまりわたしの祖母からいわれたのだ。

その言葉は、誇張でも妄想でもなかった。当時は第一次世界大戦後で、ヨーロッパ全土が飢餓に苦しんでいた。敗戦国であるハンガリーは、どこもかしこも荒廃していた。父が子どものころは、父だけでなくだれもが、餓死の危険にさらされていた。

わたしの父はカリコー・ヤーノシュ。すくなくともわたしにとって、父はずっとその名前だったが、生まれたときはちがう名前だった。カリコーは祖母の旧姓だった。祖母はバログ・ラースローという人と結婚したが、その人は、当時のハンガリー人の多くがそうだったように第一次世界大戦におもむいた。一九一七年にキシュウーイサーラーシュを発ち、二度ともどらなかった。夫の出征後まもなく、祖母は裕福な家庭で働くようになった。その家庭には年ごろの子どもが何人かいて、息子のひとりがちょうど祖母と同じくらいの年だった。

そして一九二〇年、父が生まれた。

もう一度いう。夫が戦争にいったのは一九一七年、赤ん坊が生まれたのは一九二〇年。計算するまでもないだろう。

祖母の法律上の姻戚であるバログ家の人たちは、外聞が悪いと考えて、この婚外子と関わりを持ちたがらなかった。母親も、子どもも、バログの名にふさわしくないと考えた。同じように、父の**生物学上の**家族——つまり、祖母の雇い主の家族——も、知らん顔をしようとした。そこで、父が生まれて一〇年後、祖母は父の名字をカリコーに変えた。

父がすでに学校に通っていて、友だちからも先生からもバログと呼ばれていようが、父自身が自分の名字はバログだと思っていようが、関係ない。これからはカリコーだ。

それが、父がまだ幼いうちに学んだ教訓だった。ものごとは、とつぜん変わることがある。だから、機敏に反応するのが重要なのだ。

ブダペストで修業した父は、腕を上げた。そして一八歳で故郷にもどり、職をみつけた。キシュウーイサーラーシュの町の中心にある、まさに理想的と思われる精肉店だった。

父はその店が気に入った。店主は客に、肉だけでなくすべてにおいて、最上のものだけを提供しようとしていた。その店を始める前にイタリアまでいって、厳選してきた美しい手描きタイルで、店の壁を飾っていた。店主には質の高いものを見極める目があり、父は質の高い仕事をした。

店主と父は、堅実な商売をした。最高品質の肉を選び、スライスして、丁寧に包装した。客には誠実に接し、信頼を得た。当時はそれがあたりまえだった。人びとは自分の仕事に誇りを持っていた、と父は力をこめていった。たしかに父の話には、誇りが感じられた。しかし同時に、哀愁も感じられた。

なぜなら父がその話をしてくれたころには、世の中が大きく変わっていたからだ。

一九四〇年、第二次世界大戦が勃発する直前、父はハンガリー王国陸軍に入隊することになった。ふたたび故郷にもどったとき、何もかもが変わってしまっていた。

第二次世界大戦直後、ハンガリーでは民主化の動きがあった。しかし一九四七年に共産党が権力を掌握し、工業、教育、金融、交通を国営化した。土地は集団農場となった。豪華すぎるとみなされた家は接収され、持ち主は強制的に退去させられて、代わりに複数の家族が入居した。民営事業は国のものになった。父が働いていた精肉店、父が愛した店も、奪われた。

質の高い仕事も、顧客への心遣いも、一夜にして消えてしまった。

戦後ほぼ一一年間、ハンガリーの指導者だったラーコシ・マーチャーシュは熱烈なスターリン主義者、全体主義者だった（「スターリンの最も優秀な生徒」を自任するほどだった）。ハンガリーにとって、暗黒の時代だった。ラーコシは秘密警察を使い、国民に密告を奨励して、共産党への不満をおさえつけた。大量逮捕、みせかけの裁判、「政敵」の処刑を主導した。一〇万人の市民が投獄されたといわれ、さらに多くの人が強制労働収容所に移送された。

それからもうひとつ、変わったことがあった。政府は生き残っていた家畜を没収し、市民が豚や牛をと畜することを厳しく禁じた。食肉用の動物を飼うことも、それをと畜することも犯罪となり、重い禁固刑に処せられる。

父の生業（なりわい）だった肉を、国が独占してしまったのだ。

町の人びとから親しみをこめて「ヤーノシュおじさん」と呼ばれていた父は、地元の集団農場が運営する精肉店で働きはじめた。そのような集団農場が国じゅうにあった。集団農場は組合として土地と労働力を集め、作物（トウモロコシや小麦、米など）を育てて収穫したり、家畜を育ててと畜したりしていた。そして収穫物の一部を構成員に分配し、残りはほかの集団農場の収穫物（リンゴやテンサイなど）と交換する。

父は、表向きは集団農場の仕事だけをしていることになっていた。しかし実際には集団農場だけでは家族が必要とする食べ物をまかなえなかった。食糧不足が頻繁にあった。ルールに従っていては、食べていけなかった。

どこの家庭でも――キシュウーイサーラーシュだけでなくハンガリーじゅうで――こっそり家畜を飼っていた。父もこっそり集団農場以外の仕事をしていた。家庭で飼われている家畜のと畜を請けおっていたのだ。戦後しばらくは秘密にし、信頼できる家庭の仕事だけを、人目につかない夜にやっていた。十分に用心しなくてはならない、危険なことだった。だれにみられているかわからないからだ。リスクを最小限にとどめるため、父が作業している間は、子どもたちが通りを見張った。近づいてくる人がいると大人に知らせ、証拠がみつからないようにする。

父は夜どおし働くこともあった。夜ふけに作業を始め、夜が明けるころには何ごともなかったように元どおりにしておく。こうして闇の仕事を終えると、集団農場に出勤し、**合法的な**業務を始める。

その集団農場で、父は母と出会った。

母は現実的で、感傷的になったりしない人だった。それにはちゃんと理由があった。

母のほうの家系について、わたしが知っているいちばん古いできごとは、一九三四年に起きた。母の曽祖父母が殺されたのだ。それ以上のことは、何もわからない。だれが、なぜ、そんなことをしたのか。わたしにわかっているのは、サース・カーロイとその妻の命がとつぜん、暴力的に奪われたということ、そしてわたしたちがみな、知らずに生きるすべを学んだことだ。

次の世代に進もう。母の祖父オロシュ・フェレンツ（殺された夫婦の義理の息子）は、第一次世界大戦で戦った。一九一六年、フェレンツが前線におもむいてまもなく、妻、つまりわたしの曽祖母であるサース・ジュジャンナは、フェレンツが戦死したという知らせを受けとる。はるかな戦地で夫が死んだという知らせに絶望して、ジュジャンナは銃で命を絶ち、八歳から一五歳までの五人の子どもが残された。そのひとりがわたしの母の母で、当時一一歳だった。

戦争が終わり、オロシュ・フェレンツがかすり傷ひとつなくもどってきたとき、家族がどれほどショックを受けたかは、想像に難くない。戦死の知らせは、まちがいだったのだ。

さらに世代を進もう。母方の祖母ジュジャンナ――わたしはおばあちゃん（ナジママ）と呼んでいた――は祖父と結婚してキシュウーイサーラーシュのはずれにある小さな農場で暮らすようになった。穀物を植え、ガチョウを育て、三人の娘に恵まれた。エルジェーベトおばさんは一九二六年、母ジュジャンナ（そう、わたしの母も、祖母も、姉も、それにいとこもジュジャンナなのだ）は一九二九年、そしてイロナおばさんは一九三八年に生まれた。

でも、祖父はどうやら息子がほしかったようだ。その思いが強すぎて、三番目の娘であるイロナおばさんが生まれると、荷物をまとめて出ていってしまった。シングルマザーとなった祖母は、三人の娘とたくさんのガチョウを抱え、農場を切り盛りしてなんとか暮らしを立てた。娘たちは町の学校に通わせたが、歩いて一時間の道のりで、冬には容赦ない寒さで、危険なことも多かった。それでも母は八年生まで学校に通った。母の境遇を考えると、かなりしっかり学んだといえる。そして一九四三年、一四歳のとき、母は町のゼルディ薬局で働きはじめる。だが、第一次世界大戦が終わってまだ二五年しかたっていないというのに、次の戦争が始まってしまった。

一九四三年秋、祖母はガチョウを売って町に引っ越した。非常時にはまわりに人がいるほうが安心だと考えたのだ。まもなくドイツ軍がハンガリーに侵攻してきた。ドイツ軍と戦うためにソ連軍もやってきた。ソ連からブダペストに向かう途上にあるキシュウーイサーラーシュは、戦場になった。

戦いが激しくなり、母（そんな状況でも薬局で働き続けていた）は姉妹や祖母といっしょに近所の家の防空壕に逃げこんだ。おそるおそる外に出てみると、引っ越したばかりの家が燃えていた。燃え残ったのは、小さな離れだけだった。動物を飼うための小屋で、汚れていた。それでも四人はそこを新しいすみかに決め、できるだけ暮らしやすくなるよう工夫した。祖母は最後までそこに住み続けた。

といっても、住んでいない時期もあった。家が焼けてしばらくして、祖母はソ連兵から料理人にならないかと声をかけられた。ソ連兵が占有している町の大きな邸宅に住みこんで、将校たちに食事を作ってくれないかと依頼されたのだ。形式的には「依頼」だったが、実際には祖母に選択肢はなかった。当時、赤軍に「ノー」といえる人などいなかった。

さいわい、将校たちは祖母に親切にしてくれた。とっても、とってもやさしくて、礼儀正しかったのよ、と祖母はよくいっていた。ありがたいことだ。歴史をひもとけば、同じように始まり、まったく異なる結末を迎える話は、いくらでもあるからだ。

何年もたってから、母が当時の思い出を話してくれた。そのとき母は一五歳で、いつものように薬局に働きにいくところだった。道ばたにソ連軍の壊れた戦車が放置されていて、そばに兵士の死体が横たわっていた。母はその兵士をみた。母と同じか、若いくらいの兵士だった。

子どもだったと母はいう。大規模な破壊をくり返した軍の一員として戦死したその兵士のことを。**ほんの子どもだったのよ。**

歴史は、もちろん、子どもをも巻きこむ。

そんなあれこれがあったのち、母は集団農場で働くようになり、父と出会った。母は事務所で帳簿をつけたり、在庫管理をしたり、剰余や負債や交換の計算をしたりしていた。

八年生までしか学校に通わなかったとはいえ、母は賢く、機転がきいてユーモアもあった。細かいことまで見逃さず、志が高く、勤勉だった。読書が好きで、どんな分野の本にも興味を持ち、特に伝記とノンフィクションは生涯読み続けた。つねに好奇心を失わない母は、二一世紀の劇的な変化にも適応することになる（八〇歳になっても技術を使いこなし、テレビをみながら別のテレビ番組の録画をすることなどお手のものだった。何でもインターネットでみつけてきて、毎日電話をかけてきて、研究室にこもって働いているわたしに、その日のニュースを教えてくれた）。

父は母の頭のよさと美しさに気づいた。そしてすぐに母に夢中になった。父の人並みはずれたエネルギーはここでも発揮され、家の裏に生えている大きなライラックの木を切りたおし、母の家に運ぶというロマンティックな行動につながった。父が置いていった木が門をふさいでしまったため、祖母も、母も、おばたちも外に出られなかったという笑い話を、両親はくり返し語っていた。

両親は出会って数か月で結婚した。当時、結婚前の恋愛期間は短かった。結婚式の日、教会に集まった人たちが口々に男前の花婿だと話していたと、父は冗談をいっていた。でも、そのときの写真をみると、母の美しさのほうに圧倒される。その顔には、やわらかさと強さの両方がある。その強さが、やがて母には必要になる。さらなる試練が待ち受けているからだ。

共産主義のもとでの生活

父は思想的な人ではなかった。いつも斜に構えたような態度で、世界で何が起きていようと、ユーモアの種をみつけては、人びとを笑わせていた。

戦後のハンガリーでは、共産党の指導者の像がいたるところに立てられた。たとえば集団農場の精肉店には、ラーコシ・マーチャーシュの像があった。ラーコシの頭には、髪の毛がない（そこで人びとは彼を「はげの肉屋」と呼んでいた。といっても、わたしの父のような肉屋という意味ではなかったが）。集団農場の精肉店はいつも寒かったので、あるとき父はバンダナで帽子を作り――子どもにかぶせてやるような帽子だ――像の頭に載せてやった。どうして像の頭にあんなものが載っているのかとたずねられると、父は「ここは寒いからね。帽子があればすこしは暖かいだろう」と返した。人びとは笑った。もし緊張があったとしても、それでほどけてしまう。

しかしそのユーモアのかげには、大きな懸念があったのではないかと思う。共産主義のもとで、経済は低迷していた。生活水準は急速に悪化し、小麦粉や砂糖、パン、肉などの生活必需品は配給制になっていた。物資はいつも不足していた。みんながおなかをすかせていた。

共産党政権になって、あらゆることが実用本位、功利主義で安っぽくなったことも、父には気に入らなかった。共産党が一般市民の財産まで没収したことに不満を感じていた。父自身が何か没収されたわけではなかったが、義憤を覚えていた。いっしょに町を歩いていて、きれいな家があると、父は立ち止まってながめていた。熟練の大工が建てた邸宅をじっくりみながら、詳しく説明してくれた。梁（はり）や根太（ねだ）、接合部分、使われている釘の微妙なちがいにいたるまで。「この家は、四〇〇年後にもちゃんとここに立っているだろう」と父はいって、首を横にふる。「とりあげてしまうとはな。自分の手でこの家を建てた人を追いだして、何の関係もない人にやってしまったんだ」

父は集団農場での会議もきらっていて、時間のむだだといっていた。ある会議で、ある指導者を讃（たた）

える歌をうたえといわれたかと思うと、あとになってから別の会議でその指導者は党の恥だといわれる。

そんなことが覚えきれないほどあるのだ。だれかが追放され、だれかが仲間に加わり、だれかがよいといわれ、だれかが悪いといわれる。**知りもしない人たちなのに**と父はいっていた。キシュウーイサーラーシュの人びとは、生きるだけでせいいっぱいだった。家族を養わなくてはいけない。世界ではイデオロギーの戦いがくり広げられているかもしれないが、父の関心は身のまわりにあった。何が大切か、父にはわかっていた。

父は首を横にふって、まわりの人たちにいう。「さあ、もう帰ろう。家族が待っている」

一九五六年、わたしが生まれた翌年の一〇月、ブダペストで歴史的なことが起きた。始めたのは、ひと握りの人たちだった。そのほとんどは学生で、反政府の意思を示し、議会に向かってデモ行進をした。長年の独裁と経済低迷に耐えかねた国民は、改革を望んでいた。要望書には、赤軍のハンガリーからの撤退、複数政党による民主政治、自由で開かれた報道、ハンガリー経済の抜本的な改革などが挙げられていた。

デモの参加者たちの間には、変化への期待があった。スターリンはその数年前に世を去っていた。その「最も優秀な生徒」を自任していたラーコシ・マーチャーシュは辞職させられ、ソ連に出国していた。強制労働収容所は閉鎖され、政治犯は釈放され、秘密警察の幹部は逮捕された。ハンガリーの新たな指導者たちは、生活水準の向上に真摯にとり組んでいるようにみえた。同じ東側諸国の一員であるポーランドでは、選挙によって改革派が主導権を握り、ソ連による軍事介入の回避にも成功していた。

世の中は変わりはじめていた。

今でも、ブダペストでのデモ行進の動画をネットでみることができる。参加者は若く、自信にあふれ、笑みを浮かべている。その楽観的な姿勢には、感染力があったようだ。またたくまに、デモの参加者は数十万人に膨れあがった。ソ連の傘下にあって、このようにあからさまにソビエト政府に立ちむかった国はほかになかった。

ソ連軍の戦車が入ってきた。小競りあいが起き、それが全面的な戦闘に拡大した。ソ連軍は民衆に発砲した。死傷者は数千人にのぼった。ハンガリー動乱と呼ばれるようになるこの蜂起で、数十万人のハンガリー人が逮捕され、二万二〇〇〇人が有罪となり投獄された。数百人が処刑され、数十万人が国外に亡命した。国境でとらえられ、処刑された人もいる。難民キャンプに収容されたのはすくなくとも一七万人で、その多くがオーストリアだったが、やがて世界じゅうに散らばっていくことになる。

蜂起は鎮圧された。それについておおっぴらに話せるようになるまでに、数十年かかった。

ブダペストで起きたことは、キシュウーイサーラーシュの人には、はるか遠い場所でのできごとに思えただろう。しかし父はそれまでに多くの経験を積んでいた。ものごとがとつぜん変わることがあるのを知っていた。平穏な地域社会であっても、何の前ぶれもなく暴力がふるわれることがあるのを。そこで父は警防団を結成した。近所の人たちが集まって、暴力を用いずに、地域をパトロールしてまわり、不安に乗じて問題を起こそうとしている人たちに、予防線を張るのだ。それが**ここで暴力沙汰は起こさせない**というメッセージになる。また、実際に問題が起きた場合、地域の人たちにすぐに知らせる役割も持つ。

父は、パトロールに武器を持っていかなかった。どのようないざこざが起きるのか、だれが問題を起こすのか、想定していたわけでもなかった。演説も要求もしなかった。だれかを失脚させようという意図もなかった。だれかの権力を守ろうとしたわけでもなかった。ただ地域の安全を守ろうとしていただけだった。しかし、この不穏な時期には、通りに出ることは反乱を企てているのと同じだった。

父は、政府への反乱を扇動したとして、逮捕された。そして、執行猶予つきの懲役七か月を言い渡された。さらに一九五七年二月、ハンガリー動乱がソ連軍に鎮圧されてからわずか数か月後、父は手紙を受けとった。

キシュウーイサーラーシュ集団農場
一九五七年二月九日、キシュウーイサーラーシュ
電話――キシュウーイサーラーシュ四九番
件名：雇用終了
処理番号：一七／一九五七

キシュウーイサーラーシュ
カリコー・ヤーノシュ殿

ハンガリー国労働法第二九条「c」項により、貴殿の雇用は一九五七年二月一一日をもって終

了する……事由：キシュウーイサーラーシュ集団農場理事会が、一九五七年二月八日に開かれた会議においてこのような決定を下した理由は、集団農場は、社会主義国家建設の過程において、組織活動および教育活動にも責任を負うものだからである。この活動には、すべての構成員が参加しなくてはならない。

名宛人は、その活動に適していないだけでなく、組織への反抗心をあおっていることが明らかになったため、このような決断を余儀なくされた。

理事長ヴィーグ・エレク

父が失ったのは、集団農場での仕事だけではなかった。国営の集団農場を解雇された人間は、**だれも**雇うことができない。父は正式には働くことができなくなった。政府は父をみせしめにして、反抗すればどんな目に遭うかを人びとに知らしめようとしたのだ。父は集団農場の上司たちに、考え直してほしい、自分にはまだ幼い子どもがふたりいるのだと懇願した。しかし、決定は覆らなかった。

政府に歯向かったとして、社会ののけ者にされた父は、日雇いの仕事を始めた。冬の間は民間の家庭に呼ばれて豚を処分し、保存がきくようにソーセージや燻製にした。夏になると、畑や建築現場で働いた。町に新しい学校を建てる工事にも参加して、れんがを積み、壁や天井に泥を塗った。父はとても手際がよかった。春には何週間も家を留守にして、羊の毛を刈っていた。どれも一時的な仕事で、安定は望めなかったが、集団農場を解雇されても、キシュウーイサーラーシュの人たちから仕事がもらえたのは、父が町で好かれていたからにちがいない。

家族写真（左から）：帳簿係として働いていた母ジュジャンナ、わたし、姉ジョーカ、肉屋だった父ヤーノシュ。1957 年 8 月、ハンガリーのキシュウーイサーラーシュにて。

そしてこの時期、一九三二年の祖母の知恵——肉のさばき方を知っていれば、一生食べるのに困らない——が正しかったことが証明された。わたしたちは、食べるのに困らなかった。

何年もたち、父がふたたびパブの従業員として定職についたのは、一九六一年のことだった。わたしたちはよく、出勤する父についていった。と畜の仕事で間にあわないときには、母が代わりに店を開けることもあった。ジョーカとわたしはテーブルを拭き、たばこの在庫を補充し、空き瓶をリサイクルした。チューブを使って大きな容器に入ったワインを一リットル入りの瓶に移した。ときどき、ワインをなめてみて、酢に変わっていないか確かめた。今ではとても考えられないことだが、当時は、九歳の子どもがワインの味見をするのは、ごくふつうのことだったのだ。

たしかに、苦労もあった。しかし、苦しいだけではなかったし、むしろほとんど苦しさは感じなかった。物が乏しい、苦労の絶えない時期でも、わたしの生活はつねに豊かだった。

わたしの名前、カタリンの日は一一月二五日だ。その日はいつも空気がぴりっとしている。アメリカで暮らすようになった今でも、気温が下がってきたのを感じると、いよいよ名前の日が近づいてくると思ってわくわくした子どものころを思い出す。

家族の名前の日が一週間後に迫ると、わたしたちはそろって燻製小屋にいく。そしてみんなでたっぷり食べられる分量のソーセージを作る。材料はニンニク、塩、コショウ、赤パプリカだけ。**豚肉を挽き、ソーセージの皮になる腸に空気を吹きこんで、肉を詰め、何度もねじって鎖状にする。それをいぶして、あとは休ませておく。**

いよいよその日になると、いつもの部屋は二〇人の親戚でいっぱいになる。祖母、おばたち、おじたち、いとこ。料理ができあがると、だれかが大人に酒をつぐ。たいていはハンガリーの人たちが好んで飲む伝統的な果実酒パーリンカだ。

子どものわたしたちでも、外向きの会話と内々の会話があるということを、とっくに知っている。外に出たら、だれがきいているか、何をされるかわからない。でも、親戚同士なら自由に話せる。どんなことでも、何から何まで。しかも大声で笑いながら。おしゃべりをしながら、母はソーセージをふるまう。みんなで大きな鉢からソーセージをとり、畑で育てたセイヨウワサビの根をすりおろしたソースを回す。テーブルに、風味豊かなにおいと、ぴりっとした香りが立ちこめる。ソーセージを頬ばると、おいしい肉汁があちこちに飛びちる。ソーセージがなくなると、母がいろいろな種類のペストリーを出してくれて、それをまたみんなで食べる。父は飾り棚の上から、バイオリンをとってくる。

父と同じようにバイオリンが弾ける親戚に、それを渡すこともある。そして、歌が始まる。

わたしはみんなをながめる。たくさんのことを乗りこえてきた人たち。その物語——戦争、飢え、社会からの排斥——に耳を傾ける。そして、わが身をふり返ると、なんだか奇跡のように思えてくる。**わたしには両親がいる。家がある。足にはちゃんと靴を履いているし、テーブルの上には食べ物がある。**

食事がすむと、子どもたちは立ちあがり、外で追いかけっこを始める。おなかはいっぱいで、空気はすがすがしい。葉っぱや土の香りを吸いこみ、冷たい風を顔に感じる。家の中から音楽がきこえる。これ以上必要なものも、ほしいものもないと思える瞬間だ。

かつての生活を思い出すと、感謝の気持ちでいっぱいになる。あそこに生まれてよかった。わたしがわたしでよかった。両親は、もっとちがう、もっと楽な生活を願ったこともあったかもしれない。でもわたしには、必要なものはすべてそろっていた。それ以上のものがあった。

この学び舎はわたしの場所

学校に通いはじめると「小さいカリコー（キシュ）」と呼ばれた。背が高く、同級生よりも大きいことは関係なかった。学校ではわたしはジョーカの妹で、いつもくっついて歩いていた。ジョーカは有名で、みんなに好かれていた。だからわたしも親切にしてもらえた。学校に入ったとたん、この学び舎（や）はわたしの場所でもあると思うことができた。

キシュウーイサーラーシュには音楽専門のエリート学校と、ふつうの学校があった。両親はわたしがエリート学校に入ることを期待していた。しかし、初等学校とはいえ、エリート学校に入るには、音楽の才能があると認められる必要があった。歌が上手だとか、楽器が弾けるとか。父の熱心な手ほどきにもかかわらず、ジョーカにもわたしにも、そんな才能はなかった。そこでふつうの学校に通うことになった（つまり、人生初の入学試験に落ちたというわけだ）。

でもわたしは学校が——学校の何もかもが——最初から気に入った。

初日から踊るような足どりで、ジョーカとジョーカの友だちのあとから、町の中心にある二部屋の建物にとことこと歩いていった。学校は、家と同じように水漆喰の壁で、生徒の保護者たちが塗ったものだった（町が総出でやったといってもいいかもしれない）。わたしはその校舎も、校舎の中にあるものも、すべて好きだった。堅い木の長椅子も、ペンをつけるインク壺も（わたしはページに染みをつけないようにしていて、つけてしまったときには、最初から書き直していた）。壁に貼られたポスターや地図も好きだった。授業の間、普段着の上にはおる紺色の上着——制服ではないが、制服のようなもの——も好きだった。その上着は世界に、そして自分たちに、はっきりと告げていた。学ぶことは、真剣な務めなのだと。

教室の前には黒板があり、うしろには冬にわたしたちを温めてくれる大きな石炭ストーブがあった。校舎の裏には屋外トイレがあった。学校にさえ、水道はなかった。

そして世界では、イデオロギー対立が進行していた。共産主義対民主主義。東側陣営では、多くの国が資本主義より社会主義のほうがすぐれていることを証明しようとしていて、ハンガリーもそのひとつだった。教育は、わかりやすい証明手段だった。

ここではっきりいえることは、わたしが受けた教育は、すぐれたものだったということだ。とてもしっかりとした教育だった。

しかし、その裏には複雑な事情があった。一九四〇年から一九五〇年代初頭にかけて、ハンガリーの人口は横ばいだった。第二次世界大戦で一〇〇万人近くが命を落とし、戦後も人口は低迷していた。一九五三年、対策の意味もあって、ハンガリー政府は中絶を法律で禁じ、一連の出産奨励政策に乗り出した。一九五〇年代半ばになって人口は増えはじめ、それはキシュウーイサーラーシュでも同じだった。

それでも、キシュウーイサーラーシュでも、ハンガリー全体でも、多くの物資が不足したままだった。当時、赤ん坊が生まれると、人びとはお祝いしながらも、心配せずにはいられなかった。**いったいどうやって食べさせるつもりだろう? 服も、本も、靴も、子どもが増えれば買ってやらなくちゃいけないというのに、どうやってやりくりするつもりだろう?**

学校も、ベビーブームによる難問に直面した。生徒が爆発的に増えた。教室に全員が入らないため、生徒をふたつに分け、午前と午後で入れかえた。それでも、わたしのクラスの生徒数は五〇人を超え、教室をぎっちりと埋めつくしていた。生徒が多すぎるので、政府は退職した教師を呼びもどした。だから、母も祖母も教わったナジ・マルギット先生が、わたしが二年生のときの担任になるということまで起きた。

五〇人学級などときくと、手がつけられない大混乱を想像するかもしれない。そんな状況で勉強などできるのだろうかと。でもわたしたちはいつも静かにして、休み時間や放課後になって教室から飛び出すまでは、おとなしくしていた。

ワクチン接種とロックダウン

子どもへの投資は、手厚い保健医療制度という形でも行われた。町には信頼できる医師がいて、よくオートバイで往診してくれた。必要に応じて抗生物質やビタミンなどを処方し、子どもの健やかな成長を支えてくれた。健康促進は、ほかの場でも行われていた。幼稚園に通っていたころ、クラス全員が先生に並ばされて行進し、幼稚園を出て、町を抜け、病院にいった。そこで長い列を作って立っていた。女子はワンピース、男子はシャツ姿で。列が進み、医療チームの前までくると、スプーンで液体を飲まされた。ポーランド生まれのウイルス学者セービンが開発した経口ポリオ生ワクチンだ。

幼稚園時代のわたし。1960 年、キシュウーイサーラーシュにて。

ポリオはおそろしい伝染病で、特に子どもがかかりやすいのだと、当時はだれもが母親からきかされていた。急激に拡大すれば脅威となるが、どのような症状が出るかは、なってみなければわからない。まったく症状が出ない子どももいれば、ほかのウイルスと同じような症状が出る子どももいる。発熱、頭痛、だるさ、腹痛。おそろしいのは、ウイルスが神経系に入りこんでしまったときだ。そうすると麻痺（まひ）や呼吸困難が起こり、場合によっては死亡することもある。

ポリオのウイルスは、まったく脈絡がないように思えた。どうして無症状の子どもがいる一方で、二度と歩けなくなる子どもがいるのか。どうして微熱だけですむ子どもがいる一方で、一生麻痺が残る子どもがいるのか。

親たちにとって、ポリオはずっと逃れることのできない脅威だった。だからついにポリオワクチンができたとき（先に開発されたソークワクチンは注射が必要だったが、その後、接種しやすいセービンワクチンが開発された）、ハンガリー政府は子どもたちへの接種を積極的に推進した。それは、さまざまな意味で驚くべき事業だった。わたしが一四歳になった一九六九年には、ハンガリーではすでにポリオの症例が報告されなくなっていた。アメリカより一〇年、イギリスよりも一五年早い根絶だった。

それでも、間にあわなかった子どももいた。わたしのクラスメートの弟は、ポリオにかかってしまった。そしてその後一生脚に補助具をつけ、歩くのに不自由した。母にも、薬局で働いていたころの強烈な思い出があった。ポリオにかかった子どもの親戚が、薬局に薬をとりにきた。親戚が帰ったあと、薬局の持ち主に命じられて、母はありとあらゆるものを消毒液で拭かなくてはならなかったので、肌がひび割れ、関節から血が出たという。持ち主は、自分は家族で同じ建物に住んでいるのだ、まだ幼い息子を守らなくてはいけないのだと、母に説明した。

持ち主は、ポリオをおそれていた。それはみんな同じだった。

当時は、さまざまな予防接種があった。わたしは学校でＢＣＧワクチンを受けた。結核を予防するためだ。ＢＣＧワクチンの接種は二段階になっていた。一段階目でワクチンを注射され、二段階目で皮膚を引っかかれる。引っかかれたところが赤くならなかったら、もう一度注射を受けなくてはならない。わたしたちは列に並びながら、皮膚を比べっこした。**あなたは赤くなった？　ねえ、みて。わたしの肌は、ちっとも赤くならない。あなたの肌はどう？**

　わたしたちが受けたのは、予防接種だけではなかった。ときには全校生徒や、クラスの生徒がまとまって、歯科クリニックや小児科医院で健診を受けたり、結核にかかっていないか調べるために胸部Ｘ線検査を受けにいったりした。だれもいやがらず、だれも口答えせず、保健医療と教育は分けるべきだとか、予防接種を学校で受けさせるのはおかしいとか主張する人もいなかった。わたしたちはみんないっしょだという意識があった。そうやって、たがいを守りあっていた。

　一九六三年、わたしが三年生のとき、キシュウーイサーラーシュでは別のウイルス感染が発生した。家畜の口蹄疫（こうていえき）だ。人間が感染することはないが、媒介してしまう可能性がある。ウイルスが町に広がれば、家畜が死んでしまうかもしれない。家畜が死んだら、食べるものがなくなってしまう。

　人びとは、人間の感染症と同じように、口蹄疫に対応した。感染拡大を防ぐため、数週間、みんなが外出を控えた。町のはずれにある集団農場で牛の世話をしている人たちは、職場で寝泊まりした。家族に会いに帰ると、ウイルスを町に運ぶことになりかねないため、禁じられた。それが数週間続いた。完全なロックダウンだ。

　ロックダウンが解除されても、まだ油断はできなかった。長い間、校舎に入るときや、店に入るとき、わたしたちは消毒液にひたしたおがくずが敷かれたトレーで靴の裏を洗浄した。消毒液で手を洗うため、指はいつも塩素のにおいがしていた。

一九六八年、わたしが一三歳のときには、全世界でインフルエンザが猛威をふるった。このパンデミック——そのときは「香港かぜ」と呼ばれ、のちにA型インフルエンザのH３N２亜型によるものだったとわたしは学ぶことになる——は、当時、一部の人たちの記憶にあった一九一八年から一九年にかけての世界的な流行ほどひどくはなかった。それでも爆発的な流行であったことはまちがいなく、収束までに全世界で一〇〇万人から四〇〇万人が死亡することになる。

このときも、キシュウーイサーラーシュでは行動制限を行い、ほかの人との接触を避けた。手を洗い、消毒をした。政府が奨励したのだと思うが、行き過ぎだと批判する人はいなかった。相手はウイルスであり、イデオロギーも政治的な主義主張も関係なかった。用心しなければ拡散する。そしてみんなが苦しむことになる。ウイルスはそういうものであり、その事実は変えることができない。

地域社会の団結は、収穫時にもみられた。ときには、収穫しても収穫しても追いつかないほどの豊作になった。すると集団農場から学校の生徒たちに手伝ってほしいと声がかかる。全校生徒がバスやトラックに乗りこんで田園地帯に向かい、トマトやジャガイモ、テンサイ、パプリカ、トウモロコシを収穫した。

授業が休みになることは、ほかにもあった。石炭が不足すると、学校が丸一週間「石炭休み」に入り、また暖房が使えるようになると授業が再開される。その間、毎日数時間、家で勉強する。

それ以外にも、わたしはよく学校を休んだ。体調のせいだ。

わたしはじょうぶな子どもではなかった。体が弱く、骨と皮ばかりにやせていた。転ぶたびに骨を折っていた気がする。

五歳のときに鎖骨を折った。八歳のときと九歳のときに片手の骨を折った。一方の手の骨折が治ったころにまた転んで、今度は反対側の手の骨を折ったのだ。医者は片方の手につけていたギプスをはずして、反対側の手につけた。

貧血症で、鉄剤を飲んでいた。

食欲がなかったため、苦くてまずい水薬を飲まされた。その味は今でも覚えている。

おなかが痛くなり、盲腸をとってもらった。

呼吸器の感染症にかかり、扁桃（へんとう）を摘出された。

扁桃の摘出手術で、初めて入院した。八歳のわたしはおびえていて、両親が恋しかった。病院はあまりに大きく、わが家はあまりに遠かった。わたしは金属のベッドに横たわり、ガラス越しに医療スタッフをみつめて、その瞬間をおそれていた。しかもその瞬間は何度も訪れた。医療スタッフがわたしのところにやってきて、採血するのだ。

血を抜かれるときは、ぞっとした。その感覚も、見た目も、血をとるということ自体もいやだった。看護師は、わたしが動けないように固定してから、腕に針を刺した。赤黒い血が針で吸いとられるのをみているうちに、悪夢に閉じこめられたような気持ちになった。その後何年も、わたしはほかの人が採血されるのをみるだけで気を失った（絶対に医者になれないのは明らかだった）。

数年後、また入院した。今度はA型肝炎だった。嘔吐（おうと）し、おなかを抱え、肌と白目が黄色くなった。わたしは隔離された。まわりは赤痢などの病気にかかった大人ばかりだった。うめき声がきこえることもあった。そこで三週間、だれかになぐさめてもらいたい、だれかに心配しなくていいといって抱きしめてもらいたいと願いながら過ごした。病気になったとき、わたしはそれだけを願っていた。

母は心配してくれた。それはちゃんとわかっている。母はわたしを愛し、わたしの健康を願い、わたしが体調を崩すと恐怖に襲われた。それまでの人生で、母はたくさんのものをみてきた。母にとって、子どもが育ち、大人になるのは、けっしてあたりまえのことではなかった。

おそろしいことが起こると、人はなんとか自分の力で食い止めたいと思う。**解決しようとする**。残念ながら、このときの母の場合、母の力でなんとかできそうにみえたのは**わたし**だけだった。そこで母は、わたしをなんとかしようと決めた。

今でも母の声がきこえる。**だからいったじゃない。好ききらいするからいけないのよ。生野菜ばかり食べて、火を通した野菜を食べないからいけないのよ。寒い日に帽子をかぶらないで出かけるからいけないのよ。**わたしが嘔吐したり、痛がったり、発熱したりしていることはどうでもいい。わたしがよくないことをしたのがいけないのだ。わたしがちゃんと体調管理をしないから、体にいいものを食べないから、暖かい服装をしないから。わたしが正しいことをするようになれば、問題はすべて消えさる……母の恐怖も。

すこしずつ体重は増えていったが、一六歳になっても、いつも健康問題に悩まされていた。いつも体調管理につとめ、運動をしたり、体にいいものを食べたりしていた。それなのに、健康問題は複雑になっていくばかりだった。膝が痛かった。腰が痛かった。関節が炎症で腫れあがり、ひどく痛んだ。胸のしこりを切除してもらった。がんの診断を受けた。耳下腺(じかせん)腫瘍だった。摘出手術を受けたとき、顔面神経が混乱を起こし、何か食べるたびに顔から大量の汗が出るようになった。

その間ずっと、わたしの耳の奥で母の声が響いていた――**だからいったじゃない**……。

しかし、わたしはそこから学ぼうとした。今でもすべてのことから学ぼうとしている。

わたしは生来、現実的だ。しかし、母親になり、自分の娘が病気になると、子どものころの気持ちを思い出した。わたしがいけない、わたしがどこかでまちがったことをしたからだと母にいわれたときの気持ちがよみがえった。わたしはわたしなりに、最善をつくしていたのに。そしてスーザンを抱きしめ、子どものときのわたしがいってもらいたかったことをいう。**痛いところにキスしていい？　抱っこしていい？　ほらほら、ママがついていますよ。具合が悪いときにママがほしかったものを、全部あげますからね。**

それが、わたしたちにできる最良のことではないかと思う。先人が遺（のこ）してくれた世界から学び、その世界をすこしだけよいものにして次の世代に渡すのだ。

努力、努力、努力

初等学校で、わたしは初めて正式に理科を学びはじめる。教師が主催する科学クラブにも参加した。粘土と楊枝（ようじ）を使って化学元素の模型を作り、組みあわせて分子にした。過飽和状態の食塩水に紐（ひも）をたらして、結晶ができあがっていくのを観察した（何年もたって、ペンシルベニア大学にいたころ、高濃度の食塩水を入れたまま忘れ去られていた瓶の底に結晶ができているのに気づいて、キシュウーイサーラーシュの放課後科学クラブを思い出した）。

生物の先生が野外授業をしてくれることもあった。町を歩き、庭や木、茂みやハーブや花を観察した。小さな池のほとりに立ち、スイレンをみながら、あの葉っぱが浮かんでいるのは、茎が空洞になっていて、空気が入っているからだと教えてもらったのを覚えている。よくできた自然の仕組みが、魔法のように感じられた。

学校の正式なカリキュラムには社会主義思想が組みこまれていて、多くの学校は建物の外に「この学校では社会主義国家の建設が行われています」という言葉を掲げていたが、その部分はわたしの記憶にはない。おそらく教わった先生の多くが、共産主義以前の教育を受けていたからだろう。政治思想より、教科に重点を置き、広範囲にわたる多様な勉強をさせてくれた。

成績は五段階で、いちばん上が5だった。低学年のころ、わたしの成績はほとんど4で、わずか六年と八年しか教育を受けていない労働者の娘にしては悪くなかったが、優等生にはほど遠かった。わたしはまずまずだった。**まずまず**。それが、わたしが自分を表現するのにぴったりな言葉だった。

自分が特に優秀だと思ったことはない。これまで、写真のように正確に記憶し、苦もなく知識を身につけられる人をたくさんみてきた。初等学校の同級生にも、何でも一度きいたら忘れないという人がいた。わたしはちがった。そんな経験はしたことがない。しかし、幼いころから、とても大切なことを知っていた。生まれつきの才能はなくても、努力でいくらでも補えるということを。もっと熱心に、もっと長時間、もっとたくさん、もっと注意深く努力すればいいのだ。

まだ一年生、二年生のころから、わたしは熱心に学んだ。すべてを正しくやろうとした。正しくできなければ、初めからやり直した。

努力した。

努力した。

努力した。

そして、脳は鍛えられることが明らかになった。練習すれば、力がつく。わたしは優秀な生徒になる練習をした。積極的に練習した。まさに、向上心に燃えたバスケットボール選手がシュート練習をくり返すように。そしてバスケットボール選手と同じように、上達した。学校は居心地のよい場所になった。三年生のときには、学校の勉強に一心不乱にとり組むようになっていて、成績はオール5になった。わたしはけっして過去をふり返らなかった。

そして、けっして練習をやめなかった。

あるとき、歴史の課題が出た。地域の年配者、地元の英雄として知られる人にインタビューするという課題だった。昔のことをたずね、思い出話をききとり、偉業を讃えるレポートにまとめる。わたしは父と同じ年ごろの元軍人を担当することになった。

わたしがその人の名前をいうと、父の表情が曇った。「そいつは悪い男だ」と父はいった。父のそんな声をきくのは初めてだった。硬い、怒った声。

「そいつは残酷なことをした」父は続けた。「でたらめな男だ。でたらめなインタビューになるぞ」

その人について、父がどんなことを知っていたのか、父が何をみたのか、わたしはいまだに知らない。しかしわたしは父を信じた。そして、やるべきことをした。その人に昔のことをたずね、思い出話をききとり、偉業を讃えるレポートを書いた。そこからわたしは真実を学んだ。課題の中にはでたらめなものもあるということ。わたしのインタビューの相手はでたらめな男だったということ。でたらめな男が英雄として讃えられることもあるということを。

七年生になると、化学や生物、地理のコンクールに参加するようになった。コンクールはほかの教

7年生のときの生物サマーキャンプ。地方大会の優勝者たちが集まった（前列右から3人目がわたし）。1968年、ハンガリーのチレベーツにて。

科でもあった。イロナという同級生は、歴史の大きなコンクールで優勝した。わたしたちはたがいに遠くから意識しあっていた。わたしの場合は化学と生物だった。八年生のときには生物でキシュウーイサーラーシュの一位になり……さらに県大会で優勝した。当時、父はパブで働いていて、先生たちがよく店に寄って一杯やっていた。先生たちは父に、わたしはとても優秀だ、あのコンクールで優勝するとはたいしたものだと話してくれた。父に誇りに思ってもらえて、うれしかった。

県大会で優勝したわたしはブダペストに招かれ、県代表として全国大会に出場することになった。全国大会は、珍しく家族で旅行しようとしていた日程と重なってしまった。母が労働組合からプールのある温泉施設、ハルカーニフルドゥーへの旅行に招待されていたのだ。わたしはその旅行をとても楽しみにしていた。それでも、選択の余地はなかった。

わたしはブダペストの全国大会に出場し、家族は旅行にいった。

ひとりで旅するのは初めてではなかった。当時のハンガリーの子どもはほぼ全員、ピオネールの団員だった。ピオネールは政府が運営するボーイスカウトのような組織で、ある夏、わたしはキャンプに参加するためにひとりで列車に乗り、さらに数キロメートル歩いて森のはずれの野営地をさがしあてたことがあった。

生物のコンクールは森のはずれではなく、大都市のブダペストで開かれる。ブダペストには、五歳のときに一度だけいったことがあった。一四歳のわたしは、列車の窓から父に手をふった。両親は、目的地に着けば、コンクールの担当者が迎えてくれるといった。当時は携帯電話などなかった。それどころか、電話さえ普及していなかった。わたしが帰宅する一週間後まで、両親にはわたしがブダペストにたどり着いたかどうか、無事にブダペストにたどり着いたとしても、そのあと何があったか、知りようがなかった。

生物コンクールには、ハンガリーじゅうから集まった生徒が、おそらく五〇人か六〇人いただろう。わたしたちは、夏休みで生徒が帰省していた盲学校の真新しい寮に泊まった。わたしはあらゆるもの、あらゆる場所に書かれた点字に興味をそそられた。ぽつぽつと盛りあがった点字の文字にさわってみて、謎めいた言語を解読しようとした。これまでみたこともなかった、さわって読むアルファベットだった。毎日、審査員はわたしたちの知識をテストした。人体に流れる血液の量や、さまざまな骨の名称、植物について。ブダ〔訳注：ブダペストのドゥナ川（ドナウ川）西岸の地区〕の丘陵地帯にある草地まででいって、名前を知っている植物を全部集めなさいといわれたこともあった。採取した植物に紙を貼り、名前を書き入れるのだ。わたしはたくさんの植物を知っていた。両親から、庭で育てている植物だけでなく、すきあらば顔を出す雑草の名前まで、教わっていたからだ。毎年祖母の庭で花を切る手伝いもしていた。ピオネールのキャンプでも、学校の遠足でも植物の名前を覚えたし、チャポディ・ヴェラの水彩画の植物の本を何時間も読んでいた。

その日、よい成績をあげたおかげで、わたしは決勝戦に進んだ。そして三位になった。ハンガリーじゅうの生徒の中で、三番目に生物ができるということだ。このわたしが、「小さいカリコー」が！ キシュウーイサーラーシュという小さな町の、やせっぽちの肉屋のやせっぽちの娘が！

決勝戦に残ったほかの生徒たちのことは、今でも覚えている。名前も、何位だったかも。ペーンゼシュ・カタリンという女子生徒が一位になって、チェコスロバキアへの一週間の旅行を勝ちとった。ベルタ・アンドラーシュは大学教授の息子で二位になり、ソ連製のラジオをもらった。三位のわたしの賞品はソ連製のカメラだった。わたしはそのカメラで自分たちの生活を記録した。その習慣は今でも続いている。わたしたちは子ども向けのラジオ番組「ハルシャン・ア・クルトソー（集合ラッパ）」にも出演し、インタビューを受けた。キシュウーイサーラーシュにもどってから、わくわくしながらきいた。

コンクールで、ひとりの出場者の家族が車を持っていたことも忘れられない。自分の車を持っているなんて！　それは驚くべきことに思えた。その後まもなく、ハンガリーのよその地方では、自家用車が増えはじめていたことを知った。わたしが幼かったときから一四歳になるまでの期間に、ハンガリーの自家用車は一〇倍になっていた。時代が変わっていたのだ。両親は結局車を持たなかったが、わたしは大人になってから持つようになる。それでもそのころは、自家用車はまだとんでもない贅沢で、想像できなかった。

このときにはもう、わたしたちは新しい家に移っていた。家族で建て直した家だ。当時としては最新式で、町の中心地近くの舗装された通り沿いという好立地に立っていた。ようやく家の中にトイレができ、使える電力も増えた。小さなテレビもあった。映りが悪く、しょっちゅうアンテナを調節しなくてはならなかった。テレビを買ったときには、チャンネルはひとつしか映らなかったが、わたしが高校(ギムナジウム)を卒業するころにはふたつに増える。それでも、とても近代的に感じられたものだった。

ハンガリーは変わりはじめていた。そして、わたし自身も。

高校時代に影響を受けた三つのもの

一 「どう思う？」

「どう思うかね、カリコー」目の前の先生の表情は真剣だが、その目は好奇心に輝いている。高校で生物を教えてくれているトート・アルベルト先生は、いつものようにおしゃれで、カラフルなセーターを着こなしている。先生は放課後に生物クラブを主催していて、わたしもそのメンバーだ。

今、話しあっているのはセント゠ジェルジ・アルベルトについて。ハンガリー出身の科学者で、初めてビタミンCを単離したほか、細胞呼吸の画期的な研究により、クエン酸回路（ＴＣＡ回路）解明の基礎を築いた。一九三七年にはノーベル生理学・医学賞を受賞している。トート先生は、セント゠ジェルジの次の言葉について、わたしに質問している。**生命を研究するとき、どんどん深いレベルへ探究を進めていくと、その過程で生命は次第にぼやけていき、最後には、手の中には何も残らない。**

わたしたちは分子生物学について、生命が遺伝物質によって成り立ち、受け継がれていることについて話しあっている。DNAとRNAは生命の構成単位で、生命に欠かせないものだが、それ自体が生きているわけではない。そして分子に、さらには原子に分割される。

では、生命と、生命を成り立たせている不活性物質の境目はどこにあるのか?

そしてもっと大切なのは、わたしたちがどう思うかを、わたしたち自身が認識することだと、先生は考えている。

カリコー、どう思う?

トート先生はただ事実を教えこもうとしない。そこがわたしは好きだ。そのことについて自分がどう思っているかもいわない。生徒が、**わたしたちが**どう思うかをたずねてくれる。

ほかの先生たちと同じように、トート先生もわたしの家族を知っている。先生の家で飼っていた豚を父が解体するときに、見張りをしたこともある。父が政府から要注意人物とみなされたことも、わが家が経済的に苦しかったことも知っている。わたしが初等学校のときに生物クラブを主催していたし、八年生で町の生物コンクールに出たときには審査員だった。先生にとって、わたしは肉屋の子どもでも、小さいカリコーでもなく、未来の科学者なのだ。先生は、生身の科学者に会ったこともないわたしが、科学者になれると信じてくれている。自分の力で、型にはまらない考え方ができると信じてくれている。

トート先生は、型にはまらない考えを重視している。授業の合間や生物クラブで、セント゠ジェルジ・アルベルトだけでなく、さまざまな科学者の仕事を紹介してくれた。犯罪学の父といわれるイタリアのチェーザレ・ロンブローゾ、ハンガリーのユハース゠ナジ・パール、ヤクチ・パール、ゾーヨミ・バーリント、フェケテ・ガーボル、ヴォイナーロヴィチ・エレクといった生物学者や生態学者たち。みんなわたしたちの英雄だ。授業では、教科書だけでなく、『ブーヴァール（ダイバー）』や『テルメーセト・ヴィラーガ（自然の世界）』といった科学雑誌や、現役の科学者が書いた本も読むようにいわれる。そして読んだ内容を、授業でみんなに教えなくてはならない。授業できちんと説明するには、深く理解する必要があるからだ。

応用科学についても話しあう。自然災害や人口爆発といった地球規模の問題、大気の熱を吸収してしまう温室効果ガスという新しい理論、自然保護の大切さ。ハンガリー初の国立公園が指定されたばかりで、その中にわたしたちの町からも近いホルトバージ国立公園があったため、もちろん課外学習に出かける。高校には小さいながら科学博物館があり、一六五年前のナイルワニや、マンモスの歯、岩石のコレクション、木の化石標本、アンザンジュ〔訳注：アブラナ科の植物で、乾燥すると葉が巻きあがり、湿気を吸うと広がる特徴を持つ〕などが展示されている。トート先生は、生物学は教科書の中に収まるものではないと、わたしたちに理解させようとしている。生物学はいたるところにある。身のまわりにも、体内にも。世界を動かしている、すばらしい仕組みだ。

どう思う？

先生の質問にどう答えたのか、もう覚えていない。すべての生命の真髄にある複雑さや謎に対して、どう答えればよかったのか。たしかに覚えているのは、身を乗り出してすわっていたこと――席はいつもいちばん前、いつも窓の近くで、いつも友だちのアニコーがとなりにいた――そして、こう思っていたことだ。**いつかわたしも科学者になるんだ。**

学年の終わりに、クラスでアメリカにいるセント゠ジェルジに手紙を書く。住所がわからず、調べ方も思いつかなかったため、封筒の宛先にはこれだけ書いた。

アメリカ合衆国

セント＝ジェルジ・アルベルトさま

まったくあてにならない、一か八かの賭けで、もしかしたらだれも手紙が届くとは思っていなかったかもしれない。しかし数か月後、返事が届く。セント＝ジェルジ本人からで、著書『*The Living State*（生きているということ）』もいっしょだ。本には「キシュウーイサーラーシュの熱意あふれる科学研究者たちへ」と記されていた。

そのとき、わたしは確信していた。この偉大な科学者は、わたしに語りかけてくれている。**科学研究者**。それこそ、わたしだ。

二　『現代社会とストレス』

やはりトート先生が紹介してくれた本。三〇〇ページほどのこの本が、まるで自分のために、もっといえば自分**だけの**ために、書かれたように感じた。著者がひとりの読者のために書き、そのひとりがわたしだったように思えたのだ。

本の題名は『現代社会とストレス』。著者はハンス・セリエ（シャイエ・ヤーノシュ）〔訳注：邦訳書（原書改訂版）は杉靖三郎ほか訳、法政大学出版局、一九八八年〕。わたしはまだ一〇代で、人生は始まったばかりだったが、それでも確信した。これほどわたしにとって影響が大きく、大切な意味を持つ本には、もう一生出合えないだろうと。

内分泌学者のセリエは、みずから「ストレス」と名づけたものについて、この本で探究している。現在は、精神や肉体へのストレスについて、広く知られている。ストレスとは何か、どんな感じがするか、体の異なる部分にどのような症状が出るか、わたしたちは知っている。しかし、セリエが定義するまでは、ストレスという概念は生物学には存在しなかった。

一九二五年、医学生だったセリエは――まだ一八歳で、頭の中は教科書で学んだ解剖学や病気の進行に関する知識でいっぱいだった――奇妙なことに気づいた。現代でも、インターネットで病気の症状を調べると、同じことに気づくはずだ。さまざまな病気で、同じ症状がみられるのだ。痛み、関節痛、発熱、下痢、食欲不振、舌苔、倦怠感。それだけでは、何の病気かわからない。一時的なウイルス感染かもしれないし、慢性疾患かもしれないし、命に関わる病かもしれない。

このような「体調不良症候群」についての研究が、これまでなされなかったのはなぜだろう？　さまざまな病気に共通してみられる症状は、いったい何なのだろう？　セリエは体系的な解明に乗り出した――そしてその結果は、生物学的ストレス応答として、今では一般的に理解されるようになっている。

こんな本は初めてだった。

まさにわたしが実際に経験したこと（はっきりとした理由のわからない子どものころからの病気や体調不良）について述べているから、というだけではない。もちろんそこも重要だったが、この本には**それ以上のもの**があった。探究を始めたときのセリエが、どのような方法をとればいいかも知らず、あらかじめ得た知識もない、門外漢だったから、というだけでもない（セリエの物語は、最も決定的な疑問は、門外漢によって呈されると教えてくれているのかもしれない）。

何よりもわたしにとって大きかったのは、**わたしが理想としている思考の筋道**をセリエが理解しているようだったことだ。型にはまらない疑問を呈示し、体系的、論理的に解明を進め、明確で具体的な答えにたどり着くという筋道だ。本の始めのほうで、セリエは次のように書いている。「疑問が実験という形で呈示されたときだけイエスかノーで答えてくれる」わたしはこの文章を何度もくり返し読んだ。**疑問が実験という形で呈示されたときだけ……イエスかノーで答えてくれる。**ひとつずつ疑問を呈示する。そのようにして多くの疑問を呈示すれば、多くのイエスかノーの答えが返ってきて、モザイク画ができていく。

そのあと、次のような一節がある。

自然を、誠実で深い愛情をもって理解した人だけが……呈示すべき疑問の基本的な枠組みを作ることができるが、そのような疑問を数多く呈示したとしても、大まかな答えしか得られない……。

自然の秘密におさえることのできない熱烈な好奇心をかきたてられた人だけが、人生を賭けて数えきれないほどの実験を行い、次々に発生する技術的な問題にひとつずつ忍耐強くとり組むことができる——なぜなら、そうせずにはいられないからだ。

理解したのか、好奇心をかきたてられたのかはともかく、セリエがいう人物にわたしが該当することはまちがいない。わたしには、人生を賭けて数えきれないほどの実験を行い、技術的な問題にとり組むことができる自信がある。

もちろん、自分にもセリエのようなすばらしい業績を残せると思っているわけではない。しかし、もしかしたらいつの日か、宇宙に疑問を呈示し、何らかの実験を計画できるかもしれない。いつの日か、イエスかノーというはっきりとした答えを得るかもしれない。そして人類の知識という壮大なモザイク画に、すこしだけ貢献できるかもしれない。

『現代社会とストレス』は、別の意味でもわたしには重要だ。この本を読んで、ストレスはネガティブな生理現象だけではないとわかった。ストレスは、興奮や期待、モチベーションといったポジティブな形で現れることもある。ネガティブなストレスは有害で、場合によっては死につながることさえある一方で、ポジティブなストレスは充実した人生に欠かせない。そして、対処次第では、ネガティブなストレスをポジティブなストレスに変えることができる。

どうやって？　**自分の力で変えられないことよりも、変えられることに意識を集中させる**のだ。たとえば、他人の反応は変えられないが、自分の反応は変えられる。だから、他人を喜ばせたり、他人に認められたりしようとがんばるのではなく、自分で設定した目標を達成することに力を注ぐべきだ。挫折や失敗を経験しても、他人のせいにしてはならない。犯人さがしは、自分の力の及ばないことに、むだな労力を注ぐことだ。それよりも、現実を受けとめ、もっと学び、もっと努力し、もっと工夫をこらすほうがいい。

ストレスは避けられないものかもしれない。しかし、セリエの本は、ストレスが味方にも敵にもなることを教えてくれた。重要なのは、ストレスをどう受けとめ、それにどう対応していくかだ。

三 「あとひとつだけ」

わたしの家族は、毎週『刑事コロンボ』をみる。アメリカのテレビ番組で、ピーター・フォーク演じる主人公はロサンゼルス市警察殺人課の警部。気どらない性格で、目つきが悪く、いつもくたびれたトレンチコートを着ている。『刑事コロンボ』は、ハンガリーで放映されていた数すくないアメリカの番組で、政治色のない、あたりさわりのない娯楽番組だ。さらに、ピーター・フォークは一九世紀にハンガリーで活躍した政治家でジャーナリストのミクシャ・フォーク（ファルク・ミクシャ）とつながりがあるという噂もあった――わたしが知るかぎり、真偽は明らかになっていないが。

コロンボは身なりにかまわず、すこし猫背で、しょっちゅうポケットをごそごそやってペンをさがしている。安葉巻をくわえ、いつ散髪にいったかわからないような髪型をしている。対照的に、犯人のほうは裕福で、髪もきちんと整えていて、どこまでも抜け目ない。どの容疑者も完璧と思える殺人を実行し、細かいところまで考えぬいている。犯人が隠されることはない。視聴者は、番組の冒頭で犯罪を目撃する。問題は、犯人に有利な手がかりばかりが出てくるなか、このさえない男がどうやって断片をつなぎあわせ、真実をつきとめるかという点だ。

それを、コロンボは毎回じつにみごとにやってのける。

コロンボは、巧妙に逃れようとする犯人を追跡する。現場はいつだって相手のホームグラウンドだ。犯人の所有する大邸宅、ヨット、ロールスロイス、書斎。コロンボは**犯人の**家の暖炉の火にあたりながら、**犯人の**クリスタルグラスに注がれた、**犯人の**酒をがぶがぶ飲む。

いくつか質問をし、犯人の嘘（うそ）にうなずいてみせる。何も知らない顔で目を丸くしてみせる。その間の抜けた態度に、相手は油断する。相手の自信を――自分はこの男より優秀で、賢くて、如才ないという確信を――揺らがせるようなそぶりは、まったくみせない。

コロンボは礼をいって立ちあがる。そして部屋を出ていこうとして、まるでふと思いついたかのようにふり返る。「あとひとつだけ……」

そしてコロンボは見た目によらず、鋭いことが明らかになる。

コロンボに夢中なのは、わたしだけではない。コロンボはハンガリーじゅうで人気だ（現在、ブダペストの中心部には、おなじみのコロンボの格好をしたピーター・フォークの等身大のブロンズ像がある）。わたしはその後も推理ドラマをみた。ロジャー・ムーアが主演したイギリスの『セイント天国野郎』、ロジャー・ムーアとトニー・カーティスが共演した『ダンディ2　華麗な冒険』、フランスの「メグレ警視」シリーズなどをみるようになる。現実の犯罪捜査も数多くみてきた。しかし、最初に夢中になったのは、『刑事コロンボ』だった。

それはコロンボが――まもなくわたし自身がそうなるように――力を持つ人の中に混じってしまった場ちがいな人間だからというだけではない（そういう人たちには、わたしがみえていない。わたしにも頭脳があり、すべてを理解しているということが、彼らにはどうしてもわからないのだ）。わたしが好きなのは、むしろこのせりふだ。**あとひとつだけ**。

ここに真実がある。科学的調査は、単調で時間がかかるものだ。多くのデータをとり、そのデータをまとめてみると、ひとつの方向がみえてくることがある。だから既存のストーリーに合致するデータをさがしたいという誘惑にかられることもあるかもしれない。合致するデータがみつかれば、やるべきことが終わったと思えるからだ。

しかし、実験は正確に行わなくてはならない。

一回の実験で試すことはひとつ。次に変数をひとつだけ変えて、また試す。そしてまた別の変数を試す。また別の変数を試す。**あとひとつだけ**。必ずといっていいほど、あとひとつだけ、なのだ。根気強く、あらゆることを試す。どんなに小さなことでも。仮説に合致するデータがどんなに得られても、合致しないデータを慎重にさがす。なぜならそれが——どういうわけだか合致しないそのほんの小さな気になるデータが——真実を明らかにする手がかりになるかもしれないからだ。

セゲド大学へ

高校では、まわりは女子ばかりだった。共学だったのだが、わたしの学年は女子が多く、男子の二倍いた。学校側は、女子が多すぎるのは男子にとってよくないと考え、クラスを男女別にした。入学時は女子が二クラス、男子が一クラスだった。しかし二年たつうちに、女子生徒の多くが中退して、男女一クラスずつになった。

たいていの女子生徒は、服装と髪型ばかりを気にしていた。当時、地元の店で買える服はぱっとしないものばかりだったため、おしゃれな服を自分で縫う生徒が多かった。わたしはちがった。服には興味がなかった——今もない（あのころ、わたしの服の中でも見栄えのいいブラウスやセーターはたいてい母のお手製で、今も手元に残っているものをときどき身につけて、懐かしさにひたっている。今はジョーカが服を選んでくれる）。何を着ていても、学校に着いて紺色の上着をはおると、いつもほっとした。

同級生が新しい髪型や髪色を試して、先生に苦笑されることもあった。ある日、イロナが（わたしが生物のコンクールに出場したのと同じころに、歴史のコンクールで優勝したあのイロナだ）前の日より二段階ほど明るくなった髪色で登校してきた。「その髪、どうしたんだ」と先生はきいた。「過酸化水素の釜にでも落ちたのか」わたしは、髪をいじったことはなかった。ショートカットの茶色い髪は、いつもすこしぼさぼさだった。

男子の話をしてくすくす笑ったり、だれかと付きあったりということにも興味がなかった。映画をみにいったときに（ハンガリーには西部開拓映画というジャンルがあり、ホルトバージの草原で撮影されたものも多かった）、デート中の同級生をみかけることがあった。もしわたしもデートをしてみたいと思ったとしても、できたかどうかわからない。男子からみれば、わたしは背が高すぎだし、やせすぎだし、あまり魅力的ではなかっただろう。いずれにしても、デートに誘われたことはなかったし、それを気にすることもなかった。

クラスに、わたしと数学で互角に渡りあえる生徒がひとりだけいた。マリは穏やかな性格で、優秀なことをひけらかさない人だった。ときどき、数学の先生が黒板に問題を書き、生徒たちに数分間与えて考えさせることがあった。わたしはいつもがんばって解いた。マリも解いていた。ここからがおもしろいところなのだが、どう考えてどう解いたかをそれぞれ説明する段になると、マリとわたしはきまってちがう解き方で同じ答えにたどり着いていることがわかるのだ。そして、どちらが正しい解き方か、議論になった。いつもはことさらに主張したりしないマリが、そのときばかりは譲らなかった。わたしも同じだった。先生はそれをおもしろがって、見守っていた。五分も一〇分も、ああでもないこうでもないといいあい、どちらも自分の解き方が正しいと主張した。同級生たちはすぐに慣れた。カタリンとマリがちがう解き方で同じ答えにたどり着いたときは、ひと休みできる。黒板の前でマリとわたしが解法について議論している間、同級生たちはいたずら書きや空想にふけったり、手紙を回したりするのだ。

高校の書類には、多くの生徒の名前の横に「F」の文字が書かれていた。**カリコー・カタリン：F** という具合だ。

アメリカの成績証明書では「F」は不合格を意味するが、この場合はハンガリー語で「肉体の」を意味する《フィジカイ》の略語だ。成績証明書にこの「F」が書かれているのをみた人——たとえば大学の担当者——には、わたしの両親が医者や大学教授ではなく、肉体労働者であることがわかる（わたしの母は事務所や薬局で働いていたが、八年間しか教育を受けていないため、肉体労働者に分類される）。

そうすると、社会主義のハンガリーでは、わたしは教育者にすこしだけ注目してもらいやすくなる。政府は労働者階級の人びとを底あげし、エリート階級の子どもに偏りがちな機会を積極的に与えようと考えていた。しかし、その機会は簡単には与えられない。機会をものにするためには、高い志と意欲が必要だ。わたしにはその両方があり、名前の横の「F」で注目してもらいやすかった。おかげでわたしは高校生のときに、大学の夏期講座に参加するチャンスに恵まれた。わたしはそのチャンスに飛びついた。

当時のハンガリーの大学制度は、アメリカの大学制度とはかなり異なっていた。アメリカには何千もの大学がある。もちろん、アイビーリーグのようなトップクラスの大学は、信じられないほど競争率が高い。しかし、トップクラスの大学に入れなくても、選択肢はいくらでも残されている。アメリカでは、希望すればどこかしらの大学に入ることができる。一九七〇年代のハンガリーでは、大学入学はずっと狭き門だった。

夏期講座に参加すれば、その狭き門を突破するのに役立つことになる。だが、そのようなメリットがなかったとしても、わたしは参加したかった。

とにかく生物学を勉強したいと思っていたからだ。

セゲド市は、キシュウーイサーラーシュから一四五キロメートルほど離れた、ハンガリーの南端近くにある明るく魅力的な都市だ。多くのカフェやレストランでにぎわい、通りには音楽が流れ、公園もたくさんある。気持ちよく歩けるし、いつも晴れている。夏にはティサ川の砂浜に多くの人がやってきて、海水浴場のように混みあっている。のんびりと夏を過ごすのにぴったりの場所だ。だが、わたしがセゲドにいったのは、そのためではない。

一九七二年の夏、一七歳だったわたしはセゲド大学で学んだ。とても誇らしく、高揚していた。このセゲド大学こそ、セント＝ジェルジ・アルベルトがビタミンCを発見した場所だ。セント＝ジェルジ・アルベルトが筋肉組織から呼吸の重要な要素を見出し、細胞についての認識を根本から覆した場所だ。市を東西に分けるように流れるティサ川の対岸には、設立されたばかりのハンガリー科学アカデミー生物学研究所があり、国内トップクラスの研究者たちが働いていた。

夏期講座のスケジュールは過密だった。

午前五時に起床。

課題にとり組む。
朝から夕方まで授業に出る。
また課題にとり組む。
すこしだけ眠る。
午前五時に起床して、またくり返し。

文字や公式がぼやけるまで読み続けた。ずっと前かがみでテキストを読んでいたため、首と肩が痛くなった。食事は必要最低限しか口にしなかった。睡眠も、次の日に起きてまた勉強するためだけにとった。教授が教えてくれることに熱心に耳を傾け、細かいことのひとつひとつ、科学用語のひとつひとつまで聞き逃すまいとした。まわりの人の目がとろんとしてきても、わたしの目はちがった。一度も眠くならなかった。どんなことも、たとえ小さなことでも学びたかった。そして、学べば学ぶほど、世界はますます複雑で魅力的になっていった。同時に、心の奥に不安が芽生えた。わたしには、大学に入る準備ができているのだろうか。入学試験に合格できるのだろうか。合格できたとして、優秀な学生になれるのだろうか。

数か月後のよく晴れた暖かい日、わたしたちのクラスはキシュウーイサーラーシュ郊外でトウモロコシの収穫を手伝うことになった。生徒はグループごとにひと畝(うね)ずつ割り当てられ、トウモロコシを刈っていくことになった。わたしはフリードル・マーリアという同級生と並んで作業していた。マーリアは近隣のケンデレシュから通ってきている生徒だった。ケンデレシュは小さな農村で、高校がないため、数名がキシュウーイサーラーシュの高校に通ってきていた（ケンデレシュの生徒は、どんな天候の日でも、毎朝列車の駅まで歩き、キシュウーイサーラーシュまで列車に乗り、さらに二〇分かけて学校まで歩いてきていた）。マーリアは根性があった。運動神経がよく、きっぱりとした性格で、はっきりと物をいう生徒だった。そしてよく働いた。

わが家にはトウモロコシ畑があったし、祖母もトウモロコシを育てていた。だから、トウモロコシの刈り方は、体が覚えていた。マーリアとわたしはてきぱきと手際よく作業し、クラスのどのグループより早く収穫を終えた。トウモロコシの収穫の経験がなく、うまく刈れない生徒もいただろう。わたしたちの近くにいた生徒のように、長く伸ばした爪をかばいながら作業していた生徒もいただろう。しかし何よりも、多くの生徒が楽しみたいと思っていた。作業をしながらラジオをきいたり、おしゃべりをしたりしていた。それはかまわない。競争ではないし、最後にはみんなが割り当てられた畝の収穫を終えられたのだから。それでも、わたしはマーリアといっしょにさっさと作業を終え、自由時間ができたのがうれしかった。

マーリアとふたりで畑のすみに腰をおろし、水を飲み、顔を上げて太陽の光を浴びた。目を閉じて太陽の温もりを感じ、同級生のおしゃべりの声をきいていた。そのとき、影が現れるのを感じた。大きくて暗い何かが、太陽とわたしの間に立ちはだかった。

わたしは目を開けた。ロシア語の先生が立っていて、わたしをみおろしていた。しかめ面をしている。

「カタリン」先生は鋭い語調でいった。マーリアもいるのに、どういうわけかわたしだけに話している。「立ちなさい。作業にもどるんだ」

この先生のことは、子どものときから知っていた。同じ通り沿いに住んでいたことがあり、夫人は小学校で習った先生だし、息子とはよく遊んだ。家に遊びにいったことも何度もある。それでもこうして先生をみあげて、わかったことがある。わたしはこの人のことをあまり好きではない。怒りっぽいし、チェーンスモーカーで、いつも胃の調子が悪そうな顔をしている。

「作業は終わりました」わたしは説明した。

「立ちなさい」先生はさらに語気を荒らげた。うん、この人はきらいだ。皮肉っぽくて、不愉快で、攻撃的な人だ。

「ほかの生徒はまだ作業している」先生はまたわたしに――わたしだけにいった。まるでわたしだけが日なたぼっこをしていたみたいに。マーリアが、遠慮せず、先生にでもだれにでも反論するからだろうか。勝手なことをいわれたら、黙っていない人だからだろうか。それともマーリアはわたしほど勉強熱心ではなく、大学進学も希望せず、失うものがすくないからだろうか。わたしにはわからない。とにかく先生はわたしだけに命令した。「畑にもどって、みんなを手伝いなさい。今すぐだ」

わたしは考えた。たしかにみんなはまだ作業しているけれど、それは、マーリアやわたしのように手際よく一生懸命に働かなかったからだ。わたしたちが地道に作業している横で、踊ったり、畑にすわりこんでおしゃべりしたりしていた。なのにどうしてわたしが余計に働かされなくてはならないのか。そんなのはおかしい。どこかがまちがっている。

子どものときから、わたしには頑固なところがあった。むりに何かをさせられそうになると、反抗するようなところが。そして自分の意見を主張する。

「いやです」わたしはいった。「手伝いません。疲れているんです。やるべきことはもうやりました。

ここから動くつもりはありません」目の前で——目の上で——先生がさらに大きくなったように思えた。先生はわたしをみつめ、口を開き、そして閉じた。奥歯を嚙みしめている。

そしてくるりと背を向けて、歩き去った。でも、これで終わったわけではないとわかっていた。

学校にもどるとすぐに、皮肉先生はわたしが規律違反をしたという報告書を書いた。そこには、わたしは非行少女で、規則を破り、町の価値観に逆らっていると書かれていた。そして教室で、みんながみている前で、わたしに渡した。わたしが報告書を読んでいると、マーリアが立ちあがった。

ハンガリーには、こんな言葉がある。**心にあることを唇に載せる。**マーリアはまさにそれをやった。考えていることをそのまま発言したのだ。「それなら、わたしの報告書も書いてください」

皮肉先生は驚いてマーリアをみた。マーリアのことは、まったく頭になかったようだった。

「わたしはカタリンといっしょにいました」マーリアは、挑むような目つきで続けた。「担当の畝を刈り終えたあと、わたしもすわっていました。だから、わたしも罰してください」わたしは必死に笑みをこらえた。マーリアのような友だちがいてうれしかった。大胆で、おそれを知らない友だち。自分よりずっと力のある人物に脅されているときに、ちゃんと見守って、味方になってくれる人がいるのは、なんと心強いことだろう。

味方になってくれたのはマーリアだけではなかった。皮肉先生は、ほかの先生たちにわたしの話をして、学校として正式に懲戒処分にすべきだと主張した。懲戒処分を受ければ成績証明書に記載され、大学関係者の目に触れることになる。志のある生徒の前途を狂わせ、二度と尊敬すべき人物に反抗して怒らせたりしてはならないという教訓になるだろう。

ありがたいことに、ほかの先生たちは懲戒処分に反対してくれた。今でもその理由はわからない。

もしかしたら、先生たちも皮肉先生を快く思っていなかったのかもしれない。いずれにしても、同僚の意見より生徒を尊重してくれたことに、感謝してもしきれない。

それでも、皮肉先生は諦めなかった。卒業直前に、わたしは先生に廊下で呼びとめられた。ちょうど最後の口頭試問が終わったところで、そのために長時間準備をしていた。疲労と安堵と次のステップへの不安がないまぜになっていた。セゲド大学の入学試験が迫っていたのだ。とつぜん目の前に皮肉先生が現れ、何かいおうとしている。「いいか、カタリン」先生は、まるで口に出して考えているよう、頭に浮かんだことをそのまま口にしているようだった。しかしその声には、冷たく残酷な響きがあった。「わたしにはセゲド大学に知りあいがいる。その人に電話をして、きみが入学できないようにしようと思う」

若さだったのか。自信過剰だったのか。無知だったのか、頑固だったのか、たんに無邪気だったのか。とにかくわたしは、目の前に立っている皮肉先生をみつめ——先生がわたしを傷つけようとしていることを悟り——立ち去った。廊下に先生を残して。

先生は、本当にわたしを不合格にできるのだろうか。たしかなことはわからなかった。でも、動揺して先生を満足させたくなかった。それはたしかだ。

どのくらいの高校生がセゲド大学に出願しているのか、予想もつかなかった。わたしもそのひとりだった。出願者の中から、生物学科の筆記試験に二〇〇人以上が呼ばれた。わたしもそのひとりだった。さらに口頭試問に三〇人から四〇人が呼ばれた。その中から選ばれたたった一五人から二〇人が入学できる。

わたしもそのひとりだった。

合格通知を受けとったとき、頭に浮かんだのは皮肉先生の顔だった。美しい秋の日に、作業を終えたわたしがすわっていたからといって、大学に入学できないようにするといった先生。今思えば、大学入学を邪魔しようとしたということは、そのあとに続くさまざまなこと、つまりはその先の人生を邪魔しようとしたことになる。その後わたしが成し遂げたことも、わたしの仕事からほかの人たちが受けることになる影響も、すべて奪おうとしたのだ。あんなささいなことのために。

結局、先生の思いどおりにはならなかった。それでも、先生から重要なことを学んだ。みんながみんな、応援してくれるわけじゃない。みんながみんな、わたしの幸せを願ってくれるわけじゃない。みんながみんな、わたしの貢献に期待しているわけじゃない。中にはわたしを憎んでいる人だっている。

それはそれで、しかたがない。でも忘れないでおこう。

ハンガリーの大学は五年制だ。生物学科の学生は初日から、講義室と研究室の両方で学びはじめる。学年が進むにつれて、研究室での実験がより重要になっていく。五年の課程を修了すると、ハンガリーの制度では生物学者となる。

五年後、このわたしが生物学者になる。

しかしすでに、できればもっと先まで、博士課程まで、いきたいと思っていた。博士課程では、何年もかけて特定の領域の研究を行い、最後に論文をまとめ、試験を受ける。

それは、一九七三年の夏には、とうていのぼりきれない山のように感じられた。それでも、早くのぼりたくて、うずうずしていた。

子ども時代をひとつの場所で過ごすと、その場所のことは知っているが、その場所のことしか知らない。そしてその場所をあたりまえのように感じる。色とりどりに咲きみだれる花を刺繍（ししゅう）したクッションが、無造作に置かれたソファ。早朝の決まった時間に、カーテンのアイレットから差しこむ斜めの光。何千回も食事をし、何年も宿題をした、使いこまれたがっしりとしたテーブル。朝のしたくをしながらうたっている父の温かい深みのある声。玉ねぎとパプリカとサワークリームで煮こんだ母の特製のシチューは、指紋と同じくらいまねのできない香りがする。

そういうものだと思っている。それが自分の生活だと。

そしてある日、荷物をまとめる。家を離れるのは初めてではないけれど、今回はこれまでとちがう。一週間、あるいはひと夏出かけてまた帰ってくるわけではない。新しいことが、新しい生活が始まるのだ。頭ではわかっているけれど、それがどういうことなのか、本当の意味ではまだ理解できていないかもしれない。

家の中をみまわす。何か月もかけて、父親といっしょにひとつひとつこの家を建てたことを思い出す。それからここで過ごした日々を、何万回も目にしてきた壁を、テーブルを、ドアを思う。そして今、そのドアに手を伸ばし、ついに外に踏み出す。大学に入学するために。

目の前には長い道が続いている。ここから、自分だけの道が始まる。

第2部　科学についてのごくごく短い合間の話

わたしがポリオのワクチンを受けるために幼稚園の友だちと列を作っていたころ、五歳児のわたしは知るよしもないが、世界の科学者たちはわたしの人生を変えることになる発見をしていた。

そのころ、生物学者たちはすでに遺伝学についてかなり多くのことを知っていた。遺伝子はＤＮＡの小さな断片で、細胞核の中にある染色体に入っていること。ＤＮＡは生物の遺伝情報で、体の構造だけでなく、生物を生かすための体のすべての機能の設計図であること。ＤＮＡはアデノシン（Ａ）、チミン（Ｔ）、グアノシン（Ｇ）、シチジン（Ｃ）という四つの基本的な構成単位、つまりヌクレオシドを使って「書かれて」いること。二六文字のアルファベットをさまざまに組みあわせていくらでも意味のある言葉を作れるように、この四つの「塩基」の並び方で遺伝子の機能が決まる。

生物学者たちは、それぞれの遺伝子が特定のタンパク質を作らせ、そのタンパク質が生物の体の中で機能することを知っていた。遺伝子の**発現**——細胞が遺伝情報を使って**何かをすること**——とは、対応するタンパク質が作られることを意味する。また、タンパク質が細胞質内にあるリボソームという細胞小器官の中で作られることも知っていた。

生物学者たちには**何が**起こるかはわかっていた。だが、**どのように**起こるかはわかっていなかった。

細胞核の中にしまいこまれたDNAの情報は、どのようにして細胞核の**外での**タンパク質の合成を引き起こしているのか。自力で動かず、けっして細胞核を離れることのない設計図が、どのようにして細胞のまったくちがう場所でのできごとに作用しているのか。わたしが生まれたころ、それはまったくの謎だった。

一九五〇年代後半、フランスのパスツール研究所の科学者たちが仮説を立てた。もしかしたら、何らかの媒介物、一時的な「細胞質メッセンジャー」(シンプルに「X」と呼ぶ科学者もいた)があって、DNA暗号——AとTとGとCの組みあわせ——の一部をコピーして、その情報を細胞核の外に伝えているのではないか。笑いとばす科学者もいた。この画期的な発見(ブレイクスルー)により功績を讃(たた)えられることになるフランソワ・ジャコブは、この仮説をきいた科学者たちがあきれたように目をぐるりと回し、あざけらんばかりだったと述懐している。

ふり返れば、科学の歴史は、非常に聡明な人たちがすばらしいアイデアをあざ笑ったという逸話に満ちている。

しかし一九六〇年、失敗を重ねたあげく、ふたつの独立した実験によって、パスツール研究所の科学者たちの仮説が正しかったことが裏づけられた。DNAの遺伝情報をリボソームに伝えてから消える一時的なメッセンジャーはたしかに存在した。

現在、その小さな物質は「X」ではなく「メッセンジャーRNA」、もしくは「mRNA」と呼ばれている。

メッセンジャーRNAのほかにもRNAはあるのだが、わたしの話にかぎっていえば、これが何よりも重要になる。

ＲＮＡは「リボ核酸」の略語で、ＤＮＡと同じようにヌクレオシドを用いて情報が書かれている遺伝物質だ（ヌクレオシドは、ＲＮＡの場合は「リボヌクレオシド」、ＤＮＡの場合は「デオキシリボヌクレオシド」と呼ばれる）。しかし、ＤＮＡは半永久的であるのに対し、ＲＮＡは一時的である。特定の目的を達成したのちに、細胞内で分解される。

そのはかなさは、構造からみても明らかだ。ＤＮＡが二重らせん構造（ねじれたはしごのようになっていて、糖とリン酸の「支柱」がふたつの塩基の「横木」によってつながっている）であるのに対し、ＲＮＡは一本のらせんで、はしごをチェーンソーで縦にまっぷたつに切ったような形（横木にあたる塩基はひとつしかない）をしている。また、ＲＮＡの支柱を構成している糖分子には遊離ヒドロキシ基が存在し、ヌクレオシドをつないでいるリン酸塩と反応する。反応が起こると、ＲＮＡの長い鎖が切れる。

情報を伝えるアルファベットにも、わずかなちがいがある。ＲＮＡでも四つの塩基が使われている。そのうち三つはＤＮＡと同じＡ、Ｃ、Ｇだ。しかしＤＮＡの四つ目がチミンであるのに対し、ＲＮＡの四つ目は「ウラシル」という塩基だ。ウラシルは糖分子と結合するとウリジンになる。このように、ＲＮＡの情報はＡ、Ｃ、Ｇ、Ｕの四つを用いて書かれている。

ＤＮＡからｍＲＮＡへ、そしてタンパク質へ。そのプロセスは、ふたつの働きで構成されている。転写と翻訳だ。

転写：一連の遺伝子——塩基の配列——がＲＮＡにコピーされること。

細胞核の中で、酵素（タンパク質の一種で、生化学反応を促進する）が遺伝子に働きかける。するとその遺伝子のＤＮＡがすこしずつ「解読」され、Ａ、Ｃ、Ｇ、Ｔの配列が明らかになる。酵素はその情報と同じ塩基配列を合成する。それがｍＲＮＡだ。酵素が遺伝子の別の場所に進んでいくと、解読されたＤＮＡは元にもどる。

転写が完了すると、ｍＲＮＡは細胞核を出て、細胞質に入っていき、リボソームに情報を届ける。するとリボソームが塩基配列の指示に従って、タンパク質を翻訳する。

翻訳：遺伝暗号がタンパク質の中に現れること。

リボソームはｍＲＮＡが運んできた情報を読み、タンパク質を翻訳する（ＤＮＡが塩基の鎖からできているのと同じように、タンパク質はアミノ酸と呼ばれる小さな物質の鎖からできている。アミノ酸は二〇種類あり、その配列はｍＲＮＡの塩基の配列によって決まる）。できあがったアミノ酸の鎖は、折り紙のように折りたたまれ、精巧で複雑な三次元構造に——タンパク質が働きやすい形に——なる。

完成したタンパク質は働きはじめる。そのおかげで、生物は生きていられる。

では、指示を運んだｍＲＮＡはどうなるのだろうか。さらに多くのタンパク質が翻訳されたのち、ｍＲＮＡは消える。酵素が原材料に——塩基と糖とリン酸に——分解するのだ。その多くはリサイクルされ、一部は排出される。タンパク質もまた、役目を終えると分解される。

このプロセスがずっとくり返されている。毎日、毎分。細胞がｍＲＮＡを作る。かつては謎とされた情報と作用の媒介物だ。ｍＲＮＡは細胞核から細胞質に移動し、タンパク質の翻訳を指示する。**ＤＮＡからｍＲＮＡへ、そしてタンパク質へ、**ヌクレオシドの配列によってＤＮＡとＲＮＡで暗号化された情報、生命の言語で書かれた小さな文字が伝えられていく。そのプロセスが何度も何度もくり返されている。あなたの体のいたるところで、つねに行われている。今、この瞬間も。

もちろん、これは単純化した説明だ。正直なところ、このような単純化は苦手だ（おそらくほとんどの科学者はそうだろう）。科学用語はすばらしく精密だ――簡明で、あくまでも厳密で、日常的な言葉に置きかえることができない。それに、わたしはいつも論理的、具体的に考え、たとえを使ったり、婉曲的な表現をしたりすることがあまりない。それでも、みんながみんな、分子生物学や生化学に四〇年間没頭してきたわけではないことはわかっている。科学者にはあたりまえの学術用語も、多くの読者にはなじみがないだろう。わたしにとってはライフワークの基礎となっている重要な概念だとしても、忘れている（あるいはそもそも習っていない）読者もいるだろう。だからここでは、複雑な概念をできるだけわかりやすく説明し、科学者でない人にもわたしが長年携わってきたことに触れてもらい、なぜそれが重要なのか理解してもらおうと思った。

先回りしたが、また一九七〇年代のハンガリーにもどることにしよう。好奇心旺盛で、志を持った娘が、セゲド大学に到着したところだ。

第3部　目的意識

何から何まで真新しく感じられた一年

わたしたちは一八人の集団。何をするにもいっしょだった。

一九七三年の秋にセゲド大学生物学科に入学したわたしたちは、毎日いっしょだった。時間割は初めから決められていた。選択科目はなかった。つまり、毎学期、毎時限、みんなで同じ授業を受けるということだ。昼休みにはみんなで食事した。授業が終わるとみんなで宿題をした。ほとんどの学生が同じ寮で生活していた。わたしたちは——一八人の集団というものがたいていそうであるように——ひとつのかたまりだった。

だからといって、わたしたちが同じだったわけではない。出身地も、生い立ちも、さまざまだった。教授の子どももいれば、農場で育った人もいた。小さな町出身の人もいれば、人であふれたブダペスト出身の人もいれば、高級リゾート地として知られるバラトン湖畔出身の人もいた。わたしが仲よくなったカールマーン・ジュジャの父親は作曲家で、教育大学で音楽を教えていた。ジュジャは、音楽のことなら何でも知っていた。ジュジャには真剣に交際しているチャバという恋人がいて、生物学科の一年先輩だった。ふたりはジュジャが一五歳のときから付きあっていた。異性と付きあうなど考えたこともなかったわたしには、何年もまじめに交際しているジュジャがとてつもなく大人に思えた。

クラスには留学生もいた。ハンガリーには東側諸国のみならず、世界のほかの共産主義国から、学生が勉強にきていた。わたしたちのクラスにはユーゴスラビアからきたハンガリー系の学生がふたり、はるかベトナムからきた女子学生がふたりいた。

ひとつ、興味深いことを挙げておこう。クラスのハンガリー人の学生のうち、半分は名前の横に「F」の文字が書かれていた。貧しい学生、労働者階級の子どもに一流の教育を受ける機会を提供していたハンガリーは、とても公正だったといえると思うが、ほかの国はどうだろうか。アメリカの大学で数十年間働いてみて思う。どうすれば教育の機会を均等にできるのだろうか。

遺伝学に特に興味があったわけではない。すくなくとも入学当初は。

入学したばかりのころ、担当教授が、ひとりひとりに興味のある分野をたずね、メモしていった。「植物が好きです」とわたしは答えた。それまでずっと植物を観察してきた。植物の生理機能に興味があった。植物によって性質や利用法、大きな生態系における位置が決まっていること。わたしたちが生きるのに必要なもの——空気、食物、水、美——のすべてを、植物が提供してくれていること。植物も動物と同じように小さな細胞からできていて、その細胞が、呼吸したり、養分をとりこんだり、タンパク質を合成したり、欠くことのできない分子を運んだりと、大活躍していることもおもしろいと思っていた。

しかしそれをクラスメートに話すと、困惑したような顔をされることがあった。ジェームズ・ワトソンとフランシス・クリックが（ロザリンド・フランクリンの研究をもとに）初めてDNAの二重らせん構造を示したのはそのわずか二〇年前で、以来、遺伝子の配列や複製、機能についての基本的な理解は飛躍的な進歩を遂げていた。タンパク質の合成に大きな働きを果たすメッセンジャーRNAさえ、すでに発見されていた。遺伝学はみごとで、あざやかで、刺激的。遺伝学こそ、今とり組むべき学問だと、クラスメートの多くはいった。

その言葉にわたしが納得するまで、時間はかからなかった。

わたしたちが生活するヘルマン・オットー寮のとなりは美しい公園で、すぐ近くのベルバーロシ橋を通ってティサ川を渡れば、授業やカフェテリアにいける。寮は、わたしたちが入学する数か月前にオープンしたばかりの、れんがとガラスでできた一〇階建てで、内部は何もかもが真新しかった。

あの一年は、本当に何から何までが、真新しく感じられた。

新入生は必ずふたりの上級生と相部屋で、新しい生活に早くなじめるように配慮されている。部屋にはベッドが三台、シンク、勉強するための机と椅子がある。外に面した壁は全面が窓になっていて、とても明るく、モダンで、居心地がいい。わたしはそこで勉強するのが好きだった。

寮ではおよそ三〇〇人の学生が生活しているため、いつも何かが起きている——近くの部屋から笑い声や音楽がきこえ、廊下ではくぐもった話し声がする。窓からビートルズやローリング・ストーンズの曲が流れてくることもある。いつもだれかが出かけていく——音楽をききに、バスケットボールをしに、あるいは連れだって図書館へ。

わたしたちには、みな居場所が、道が、目的意識があった。目の前にはチャンスが無尽蔵にあった。

もちろん、当時のハンガリーはまだソ連の影響下にあった。学生仲間の中に――同じ寮の学生やさまざまなサークルのメンバーに――秘密警察への情報提供者がいるという噂をきいたこともある。おそらく実際にいたのだろう。あのころ、特にセゲドでは、秘密警察はまだ過去の遺物ではなかった。セゲドは国境に近く、当時のユーゴスラビア（現在のセルビア）までは一六キロメートル、ルーマニアまでは三〇キロメートルの距離にある。当時、ユーゴスラビアはハンガリーに比べて移動に関する制約がすくなく、つまりは西側の商品が手に入りやすかった。わたしは友人にジーンズを買ってきてもらい、最先端のおしゃれをしている気分を楽しんだ。しかし、移動の制約がすくないユーゴスラビアは、法律を破ってハンガリーを出ようとする人たちの最初の目的地でもあった。だから列車や街角で秘密警察をみかけるのは、けっして珍しいことではなかった。秘密警察のメンバーは、どういうわけかたいてい頭が角ばっていて、真剣な表情であたりを見張っていた。

それでも、わたしが子どものころと比べれば、ハンガリーは大きく変わっていた。共産主義体制であることに変わりはなかったが、のちに「ハンガリーの雪どけ」と呼ばれるようになる、以前よりは自由で穏やかな時代になっていた。学生仲間に秘密警察への情報提供者がいて、何か告げ口されたとしても、昔のように逮捕されたり退学させられたりするおそれはなくなっていた。学生自身がひどい目に遭うことはなくなり、大学で催される予定だった講演会や音楽会がキャンセルされるというような処分に変わった。あるいは、学生自治会が解散させられる。将来、外国にいこうとしたときに、パスポートが取得できないということもあるかもしれない。完全に自由とはいえないが、おびえて暮らすことはなくなった。ハンガリーは「共産圏で最も幸せなバラック」だと、人びとは冗談を言い合った。わたしのクラスメートをみても、それは真実だった。ハンガリー人の学生同士は、政治やイデオロギーについて遠回しに指摘をしたり、冗談をいったりしていたが、ベトナム人のクラスメートは口を閉ざしていた。どれほど親しくなっても、問題に巻きこまれる可能性のあることは、けっして口にしなかった。

わたしに特別な力があるとしたら

学生時代、自分を優秀だと思ったことはなかった。キシュウーイサーラーシュで初めて学校に入ったときも、わたしはふつうの生徒で、人一倍勉強したことですこしずつ成績が上がり、だんだん自信をつけていった。大学でも、同じことのくり返しだった。クラスメートはみな理解が速く、わたしは何をするにも努力しなくてはならなかった。

わたしたちが履修したのは、進化生物学、有機化学、分析化学、物理化学、物理、数学だった。英語に触れてこなかった学生、つまりは小さな町出身のほとんどの学生は、英語も勉強した。わたしも、それまで英語を使う機会がまったくなかった。そして正直、英語にはとても苦労した。大学三年のときには、夏休みじゅう英語の勉強をした。おかげで試験には合格したが、いつまでたっても自然に使いこなせるようにならなかった。そして今、何十年もアメリカで暮らしてもなお、ハンガリーのなまりが抜けない。過去形を正しく使えない（「He didn't jump」としなければならないのに「He didn't jumped」としてしまう）。英語が母語の人と話をしていて、相手が昔から知っている同僚でも、おかしな表情をすることがある。わたしの話が理解できず、困っているのだ。

ほかにも苦労したことがある。たとえば化学の実験。高校時代に実験をしたことがある学生は、実験室の中できびきびと動きまわり、慣れた手つきで試験管やガラス器具（ビーカーやピペット、ビュレットなど）を準備する。量り方をちゃんと知っていて、溶液を上手にスポイトで吸いあげる。わたしはぎこちない。そのような作業をしたことがないため、どの筋肉を動かせばいいのか、まずは体に覚えさせなくてはならない。そして実験は、ときにとても難しいものだった。

たとえば分析化学の実験では、教授に謎の溶液を手渡される。アンプルに入った透明な液体。何も情報はなし。その溶液に何が入っているのか、いくつもの実験を重ねて解明しなくてはならない。わたしたちはひとつずつ段階を踏んで、論理的にとり組んでいく。火の中に一滴たらしてみる。オレンジ色の炎が出れば、ナトリウムが含まれている（今でも、ガスレンジで料理をするときに、火に少量の塩を落として、色の変化を観察せずにはいられない）。青色の炎が出れば、溶液に銅が含まれていることがわかる。初めは簡単だが、だんだん複雑になっていく。目の前の溶液に含まれている物質をつきとめるのに、三時間かかることもある。まったくつきとめられないこともある。そんなとき、特に入学したばかりのころは、場ちがいなところにきてしまったと感じる。そして自分にいいきかせる。これこそ、まさにハンス・セリエがいっていたことだ、わたしは宇宙にイエスかノーで答えられる疑問を投げかけているんだ（この溶液は酸性か？　リトマス試験紙が赤くなったから、酸性だ。青くなったから酸性じゃない）。

コロンボだって、まったく同じことをしていた。

あとひとつだけ。そうやって、わたしは成長していった。疑問をあとひとつ、実験をあとひとつ。あとひとつ考えてみよう。あとひとつ課題をやってみよう。読んで、読み直して、また初めからやり直す。記憶して、覚えられたか自分でテストして、念のためもう一度勉強する。何度も、何度も、何度も。あとひとつだけ。

わたしに特別な力があるとしたら、この力だ。熱心に、系統的に努力し、けっして諦めない意志の力。

宿題もたくさん出て、わたしは必ずやった。すべての情報を保持するのは、とてもむりに思えた。新しい情報を脳に詰めこむと、前に学んだことがこぼれ落ちてしまいそうだった。午前二時まで起きていることはざらだった。三、四時間眠ったら起きだして、授業の前にまた宿題をした。疲れると窓を開けた。実際のところ、わたしはいつも疲れていたから、窓はいつも開いていた。たとえ雪が降っていても（今でも眠ってしまわないように、わたしは冬でも窓を開けている）。

朝になると、橋を渡って教室に向かう。歩いているわたしを、車が勢いよく追いぬいていく。持っていた自転車は、すぐに盗まれてしまった。新しい自転車は買わなかった。カフェテリアでは、出されたものを食べていた。寮にはキッチンがあり、自炊している学生もいたが、わたしはしなかった。食べ物にはうるさくなかったし、カフェテリアの食事は悪くなかった。それに、料理をしている時間が惜しかった。

学ぶ姿勢は人それぞれだった。ほとんどの学生は、わたしよりゆったり構えていたように思う。勉強は学期末の数週間にまとめてするというクラスメートもすこしいた。最終試験に向けて猛勉強して、何百ページもある教材をスポンジのように吸収していた。そして試験が終わるとバーにくり出し、ビールで乾杯する。試験が終わったあと、詰めこんだ知識が頭に残っていたのかどうかはわからない。わたしにわかるのは、そのやり方がとうてい自分には向かないということだけだ。

友だちのサバドシュ・ラースローのように、幅広く学びたいという学生もいた。科学だけでなく、文学やジャズ、民族の伝統にいたるまで、さまざまな分野を探究する。ラースローは父親が鉄道会社で働いていたため、どこにでもいくことができ、その環境を活用していた。出費をおさえるため、鉄道の駅で寝泊まりしながら、冒険する。いつもの笑顔で、土産話と新しいアイデアを抱えてもどってくると、また大学での勉強を再開する。

わたしはといえば、知るべきことばかりが増えていく。学ぶべきことがあるなら、学ぶしかない。学ばないという選択肢はなかった。

わたしたちはひとつのチーム

それでも、勉強だけしていたわけではなかった。ディスコが人気を集めていたころで、ストレス解消のため、ときには週末に、友だちと連れだって出かけ、夜遅くまで踊ることもあった。

コンサートにいくこともあった。当時、興味深いことに、若者の間で地方の民謡が再評価されていた。ハンガリーじゅうの村を訪ね歩き、地元の人たちから伝統的な音楽や踊りを学び、それを大都市や大学都市に伝える音楽家もいた。大学には民族舞踊サークルがあり、わたしも発表会に出かけて、クラスメートが昔ながらの囃(はや)し声をあげながら、踊るのをみた。

バスケットボールもした。大学時代、バスケットボールをしていたというと、感心されることがあるが、そんな格好のいいものではない。部員はすくなかったし、それほど強くもなかった。試合に出るための人数集めに苦労したこともあった。それでもプレーをするときは真剣で、ゴールとゴールの間を走りまわり、パスをした。汗だくになり、体育館の床で靴がキュッキュッと音を立てた。試合中、あるいは帰り道、あるいはもっとあとになり、開いた窓のそばで必死に目を見開いているとき、**わたしはなんて幸せなんだろう**と思って、胸がいっぱいになった。ここにいられる自分の幸運を、ひしひしと感じていた。

勤勉と幸福は相対するものだなんて、思わないでほしい。楽しいことだけが喜びをもたらすだなんて、思わないでほしい。セゲドでの日々はわたしにとって、とても幸せな時代だった。

大学に入っても、収穫作業から解放されたわけではなかった。ハンガリーはまだ共産主義国家であり、働かざる者食うべからずの社会だった。日照時間の長いセゲドは、ブドウの栽培に適している。そしてそのブドウを秋に収穫させるのに好都合なのは、新年度が始まったばかりで、まだそれほど学業に追われていない学生たちだった。

学生は総出で収穫を手伝った。高校時代と同じように、とりわけ熱心に作業する者もいた。入学してまもないある日、わたしたちは冷たい雨の中で収穫をしていた。濡れながらの作業は、惨めだった。だれもが文句をいいながら、のろのろと働いていた。すると、集団農場の担当者が提案をした。収穫量がいちばん多いグループに、ささやかながら賞金を出そうというのだ。

生物学科のクラスメートの中には、賞金などどうでもいいと肩をすくめる人もいた。でも、わたしはちがった。ちょうどグループのリーダーに選ばれたばかりのわたしには、やってみたい計画があった。賞金が入れば、その計画に必要な資金をまかなえる。わたしはグループのメンバーを呼びあつめた。「悪いことはいわないから、がんばってやってみない?」わたしは頼み、みんなの顔をみまわした。友だちのジュジャはわたしから目をそらし、鉛色の空を気にしている。「だってね、どっちにしても、寒さと雨からは逃れられないのよ。それなら、ごほうびをもらえたほうがいいじゃない」わたしは説得した。賞金がもらえたら、野外調査旅行にいけるし、そのついでに実家を訪ねあうこともできる。きっと楽しいわよ。メンバーの家を順番に訪ねて、みんなの故郷をみてまわりましょう。

もう一度ジュジャをみると、今度は目が合った。唇に笑みが浮かんでいる。

わたしたちは懸命に働き、いちばんになった。そして、野外調査旅行が始まった。

思いうかべてほしい。ロングヘアにジーンズ姿の十数人の大学生が、週末になると大学を飛びだして、にぎやかに移動する。列車を降り、笑いさざめきながら、だれかの家に向かっていく。

さまざまな生活をみせてもらうのは、とても興味深かった。今と比べれば、当時のハンガリーでは貧富の格差があまりなかったが、それでもちがいはあった。夏には、自然豊かなバラトン湖畔にあるクラスメートの家を訪ねた。父親は地元組織の財務担当者で、家は二階建てだった。それまでわたしは、二階建ての家に住んでいる人に会ったことがなかった。でも、不思議なこともあった。わたしが会ったことのあるだれよりも裕福なクラスメートの両親は、家には泊まらせてくれず、ガレージで寝てほしいといった。食事も出してくれなかった。そこで、わたしたちは店にいき、お金を出しあって、パンやらラードやらを買った。

次の日には、別のクラスメートの家にいった。その家は、逆にとても質素で、わたしの実家よりずっと貧しかった。それでも、心をこめてもてなしてくれた。裏庭で大きな鍋に作ってくれたシチューには、豚足（いちばん安価な肉）が入っていて、ハーブやスパイスを使ってこくが出るまで煮こんであった。心のこもったおいしいシチューをたっぷりよそってもらい、わたしたちのおなかはいっぱいになり、ぽかぽかと温かかった。家族は、わたしたちがゆっくり眠れるようにと、ひとつしかない部屋をわたしたちにゆずり、親戚の家に泊まってくれた。

　わたしはこの温かいもてなしを胸に刻み、世の中についての新たな知識として頭の中にファイルした。最もすくないものしかない人たちが、最も多くを分け与えることがあるのだと。

　もちろん、全員の家を訪ねたわけではない。ベトナムからの留学生フォンは、セゲド出身のクラスメートの家で、ベトナム料理のごちそうを作ってくれた。わたしはフォンの料理が気に入ったし、故郷の味をふるまおうと熱心に料理するフォンの姿をみるのも楽しかった。

　わたしの実家を訪ねる番になると、わくわくした。おしゃべりしたり、笑ったりしながらキシュウーイサーラーシュまで列車でいき、駅から歩いて実家に向かった。秋のことだった。両親が家の前で出迎えてくれた。父はよく響く声で笑い、母は首を横にふりながらも、楽しげに笑みを浮かべていた。

　家に入ると、クラスメートたちは思い思いに床にすわり、音楽に耳を傾けたり、笑ったりした。両親は、名前ばかりきかされていたクラスメートの顔をようやくみることができて、とてもうれしそうだった。父は全員と話し、矢継ぎ早に質問をしていた。出身はどこか、家族はどんな人か、大学を卒業したら何をしたいのか。一方、母はキッチンで忙しく立ち働いていた。朝食には、囲いの雌鶏（めんどり）を追いまわして集めた三〇個の卵でオムレツを作ってくれた。夕食は父が作ったマトンのシチューと、母が作ったガチョウの足（ルードウラーブ）のケーキで、クラスメートたちはぺろりと平らげてしまう（クラスメートのひとりは、母にケーキのレシピを教わって、それ以来、毎年クリスマスになると、レシピどおりにケーキを焼いていた）。町にいって、みんなを高校に案内した。あの小さな科学博物館にも。

　ふたつの別の世界が――ずっと知っていた人たちと、新たによく知るようになった人たちが――つながるのは、とてもうれしいことだった。

友だちなのと、わたしは会う人みんなに紹介した。本当は、いいたいことはもっとあった。**いっしょに生物学を学んでいる学生仲間よ。世界はとてつもなく広くて、学ぶことはとてつもなくたくさんある。わたしたちはそれを学ぼうとしている。あちこちから集まってきた仲間。ほんのすこし前までは、まったく共通点がなかったのに、今では、ほらみて。わたしたちはひとつのチームなのよ。**

「きみは科学者になるんだろう」

また収穫期がきて、またブドウ畑で働いた。わたしは大学五年になっていた。一九七七年九月。その日は晴れわたって、暖かかった。畑は緑がかった金色に輝いていた。

女子学生は収穫したブドウをバケツに入れ、男子学生は「プットニュ」と呼ばれる大きな木製の桶を、バックパックのように背負っている。ブドウがバケツいっぱいになると、プットニュに移す。プットニュもいっぱいになると、さらに大きな荷車に移す。

暖かな日光を肌に感じながら、わたしたちは働いた。となりでは教授たちも働いていて、ときおり会話に加わってくる。こんなふうに一日を過ごしても、本来の目的からはずれている感じはしない。チームのように、共通の目的のために努力するところは、収穫も勉強も同じだ。

プットニュを背負ったひとりの男子学生が、わたしのバケツがいっぱいになりかけているのに気づいて近づいてきた。そして、化学専攻のルドヴィグ・ヤーノシュと自己紹介すると、こちらが驚くほど真剣な表情で、ボイジャー計画についてどう思うか、アメリカのボイジャー二号が、四年がかりの旅の末に土星に到達するという計画についてどう思うか、たずねてきた。

わたしは、そんな計画があることはちっとも知らなかったと正直に答えた。

ヤーノシュは顔をしかめたが、説明してくれた。ボイジャー一号とボイジャー二号というふたつの宇宙船が、つい最近、地球を離れ、太陽系の旅を始めた。人類が間近にみたことのない惑星を通過して、ボイジャー二号は二年後には木星に、四年後には土星に到達し、さらに天王星（九年後）と海王星（一二年後）を目指す。そしていずれ――打ちあげのおよそ四〇年後――太陽系を脱出し、さらに前進を続ける。

頭に入ってきたのは、数字だけだった。**二年後……四年後……一二年後……四〇年後**。そのとき、わたしの人生はどうなっているのだろうか。想像さえできなかった。

「きみは科学者になるんだろう」考えこんでいるわたしに、ヤーノシュはいった。「仲間の科学者がどんな仕事をしているかぐらい知っておいて、自分の意見を持つべきだ」

ルドヴィグ・ヤーノシュとは、その後、いっしょに働くようになった。この最初のやりとりは、ヤーノシュの人となりをよく表している。単刀直入で、明快で、雑談や社交辞令を好まない。感じよくしようなどとは、これっぽっちも思わない。彼がこの地球上に送りこまれたのは、人知に貢献するためだ。つまりは科学者仲間に挑むためであり、わたしもつねに用心しなくてはならなかった。

ヤーノシュと話したあと、わたしは図書館にいって、ボイジャー計画についてかたっぱしから調べた。ヤーノシュのこういうところが、わたしは好きだ。ヤーノシュは最初から、わたしの背中を押してくれた。もっと学ぶよう、もっと向上するよう、しむけてくれた。ヤーノシュとの付きあいは、一生続くだろう。

だがその前に、大学を卒業しなくてはならない。

熱心な勉強は、成果につながった。一年と二年のときに最高得点をとり、三年時にはハンガリー人民共和国奨学金に推薦された。ハンガリーの学生にとって最も名誉ある特待生制度だ。名誉だけではない。有形の恩恵もあった。寮費が無料になる上に、すこしばかりの給付金ももらえる。教授たちが推薦する学生――全部で一五名――の名簿を担当省に提出した。その中に、生物学科のカリコー・カタリンの名前もあった。

ところが、奇妙なことが起こった。担当省からもどってきた名簿に書かれていたのは、一四名の名前だった。わたしの名前は消えていた。

セゲド大学（当時はJATEと呼ばれていた）で生物学を学んでいた20歳のころ。1975年、ハンガリーのセゲドにて。

手ちがいではなかった。だれかが意図的にわたしの名前を削除したのだ。

不思議なこともあるものねと、わたしは思った。いや、もしかしたら、別に不思議ではないのかもしれない。しょせんわたしは、一九五七年に政府に反抗した罪に問われた人間の娘なのだから。どうやら一五年以上たっても、父の逮捕の影響は残っているようだった。

名前が削除されたことについて、大学で話しあいがあったのか、わたしにはわからない。わたしのために立ちあがってくれる人がいたのか、もしいたのなら、それはだれなのか、わたしにはわからない。わかっているのは、名前が削除されても、そのときのわたしの生活には何の影響もなかったということだ。わたしは奨学金を受けとった。ただ、四〇年たってから、思いがけないところで影響が出た。わたしの名前が国際的に知られるようになったとき、大学がわたしの経歴を調べあげた。そして書類に食いちがいがあることに気づいた。わたし自身も、まわりの人も、わたしがハンガリー人民共和国奨学金を受けたといっている。しかし、それを裏づける証拠がない。政府の正式な書類には、わたしの名前が書かれていないのだ。

「本当に奨学金を受けたんですか?」と記者にたずねられる。確認のため、くり返しきかれる。勘ちがいではないのか? ひょっとして、嘘をついているのではないか?

わたしが奨学金を受けたのはたしかだ。当時の政府はそれを認めようとしなかったけれど。

サルヴァシュの魚類養殖研究所で

最終学年である五年になる前の夏、わたしはサルヴァシュにある魚類養殖研究所で働いた。サルヴァシュは、ケーレシュ川が流れこむ湖のほとりにある穏やかな町だ。研究所でのわたしの仕事は、養殖魚の脂質構成——脂肪に含まれているもの——の分析だ。トウモロコシで育てた魚に不飽和脂肪酸が含まれるかどうか、明らかにしようとしていた。

この研究には実際的な意味あいがあった。脂肪は、種類によって健康への影響に差があることがわかっている。父を含む、世界じゅうの精肉業者には申し訳ないが、豚肉や牛肉に含まれる脂肪——飽和脂肪——は、ほとんどの植物に含まれる脂肪に比べて、健康によくない。どの脂肪がどのくらい健康によいか、大まかに見分ける方法がある。**固体から液体に変わる温度が低ければ低いほど、その脂肪は健康によい。**たとえば、ベーコンの脂肪は、室温では完全に固体だ。つまり、あまり健康的ではない。一方、オリーブオイルは室温では液体で、冷蔵庫に入れるとようやく凝固するため、ベーコンの脂肪より健康的であることがわかる。

ごま油や魚の脂肪のように、冷蔵しても固まらない脂肪もある。当然のことながら、最も健康によい魚の脂肪、つまり最も低い温度で凝固する脂肪は、冷たい北の海で生息する魚の脂だ。魚の体の中でどのような脂肪酸が作られているのか、脂肪酸の生成に温度がどのような影響を与えているのかを解明できれば、水産養殖に貢献できることになる。

ところが、わたしが魚類養殖研究所で働きはじめた日に、指導してくれるはずの人が休暇に入ってしまった。わたしはそれから二週間、ひとりで実験室にいることになる。見知らぬ町で、できそうもない仕事を抱えて。わたしはとにかくやってみることにした。

魚から脂質を抽出し、薄層クロマトグラフィーという技術を使って分析するということはわかっていた。そのために必要な溶剤の中に、酢酸エチルがあった。実験室を出ると、研究所で働いているらしき女性がいた。

「すみません、酢酸エチルはどこにありますか」わたしはたずねた。

その人は首を横にふった。「ごめんなさい。ここには酢酸エチルはありませんよ」

酢酸エチルがない。そうなると、仕事はかなり難しくなる。わたしは参考書をかたっぱしから調べ、酢酸エチルの作り方をさがした。時間はかかったが、作り方がみつかった。材料はエタノールと硫酸と氷酢酸（ひょうさくさん）（これは純度が非常に高い酢のようなもので、強い酸性のため、皮膚に触れると火傷（やけど）する）。

わたしはまた、先ほどの女性に話しかけた。「酢酸エチルがないのなら、エタノールと硫酸と氷酢酸はありますか」

女性はわたしをちらりとみて、頭をかくと、ゆっくり答えた。「そうねえ。ここには氷酢酸はないけれど、コメ研究所ならあるかもしれない」

よかった。それなら、いってきいてみよう。わたしはコメ研究所の場所をたずねた。

「かなり歩くことになるわよ」その人は、本当にいくつもりなのかという顔をしていたが、ようやくため息をついて続けた。「自転車でいったほうがいいかもしれないわね」わたしは自転車を借りて、出発した。三〇分後、わたしは氷酢酸の瓶が入った袋を持ってもどってきた。

蒸留に必要な器具を用意し、さっそくとりかかった。一日かかったが、酢酸エチルができあがった。これでやっと本来の仕事が始められる。

言い訳をして、やらないという選択肢もあった。言い訳はいくらでもできた。

指導係がいなかった。

溶剤がなかった。手伝ってくれる人がいなかった。

その溶剤の作り方を知らなかった。

作り方を知っていたとしても、材料がなかった。

魚類研究所には材料がなかった。

しかし、言い訳をするのは、やりたくないからだ。心からやりたいと思っていたら、なんとかやろうとするものだ。時間がかかっても努力して、今あるものを必要なものに変える方法をみつけだす。すくなくともわたしは、自分で方法をみつけだしたかった。

サルヴァシュではほかの実験もした。小さな昆虫が、温度の低下に反応して生成する不飽和脂肪酸の分析だ。この分析を基盤とした研究の成果が、わたしの論文としては初めて学術雑誌に掲載されることになる。論文を正式に発表するのはずっと先の話だが（『リピッズ』誌、一九八一年六月号）、わたしには大きな意味があった。

学術雑誌に掲載されることが科学者にとってどのような意味を持つのか、説明するのはむずかしい。科学者としてのキャリアにとって重要なのだというのは簡単だ。「パブリッシュ・オア・ペリッシュ（出版か死か）」という言葉もあり、その説明はまちがってはいない。科学の世界は、ほかの多くの世界と同じように、ヒエラルキー構造になっている。研究成果を学術雑誌で発表した人は、ヒエラルキーの上部にいく。論文がほかの科学者の論文に引用されれば、さらに評価が高くなる。論文を数多く発表するほど、その論文が引用されるほど、昇格したり、研究助成金や賞を得たり、講演に招かれたりすることが多くなる。そのような恩恵は説明も理解もしてもらいやすい。

しかし、それだけではない。

科学の重要性は、人知への貢献にある。世界の謎を説明するような発見をすることにある。生物学なら、生命を――多様な生物体に存在する細胞の中で何が起きているかを――理解しようとする。新たな発見は、答えを提供するだけでなく、別の、それまでだれも考えてもみなかったような疑問を提供する。科学はまるで無限の大きさと形を持ったパズルのようなもので、地球のさまざまな場所で、大勢の人がピースをはめあわせている。ひとりの科学者は、そのパズルのごくごく一部にとり組んでいて、何年もかけてひとつのピースをはめようとしている。ついにピースがはまると（**やった、ぴっ**

たりはまった！)、パズルの一部が完成するだけでなく、パズルが別の方向に広がる道筋がみえてくる。

また、そもそも学術雑誌に掲載されるには、厳格な査読を通過しなくてはならない。査読とは、ほかの科学者による論文の精査で、論文の内容を別のさまざまな観点からチェックする。不備はないか、見落としていることがないか、厳しく調べられる。

自分の論文がさらされ、その分野の一流の研究者たちによって調べられ、あらさがしされるところを想像してほしい。神経が参ってしまいそうだが、とても重要なことだ。査読は事実と作り話を見分け、人間が陥りがちな動機づけられた推論（自分が**みたいもの**をみる）や確証バイアス（自分が**みようと思っているもの**をみる）を最小限にとどめるのに最適な方法なのだ。

学術雑誌に論文が掲載されるのは、学問に対して誠実であるために最善をつくした、科学的に正しいことをしたと認められたに等しい。

だから、論文が初めて学術雑誌に掲載されるのは、わたしにとって重要なことだった。それは今でも変わらない。

サルヴァシュで過ごした夏は楽しかった。それは、充実した研究ができたからだけではない。サルヴァシュには大学がふたつあった。ひとつは農業大学で、学んでいるのはほとんどが男子学生だった。もうひとつは幼稚園教諭を養成する大学で、こちらはほとんどが女子学生だった。しかし夏期休暇になると、女子学生は帰省する。

わたしが滞在した寮には、およそ二〇〇人の男子学生がいた。その中に、セゲド大学の生物学科を辞めた元クラスメートがいた。彼は、わたしを仲間のひとりとして歓迎してくれた。その夏、わたしはどこにいっても──文字どおり、あらゆる場所で！──男性に、それもたいていは大勢の男性に囲まれていた。映画をみにいくときは、わたしと二〇人の男性。ディスコにいくときは、わたしと別の二〇人の男性。カヌーに乗るときも散歩をするときも、わたしのそばにはまた別の男性たちがいる。しかもみんなとてもハンサムなのだ。

生物学科では、カップルができはじめていた。友だちのジュジャは、高校時代から付きあっていたボーイフレンドと結婚していた。一方、わたしはといえば、だれかと付きあったこともなければ、デートに誘われたこともなかった。背が高く、やせていて、ショートヘアの、ずばずば物をいう実際家。そんなわたしが、サルヴァシュでは男性にちやほやされていた。デートしたりはしなかったが、彼らといるのは楽しかった。こんなにたくさんの男性の注目を浴びることなど、生まれて初めてだった。そして、なんと、人生最初のデートの日が近づいていたのだ。

ベーラとの出会い

生物学科では、毎年一二月にパーティが開かれていた。とても盛大なパーティで、卒業生もやってきて、在学生が寸劇をしたり、みんなで軽く教授をからかったりする。乾杯し、喝采し、食べたり、踊ったりして、勉強漬けの学期が終わったことを祝う。

一九七七年一二月、パーティは町の郊外にある織物工場の食堂で開かれた。食堂はかなりの広さがあり、二次会でディスコができるほどだった。そのディスコで、わたしはハンサムな男性に出会った。

細身で、角ばった顔をしている。落ち着きの中にも、力強いエネルギーを感じさせる人だった。珍しいことに、わたしよりさらに一〇センチメートルくらい背が高い。目が合ったが、ふたりとも目をそらした。もう一度、こっそりみると、また目が合った。すると、彼が近づいてきた。「踊らない？」その目に、明るいものが浮かんだ。ユーモアかもしれない。わたしは思わず微笑んだ。

わたしたちはダンスフロアにいった。音楽があまりにも大音響で、名のりあったあとは、会話もできなかった。彼の名はベーラといった。ダンスが上手だった。ふざけているのにスムーズで、わたしも楽しく踊った。フロアが混みあってきたので休憩することにして、比較的静かな廊下に出た。

「コーラでも飲む？」ベーラはいった。それが印象に残っている。ビールではなく、コーラといった。ベーラは額に汗を浮かべ、笑ってみせた。笑うと全身が笑っているようにみえる人だった。わたしがうなずくと、彼はいった。「どこにもいかないでくれよ」

目の前にバーがあったのに、ベーラはそこにはいかず、ダンスフロアのある会場に入っていった。そして空き瓶を抱えて出てきた。当時、ハンガリーでは、空き瓶は現金に換えてもらえた（何もむだにしない伝統が、まだ残っていた）。ベーラは空き瓶をバーに持っていき、コーラに換えてもらってもどってきた。

それで、わたしにはわかった。この人は、お金を持っていない。

ベーラとわたしはしばらくおしゃべりした。ベーラはキシュテレクの出身で、今はセゲドで勉強をしているといった。「大学で？」わたしはたずねた。

「いいや」彼が答えた学校は、クラスメートが何人か講師をしているところだった。職業訓練をする技術高校だ。

高校。そのとき、わたしは二二歳で、もうすぐ生物学者になろうとしていた。「あなた、何歳？」わたしは信じられない気持ちでたずねた。

一七歳。友だちといっしょに寮を抜けだしてきたという。規則違反を報告されないよう、守衛には半分残ったワインをあげると約束して。

それでも、わたしはベーラの笑顔が気に入った。わたしを笑わせてくれたことも。それに、パーティの二次会で出会って、コーラをおごってもらっただけの人だ。わたしはコーラを飲んだ。わたしたちはおしゃべりし、また踊り、ミラーボールのぐるぐる回る光を浴びながら笑い、気がつくと二次会が終わっていた。寮まで送るといわれ、わたしはありがとうと答えた。いいんじゃない？　ただいっしょに歩くだけ。それだけのこと。

寮までは五キロメートルくらいあり、歩くと一時間近くかかる。冬の夜は寒く、コートをはおり、手袋をしていても、手をこすりあわせていないとかじかんでしまう。寮から抜けだしてきたベーラのほうは、ちゃんとした防寒着もないのに、気にしていないようだった。

ベーラは学校の話をしてくれた。公立の寄宿学校で、男子は約二〇〇人、女子はたったの四人。ベーラは首を横にふる。「だから抜けだしたんだ、わかるだろう？　ひどい偏りだ！」その学校で学ぶため、一四歳で故郷を離れたこと、卒業したらやりたいと思っていること。今は金属工具を作る機械の使い方を学んでいる。金属加工も、エッジ加工もできるんだ。なかなかうまいんだよ――というか、じつは優秀なんだ。春には卒業し、就職するという。

ベーラには、ほかの人にないものがあった。気さくで、すこし自分を卑下するところがあって、いっしょにいて気楽だった。好奇心旺盛で、わたしに質問を浴びせた。出身はどこか、何を勉強しているのか、生物学のどこがおもしろいのか、今までどんなことを学んだのか。そしてわたしの返事を興味深げにきいてくれた。足元の川から、豊かで新鮮な香りがしていた。

橋を渡りきるあたりに、近くでかかっている映画のポスターがあった。ベーラはポスターを指さしていった。「いい映画だって評判だよ」ベーラはもう一度ポスターをみてから、わたしの目をのぞきこみ、片方の口の端を上げた。「いっしょにみにいくのはどうかな」

わたしは笑った。そんなことはあり得ないと思った。

ようやく寮に着いたときには午前二時になっていた。わたしはベーラのほうを向き、送ってくれてありがとうといった。心からそう思っていた。これからもう一度橋を渡り、パーティ会場を通りすぎて、さらに先にある寮まで帰らなくてはいけないのだから。ベッドに入るのは何時間も先だろう。

「それで、映画はどうする？」ベーラはいった。

わたしは思っていることを正直にいった。「もう会うことはないと思うわ」

朝になり、わたしはまたいつもの勉強漬けの生活にもどった。

翌週、部屋で勉強していると、友人がドアをノックした。「えっと……下に……お客さんがきてるわよ」友人は口ごもってから続けた。「男の人が」

下にいくと、彼がいた。パーティ帰りに送ってくれた、あの一七歳の男の子が。「やっぱりみにいこうよ、映画」ベーラはいった。

あれほどびっくりしていなければ、断っていただろう。でも、わたしはデートの約束をしていた。

約束の夜。わたしは映画館の前で長いこと待っていた。ベーラがなかなかこないので、ふられたにちがいないと思った。ようやく現れた彼は謝って、ばかげた言い訳をした。「鼻血が出ちゃったんだ」わたしはうなずき、嘘を受け入れて、とにかく映画館に入った。映画が終わり、外に出ると、ベーラは長い指で短い髪をなでた。「それで……何か食べる?」すぐそばのレストランは、おしゃれではなかったけれど、おいしそうなにおいがしていた。それに、わたしはおなかがすいていた――ものすごく。

料理はおいしかった。クレープ生地で肉を包み、揚げたものだった。風味があって、肉汁たっぷりで、手作りの味がした。ベーラはわたしを笑わせてくれた。家族の話をしてくれた。父親は大工で、家具作りが好きだが、ときどき建築現場で働いたり、建物に使う梁(はり)を切ったり、ほかの仕事もする。そしてどんなものでも作ったり直したりできる。ミシンでも、車のエンジンでも、何でも。

「あなたも、そんなことができるの?」わたしはたずねた。

ベーラは背もたれに寄りかかり、自信に満ちた笑みを浮かべた。「もちろん」

家族はハンガリー南部に土地を持っていて、ベーラもわたしと同じように畑仕事を手伝っていた。家族が蜂の巣をいくつか持っていたので、あちこちの巣にいって、蜂の世話もした。子どものころには、市場で果物や野菜を売ったこともある。

わたしたちには、共通点がたくさんあった。

食事が終わるころ、ベーラはとつぜん立ちあがり、トイレにいくといって姿を消した。わたしが食べ終わっても、もどってこない。しばらく待っていたけれど、もどってくる気配がない。わたしはだんだん落ち着かなくなり、今度こそふられたのだと思った。支払いをすませ、もうすこし待って、とうとう諦めた。

レストランを出ようとしたとき、見知らぬ男の人が近づいてきた。「カタリンさんですか?」その人はいった。「あなたのお連れさんがトイレにいますよ。鼻血が出てしまって、ぜんぜん止まらないんです。けんかでもしたのかと思ったくらいですよ」

わたしは笑いだした。待ちあわせに遅れてきた言い訳は、本当だったのだ。彼はいいかげんな人でもなく、わたしをふったのでもなかった。まったく悪気のない、ときどき鼻血が出てしまうだけの人なのだ。

またふたりで寮まで歩いた。ベーラは顔をすこし空に向け、見知らぬ人のハンカチで鼻をおさえながら。

元日はベーラと過ごした。一月には、わたしの誕生日パーティにきて、プレゼントまでくれた。小粒のビーズのネックレスで、けっして高価ではないけれど、カラフルで明るくて、楽しい気持ちにさせてくれた。

ベーラは生物学科の仲間になじんでいった。技術高校の生徒だということを感じさせないほど、すんなり仲間入りしていた。仲間の実家を訪ねる旅にまで加わるようになった。愉快でだれとでもすぐに仲よくなるけれど、集団の中で目立とうとはせず、内気な様子もみせるベーラを、わたしは好ましく思った。

仲間もベーラを気に入って、ときには宿題の手伝いまでしてくれた。

いや、ここは正直に白状しよう。ベーラとわたしがデートしている間に、仲間が代わりに宿題をしてくれたのだ。

ベーラはしょっちゅう歩いて会いにくるようになった。守衛を買収して、高校の寮の鍵を持ち出してきた。一〇〇年物の巨大な木のドアを開けるための鍵は、大きな金属製で、中世の城の鍵を思わせた。

わたしはベーラが好きだったし、会うのは楽しかった。でも、ベーラと会っていては、大切な勉強の妨げになってしまう。わたしは何度も別れようとした。でも、ベーラは別れないといい、必ずもどってきた。

夫となるフランツィア・ベーラと交際していたころ。1979年、キシュウーイサーラーシュにて。

春になり、イースターに、ベーラがキシュウーイサーラーシュの実家にくることになった。姉と両親といっしょに彼の到着を待っている間、不安で胃がよじれそうだった。ついにやってきたベーラは、抱えてきた大きな花束を母に渡した。わたしはとつぜん、耐えられなくなった。きびすを返し、家を出る瞬間、ベーラの混乱した表情が、ちらりと目に入った。

わたしは家の外ですわっていた。ぎこちなく挨拶する声が、ぼそぼそときこえていた。何をいっているのかききとれなかったが、だんだん会話がスムーズになっていくのがわかった。そこでようやくわたしは家にもどった。

「どうしたの」ふたりきりになったとき、ベーラがそっとたずねた。

「緊張しすぎて、耐えられなくなったの」わたしは答えた。

でも、緊張する必要などなかったことがわかった。ベーラは魅力的で、親しみやすく、率直で、家族のことを何から何まで知りたがっていた。彼も父もジョークが好きで、すぐにふたりで笑いころげていた。ベーラの滞在中のある日、母はわたしにそっといった。「ベーラみたいな息子がいたら、どんなにいいかしら」

うれしい言葉だったが、まだ続きがあった。

「でも、あなたたちは釣りあわないわ」ベーラとわたしは、ちがいすぎるというのだ。わたしは学歴が高すぎるし、年齢も離れすぎていると。うまくいくはずがないと母はいった。**うまくいくはずがない。**

同じ言葉をわたし自身、何度もベーラにいっていた。**うまくいくはずがない。**でも、わたしには妙なところがあって、だれかにこうだと決めつけられると、どうしても逆のことをしたくなる。

母には言い返さなかった。でもベーラをみながら思っていた。**もしかしたら、うまくいくかもしれないじゃない。**

そのころ、遺伝学は驚くほど劇的に、急速に、進歩していた。学部の最終学年で受けた、生化学の核酸についての講義は、今でも印象に残っている。ある授業で、教授はＤＮＡとそれに対応するｍＲＮＡには、直接的、直線的な関係があり、遺伝子の中にある塩基があれば、必ず対応する塩基がｍＲＮＡの中にもあるのだと説明した。それはもう何年も前から多くの科学者が認めていた、科学的コンセンサスだった。

ところが次の週、わたしたちの前に立った教授はこういった。驚くべきことがわかった！　一対一の関係は存在しない。人間のＤＮＡの配列のうち、多くが除去されて、ｍＲＮＡには翻訳されないことがわかった。このイントロンと呼ばれる介在配列の発見は、それまでのゲノムについての理解を覆すものだった。

生物学の歴史に、大変革が起こりはじめていた。わたしもまもなくその流れに加わることになる。

生物学研究所へ

ハンガリー科学アカデミーの奨学金を獲得したわたしは、二年間、アカデミーの研究所ならどこでも好きな場所で研究できることになった。どこを選ぶかは決まっていた。生物学研究所（ＢＲＣ）。セゲド大学からも徒歩圏内にある研究所だ。わたしは学部卒業を待たずに、研究所に通いはじめた。

生物学研究所は、ハンガリー国内だけでなく、東欧じゅうでよく知られていた。数年前にユネスコと国際連合開発計画（ＵＮＤＰ）が一二〇万ドル出資して設立したばかりだったため、西側諸国の最先端の研究所にもひけをとらない施設や設備が整っていた。世界一流の科学者たちが、顧問を務めていた。ユネスコとＵＮＤＰの出資であるため、ハンガリーの科学者が外国を訪問し、学んだ知識を持ちかえることもできた。生物学研究所にはハンガリーの内外から、科学に関する最高のアイデアが集まってきていた。

最初に配属されたのは脂質の研究室で、責任者は、わたしを魚類養殖研究所に派遣してくれた生化学者のファルカシュ・ティボルだった。研究室では、ほかの研究者との共同プロジェクトも行っていた。特に印象に残っているのはコンドロシ・エーヴァとドゥダ・エルネーとの共同研究だ。ティボル、エーヴァ、エルネーはすばらしい科学者で、才気あふれ、非常に注意深く、謙虚で、教育熱心で、いっしょに働いているわたしにまったく気を使わせなかった。その姿はまさに、学問においてのみならず、文化的にも進歩的であることで知られた生物学研究所を象徴していた。

ハンガリー語には、フランス語などのロマンス諸語と同じように、英語の二人称の「you」にあたる言葉に親称（しんしょう）と敬称がある。そして話している相手に応じて使い分けている。親称の「te（テ）」は親しい友人や子どもに使う。年上の人や教師、教授、上司には敬称の「ön（エン）」や「maga（マガ）」を使う。しかし、生物学研究所では、みんなが親称の「te」を使いあっていた。言葉にとどまらず、人間関係そのものが、ここではとても平等だった。

生物学研究所では、だれもが、ひとり残らず科学者だった。博士号を取得していてもいなくても、キャリアが数十年でも数か月でも、全員が世界の知識体系に貢献している仲間だった。だれの意見も重要だった。

研究室に入ったばかりのころ、わたしはティボルに父が肉屋だと話した。するとティボルはぱっと顔を輝かせ、にっこり笑った。「そうか、わたしは子どものころ、肉屋になりたかったんだよ！」

そのとき、わたしはこの場所が好きだと思った。

エーヴァとエルネーとの共同プロジェクトでは、リポソーム〔訳注：人工膜でできたカプセル。細胞小器官の「リボソーム」とは異なる〕の合成にとり組んでいた。細胞膜と同じ物質でできている、小さな袋だ。細胞膜は細胞の表面で、細胞の外側と内側を隔てている。この膜は、何も通さない障壁ではない。

だから、栄養素やエネルギー、ほかの細胞からの信号が、細胞の中に入ることができる。老廃物やホルモン、信号を細胞の外に出すこともできる。しかし、細胞膜を通過することはけっして容易ではない。

細胞膜は、中世の要塞を囲む城壁に似ている。出入りすることは可能だが、そのためには何人もの門番（細胞膜の場合は受容体と呼ばれるタンパク質）に通してもらわないといけないし、内側まで案内してくれる役人（輸送タンパク質）が必要な場合もある。

脂質の研究室では、細胞膜を通って**細胞の外側から**遺伝物質を運ぶことのできるリポソームを合成しようとしていた。そうすれば、まったく異なるＤＮＡを細胞内に入れられるようになり、遺伝子治療に役立ち、人命を救えるようになるかもしれない。リポソームは治療に役立つものを細胞内に届けるだけでなく、酵素による劣化も防ぐことができる。

それは最先端の科学で、リポソームは一九六五年に発見されたばかりだった。

リポソームを作るためには、自然に存在するリン脂質という物質が必要だった。国によっては市販されていたが、鉄のカーテンに隔てられたハンガリーでは購入できなかった。

解決策を思いついたのはエルネーだった。近くの食肉処理場にいって、牛の脳を分けてもらい、それを研究室のカウンターに置いた。明るい照明の下で、ひだがぬらぬらと光っていた。わたしたちは一週間がかりで、アセトンやアルコール、クロロホルム、エーテルといった有機溶剤を使って、必要なリン脂質をとり出した。

すべてがそんな具合だった。買うことができなければ、自分で作る。そのためなら、食肉処理場から脳だって運ぶ。

リポソームを作れるようになると、そのひとつひとつに小さなプラスミドＤＮＡ――細菌の細胞質からとり出した小さな環状（かんじょう）の二本鎖（にほんさ）ＤＮＡ――を詰め、哺乳類動物の細胞に送りこんだ。といっても生きている哺乳類動物の細胞ではなく、試験管内で培養した細胞だ。

リポソームを送りこみ、経過を観察する。ＤＮＡはちゃんと細胞内に入るだろうか。細胞核に到達するだろうか。到達したとして、転写、翻訳されるだろうか。細胞はＤＮＡに書きこまれたタンパク質の合成を始めるだろうか。

驚いたことに、実験は成功し、わたしたちは大喜びした。培養細胞の細胞膜は、リポソームに詰められたＤＮＡを細胞内にとりこんだ。ＤＮＡは細胞核に到達し、転写された。転写後、ｍＲＮＡが細胞核を離れ、翻訳されて、規定どおりのタンパク質を合成した。数日後、哺乳類動物の細胞は**まったく異なる遺伝子を発現させていた**。

じつに驚くべきことだった。

「おまえさんは探索者（クタトー）だな」

大学を卒業する前から、わたしの研究は両親の理解を超えるものになっていた。両親は、細胞生物学や生化学について何も知らなかった。細胞膜にも、細胞質にも、プラスミドにも、リン脂質にも、なじみがなかった。遺伝子がＲＮＡに転写され、タンパク質に翻訳されることについて、何の知識もなかった。

当時はたいていの人がそうだった。きちんと科学を学んだ人でも、自分たちにとってますます重要になっている医療について、正確に理解することは難しかった。糖尿病患者のうちの何人が、自分の命を支えているインスリンが、人間の遺伝子を使って細菌の中で合成されたものだということを知っているだろうか。白血病患者のうちの何人が、がん細胞の急速な分裂を止めるために自分が受けている治療が、ヌクレオシド類似体〔訳注：ヌクレオシドに似せて作られた合成化合物で、DNAに組みこまれることにより、DNAの複製を阻害する抗がん治療薬〕によって成り立っていることを知っているだろうか。

この世界はとても複雑だ。ひとりの人間が理解できる範囲をはるかに超えている。そして、理解できないほど複雑なものに出合ったときの、人びとの反応は、とても興味深い。腹を立てる人もいる。理解できないというだけの理由で怒りだす人を、これまでたくさんみてきた。その人たちは複雑さを極悪非道なたくらみか何かのようにとらえている（もちろん、この怒りは防衛反応だ。不確実性に対する恐怖からみずからを守っている）。

実家の裏庭で両親と。1979 年、キシュウーイサーラーシュにて。

両親は、まったくちがう反応をした。父は、話を自分なりに理解したところで、ぽんぽんとわたしの腕をたたいた。「カタリン、おまえさんは探索者（クタトー）だな」父はいった。「これまで、おまえさんは父さんのポケットにある金を探索していた。だが今はもっと——ずっと重要なものを探索している」

探索者（クタトー）。わたしは答えを、まだ明らかにされていないものを探索していると、父はいったのだ。真実を、ひとりの人間が生涯を賭けてさがしだせるだけの真実を。父がいったのは、わたしにとって**探索そのものに意味がある**ということだ。たしかにそうだ。わたしがこれまでの人生の大半を賭けてとり組んできた基礎研究は、つまりはそれまでだれもしなかったことをすることなのだから。見習うべき手本はない。だから、自分が何を探索しているのか、どうやってそれを発見しようとしているのか、そもそもそれはみつかるのか、それはいずれ何かの役に立つのか、わかっていないことのほうが多い。それでも探索するのだ。

おまえさんは探索者だな。今でも、父の言葉を思い出すと笑みが浮かぶ。ときには、細かいことまですべて把握していなくても、相手が大切にしているものが理解できるということだろう。

上司のティボル――ハンガリー科学アカデミーの一員である傑出した科学者――は子どものころ、肉屋になりたかったそうだと話すと、父は大喜びした。そして、わたしが大学を卒業したときにソーセージを作ってくれたので、脂質研究チームで料理した。実験室で、四リットル入りのビーカーにブンゼンバーナーでお湯を沸かし、ソーセージをゆでた。あたりにはおいしそうな、濃厚な香りが広がった。ゆであがると研究室に運び、味わった。ソーセージは、嚙（か）むと肉汁がほとばしった。ソーセージとはそういうものだ。肉汁はわたしたちの白衣に染みを作り、床に飛びちった。おいしくて、最高の味だった。故郷の味がした。何十年もたった今でも、脂質研究チームの仲間は、ビーカーでゆでた肉汁たっぷりのソーセージの思い出話をする。

大学を卒業すると寮を出て、クラスメートだったアンナといっしょにアパートを借りた。アンナは物静かで、わたしと同じようにいつも勉強していたため、あまり顔を合わすことがなかった。それがおたがいにとって気楽だった。

ベーラは高校を卒業した。卒業式で、わたしは初めてベーラの家族に会った。自分たちの息子が年上の生物学者と付きあっていることに何らかの思いがあったのかもしれないが、まったく顔には出さなかった。ベーラはセゲドから三〇キロメートルほど離れたキシュテレクの実家にもどった。そしてセゲドの電話ケーブル工場で働きはじめた。勤務は三交代制だった。ベーラはときどき会いにきてくれて、そのたびに、わたしたちは楽しい時間を過ごした。

しかしベーラは忙しく、わたしも忙しかった。わたしにはそれでちょうどよかった。

RNAが医薬品として使えるかもしれない

博士号取得のため、わたしはさらに数年間研究室で働き続ける必要があった。ファルカシュ・ティボルが紹介してくれたのは、生物学研究所でヌクレオチド化学研究室の責任者をしている有機化学者のトマス・イエネーだった。製薬会社から生物学研究所に移ってきた研究者だ。研究室には、たまたま知りあいの大学院生がいた。ルドヴィグ・ヤーノシュ。真剣で、単刀直入で、かつてブドウ畑でわたしにボイジャー計画についてどう思うかきいてきた学生だ。**きみは科学者になるんだろう。仲間の科学者がどんな仕事をしているかぐらい知っておいて、自分の意見を持つべきだ。**

わたしたちはともに「インターフェロン・システム」というものを研究することになる。人間の細胞には、ウイルス感染からみずからを守るすぐれた能力が備わっている。たとえば発熱などは、わかりやすい防衛手段だ。そのような防衛手段の中には、わかりにくいものもある。たとえば、ウイルス感染と関わりのある二重鎖ＲＮＡを感知すると、細胞はインターフェロンというタンパク質を分泌する。

一九五七年に発見されたインターフェロンは、ウイルスの複製を「妨害する（インターフィア）」機能から、インターフェロンと名づけられたが、ほかにも多くの機能を備えている。一九七八年にわたしがこの有機化学ＲＮＡ研究室に入ったとき、インターフェロンの分子の仕組みについて、まだ解明が始まったばかりだった。大きな発見のひとつはロンドンの研究者イアン・カーによるもので、インターフェロンの抗ウイルス作用の原因が、2'－5'オリゴアデニル酸という非常に短い分子（わたしたちはそれを２－５Ａというニックネームで呼んでいた）であることだった。

それは、次のような仕組みだ。ウイルスのＲＮＡが侵入したことを察知した細胞は、ＡＴＰ（細胞にエネルギーを運ぶアデノシン三リン酸という分子）をわずか三つか四つの塩基から成る非常に短いＲＮＡの分子に変換するシステムを「起動」させる。その非常に短い分子というのが２－５Ａだ。２－５Ａはリボヌクレアーゼ L と呼ばれる酵素に結合してウイルスのＲＮＡを分解する。だからインターフェロンには抗ウイルス作用があるのだ。

これは目にみえず、わかりにくいひとつのシステムにすぎない。しかし、細胞で起きているあらゆることがそうであるように、驚くほど複雑で、みごとなほど精巧で、それでいてとても日常的だ。あなたの体がかぜや、インフルエンザや、ほかのウイルス性の疾患にかかったときには、いつも起きていることだ。

その２－５Ａを実験室で作れるとしたら、どうだろう。２－５Ａを——たとえばリポソームを使って——細胞に届けられるとしたら、どうだろう。強力な抗ウイルス薬になるだろう。

ＲＮＡが医薬品として使えるかもしれない。それはわたしにとって、わくわくすることだった。

そのときにはすでに、単純なＲＮＡ分子であれば実験室で製造することが可能になっていた。２－５Ａは、ほとんどのＲＮＡ分子より短いため、わたしたちの実験室で作ることも夢ではないと思えた。リポソームの技術が進んでいて、分子を細胞に届けるのはけっして不可能ではなかった。

それまで——一九七〇年代の後半になるまで——そのような実験は成功していなかった。どの国でも。どの研究者も。ノウハウがなかったから、あるいは材料がなかったから。だがわたしたちには、初めて両方がそろっていた。

しかし、まだ足りないものがあった。

ひとつは資金だ。イェネーは産業界のつてを頼り、レアナル社というハンガリーの製薬会社に支援を依頼した。レアナル社は乗り気になった。新たな抗ウイルス薬の開発。世界的に流通する可能性のある薬。そして出資に同意した。

資金以外にも必要なものはあった。ビジョンを実現するための設備が整った実験室。チームのほかのメンバーは有機化学者で、生物学者はわたしひとりだったため、抗ウイルススクリーニング実験室を一から考え、設計するのはわたしの仕事だった。それは大変な難題だった。

今なら、実験で使うものは注文すれば手に入る。すぐに使用可能な、純粋な状態の培地——実験をするための、細胞や微生物を培養しやすい環境——も、電話一本、クリック一回で買うことができる。さまざまな種類のＲＮＡ修飾用の試薬も、緩衝液も、培養器も、滅菌フードも、何でも注文できる。

相談できる専門家もいる。今なら、実験室を作るときには、専門の設計者や、施設管理マネジャー、エンジニア、建築士が協力してくれる。実験室の企画から完成までを請けおう、専門のコンサルティング業務が、ビジネスとして確立している。チェックリスト、スタッフあたりの装置の比率、正式なトレーニングプログラムなどを用意し、提供してくれる。

しかし、わたしが実験室の立ちあげを任された一九七八年には、何もなかった。すべて自分で考えなくてはならなかった。

わたしは、生物学研究所のほかの研究室を、ひとつひとつ訪ねるところから始めた。手伝ってくれそうな人には、かたっぱしから指導を仰いだ。ほかの生物学者が実験するところも見学させてもらった。メモをとり、リストを作った。質問をくり返し、相手がもう勘弁してほしいという顔をしてもやめなかった。組織培養室に必要な装置、培地の作り方、すぐれた滅菌濾過(ろか)システムの構築方法を学んだ。ガラス器具の微妙なちがいや洗浄方法、正確な実験をするための滅菌フードの付け方、2-5Aがウイルス複製を阻止したかどうか、どのくらい阻止したのかを測定する評価分析の方法も。

大学院生にとって、すばらしい学びの機会だった。一から学んだおかげで、生物学全体を――だれが何を、どのように研究しているのか、どんな難問を解明しようとしているのか――概観することもできた。たとえば、遺伝学の研究室に、細胞の培養方法を教えてもらいにいったときのことだ。その研究室では、細胞内の染色体をみるために、「ギムザ染色」というものを使っていることがわかった。みたこともない、新たな発見だった。以前働いていた、エーヴァとエルネーがいる脂質研究室にもいった。そこでは氷の結晶を作らずに細胞を凍らせてから溶かす実験をしていた。氷の結晶ができると、構造的完全性が崩れてしまうからだ。

文献も大量に読んだ。
この原稿を書いている時点で、読んでみて追跡調査の価値があると思った科学論文は九〇〇〇本近くある（読んだものの追跡しなくていいと感じた論文はさらにたくさんある）。論文を読むとき、わたしは全文を読むようにしている。概要や結論だけでなく、研究背景や実験方法、数字や表にいたるまで、すべて読む。参照文献にも目を通し、そこから次に読みたい論文をピックアップしたりする。これまで何十年も、毎日、毎週、毎年、学術雑誌を読み続けてきた。その習慣の始まりは、このときだった。

私的な会話から学んだことも多い。生物学研究所にはおよそ一〇〇人の博士号取得者がいたほか、わたしを含め、さらに多くの人たちが博士号を目指して研究していた。その一部は、始業前に英語の授業をとっていた。わたしはよくその授業でいっしょになった人たちに、どんな研究をしているかたずねた。ランチタイムにはさまざまな研究者に声をかけて、研究について教えてもらおうとした。わたしが質問されることもあった。みんなで知識を共有し、出し惜しみするような人はひとりもいなかった。だれもが自分の知っていることを熱心に話してくれた。アイデアをぶつけあい、読んだ論文について話しあった。**科学、科学、科学、科学。**科学に夢中だった。

わたしには、何もかも重要に思えた。何もかも関連があるように思えた。たとえ**今は**関係がなくても、いつか意味を持つようになるかもしれない。何ひとつ、見落としたくなかった。
ウイルスを扱う研究室だったため、ウイルスについてもできるかぎり学ぼうとした。その年、ノーベル賞学者のデイヴィッド・ボルティモアが仲間と共同でウイルスに関する画期的なテキストを出版した。英語で出版されたそのテキストを、わたしはむさぼるように読んだ。

ウイルスはとても興味深い。想像を絶するほど小さく、一見シンプルなのに、自分の何百万倍もの大きさの生物体に大打撃を加えることができる。

ウイルスは、とにかく小さい。たいして複雑でもない。保護膜でおおわれた一片の遺伝物質（たいていは一本鎖（いっぽんさ）のＲＮＡだが、ＤＮＡを持つウイルスや二本鎖のＲＮＡを持つウイルスもある）だ。ウイルスが宿主細胞に到達すると、ウイルスの表面にあるタンパク質が変化して、宿主細胞の受容体に結合する。こうしてウイルスは宿主細胞に侵入していく。

侵入しなくてはならないのだ。

ウイルスは、生きた細胞の外では活動できず、何の作用も起こさない。増殖もできない。しかし、ひとたび宿主細胞の中に入るととつぜん変わる。生きた細胞の中に入ったウイルスは、宿主細胞の機能を乗っとり、ウイルス工場に変えてしまう。宿主細胞は本来の仕事を停止し、ウイルスの遺伝物質やタンパク質をせっせとコピーしはじめる。そしてまったく新しいウイルスが生産される。やがて、増殖したウイルスで宿主細胞は破裂し、宿主細胞が死ぬと同時に、増殖したウイルスが拡散し、さらに別の細胞に侵入する。

このようにしてウイルスは指数関数的に増殖を続ける。何かがそのサイクルを止めるまで。

デイヴィッド・ボルティモアのテキストに、わたしは夢中になった。ウイルスとは、なんと巧みで、なんと勤勉なのだろう。ウイルスのみごとな仕組みは、とうてい人知の及ばないものに思えた。

しかし、人類のほうも反撃している。ボルティモアのテキストが出版されるわずか一年前、人類は歴史上初めてウイルスの撲滅に成功した。天然痘は、かつては伝染力が強く、感染すれば重い症状が出て、命に関わった。感染者の死亡率は三〇パーセントで、二〇世紀だけでも三億人から五億人が犠牲になったといわれている。わたしが幼いころ、世界保健機関が世界的な天然痘根絶活動を開始した。わたしが子どもから大人になろうとする時期に、世界が協力して大々的な予防接種を実施した。

根絶活動は功を奏した。わたしが生物学の研究を始めたころには、天然痘の最後の症例がすでに報告されていて、二年後には世界保健機関が天然痘の根絶を宣言した。これは驚くべき偉業で、世界じゅうの人びとが安堵（あんど）のため息をついた。

もちろん、わたしはまだウイルスワクチンに関わっていなかった。それはまだ先の話だ。しかし、もしわたしたちがこの抗ウイルス薬を開発できたら、人類のウイルスとの戦いに、さらに重要な武器が加わることになるだろう。

わたしが一から作った実験室が稼働を始めた。わたしたちにはとり組むべき課題があった。２－５ＡというＲＮＡを、薬にするという課題だ。そのために必要な資金も調達できていた。

わたしはこの場所を離れたいとは思わなかった。

研究をやめるわけにはいかない

実験室ができてからまもないある夜、ひとりでアパートにいると、ドアをノックする音がきこえた。ドアを開けると、見知らぬふたりの男が立っていた。ふたりとも若く、わたしと変わらない年格好だ。まじめな表情。パリッとしたスーツ。そのスーツをみて、ぴんときた。そんな服装をしているのは、秘密警察しかいない。

わたしのところに秘密警察がきたとわたしは思い、とまどった。

秘密警察といっても、わたしが子どものころに隣人同士の密告を奨励していた組織とは、表向きはちがっていたが、やっていることはだいたい同じだった。ドアの前に秘密警察が立っているのをみてわたしは狼狽し、とうてい現実とは思えなかった。

ふたりのうちのひとりは、平均的な体形で、寡黙だった。もうひとりはがっしりした体形で、わたしより背が高く、もっぱらひとりでしゃべった。

「カタリンさん」男は切りだした。**ああ、わたしの名前を知っているのね。**「じつはご相談がありまして」男は高い教育を受けているようだった。話し方が丁寧でよどみなく、堅苦しくない、気さくな感じを出そうとしているようだった。それでも何気ないふうを装っているかげに、どこか信頼できないものを感じた。体じゅうが警戒しろと叫んでいた。

「生物学研究所のスタッフなら、世界じゅうから集まった研究者と仕事をしているのでしょう。もしかしたらその中に……**外国のスパイ**がいる可能性があります。もしいたとしたら、そのスパイは、われらがハンガリーの研究者の発見を盗もうとするかもしれません」男はそこで何人かの同僚の名前を挙げた。**この男はわたしの職場を知っている。わたしがいっしょに仕事をしている人たちの名前を知っている。**

「用心しなくてはなりません」男は続けた。「盗みを防ぎ、重要な発見を守らなければ。もしあなたが力になってくださるなら、われわれもあなたの力になりましょう」男ははっきりとはいわなかったが、わたしにはわかった。対敵諜報活動。同僚をスパイしろというのだ。「まあ」男は何かを考えているような口調でいった（やはり何気ない感じで、何でもないことのようにさらりといったのだ）。

「万が一お断りになると、あなたは困ったことになるかもしれませんがね」

男はそこで一瞬黙った。わたしが次の言葉に神経を注ぐよう、効果的な間を置いたのだ。「先日、キシュウーイサーラーシュにいきましてね。パブでお父さまにお会いしましたよ」わたしは故郷の父の姿を思いうかべた。パブで、何も知らずにこの男と話している姿を。父はこの男を、ちょっと一杯飲みに寄った人なつこい旅行者だと思ったかもしれない。

「お父さまは、あなたをとても誇りに思っておられる。もし、ですよ。あなたの成功が、あなたのキャリアが終わったときいたら、どうでしょう。しかもその原因が、自分が祖国に対して犯した罪のせいだと知ったら。きっととても悲しまれるにちがいない。そう思いませんか?」

頭を必死に働かせ、この男がはっきりと口にしていないことを次々とつなぎあわせていく。わたしが協力しなければ、スパイになることに同意しなければ、解雇されるかもしれないということだ。それだけではない。もしそうなったら、父にこれはおまえのせいだと告げるというのだ。

実際のところ、秘密警察に生物学研究所での職を奪われると、本気で信じたわけではない。もう一九七八年になっていた。わたしの子どものころとは、時代が変わっている。そんな気がしていた。

しかし、不安がまったくないわけではなかった。

もし秘密警察から、おまえのせいで娘の立場が危うくなっているといわれたら、父は信じてしまうだろう。自分が娘の成功のチャンスをだいなしにしてしまったと思うだろう。そして打ちのめされるにちがいない。父はわたしをとても誇りに思ってくれている。昔からわたしを大切にしてくれた。これまでずっと、家族によりよい暮らしをさせようと、つくしてくれた。

だから男の脅しに対して、わたしはこう答えるしかなかった。「わかりました」

むだな抵抗はしなかった。「わかりました」わたしはくり返した。そういいながらも、自分は協力などしないだろうとわかっていた。だれかを密告する手紙を書くことも、電話をかけることも、けっしてないだろう。そして、たしかに何もしなかった。一度も。

協力しなかったせいで、わたしの立場は悪くなっただろうか。じつは、わたしにもわからない。生物学研究所に七年在籍した間、博士号を取得したあとも、わたしは助手のままだった。そして資金不足を理由に契約を打ち切られた。だからといって、対敵諜報活動に積極的に従事していたら昇進したはずだと断言もできない。わたしの業績が十分ではなかったのかもしれないし、わたしの研究内容が注目されなかったのかもしれない。

今思えば、そこが市民同士を敵対させ、たがいに密告させあう社会の狡猾(こうかつ)なところではないだろうか。実際にはたいしたことが起きたわけではなくても、自分の人生に何らかの目に見えない力が働いているのではないかと疑心暗鬼にさせるのだ。

生物学研究所での2-5Aとインターフェロンの研究が本格化したころ、わたしはまた病気になった。子どものころに苦しんだあの症状が、すべて復活したのだ。発熱、頭痛、食欲不振。そして体じゅうが痛かった。膝も、腰も、手首も、指も。わたしは体力を失い、衰弱していった。

何人かの医師に診てもらい、おそらく結核だろうといわれた。数年後、それは誤診で、結核ではなかったことがわかった。たしかに症状が一致しなかった。咳(せき)も、胸の痛みも、肺からの血痰(けったん)もなかった。レントゲン写真にも、影が映っていなかった。それなのに、わたしは何か月もクリニックに通い、結核の治療を受けた。患者のほとんどは、結核や、性感染症にかかっていた。咳をする人が多く、ひどい痛みに悩まされている人もいた。やせ細っていく人もいた。クリニックで処方された薬はきかなかった。ちっとも回復しないため、さらに強い薬が処方され、ますます具合が悪くなった。

何か月も、そのくり返しだった。

気力が衰え、働くのが難しくなった。

ある日、わたしはクリニックから歩いて帰った。病休をとったが、回復しなかった。足が痛み、眠りたい、すくなくともじっとベッドで横になっていたいと思った。日差しが強く、目に痛いほどだった。歩くたびになった気分だった。そのとき、わたしははっとした。電池切れのおもちゃづいた、**悟った**のだ。うまく説明できないのだが、一瞬前までなかったものが、とつぜん現れた。強烈な危機感に襲われたのだ。

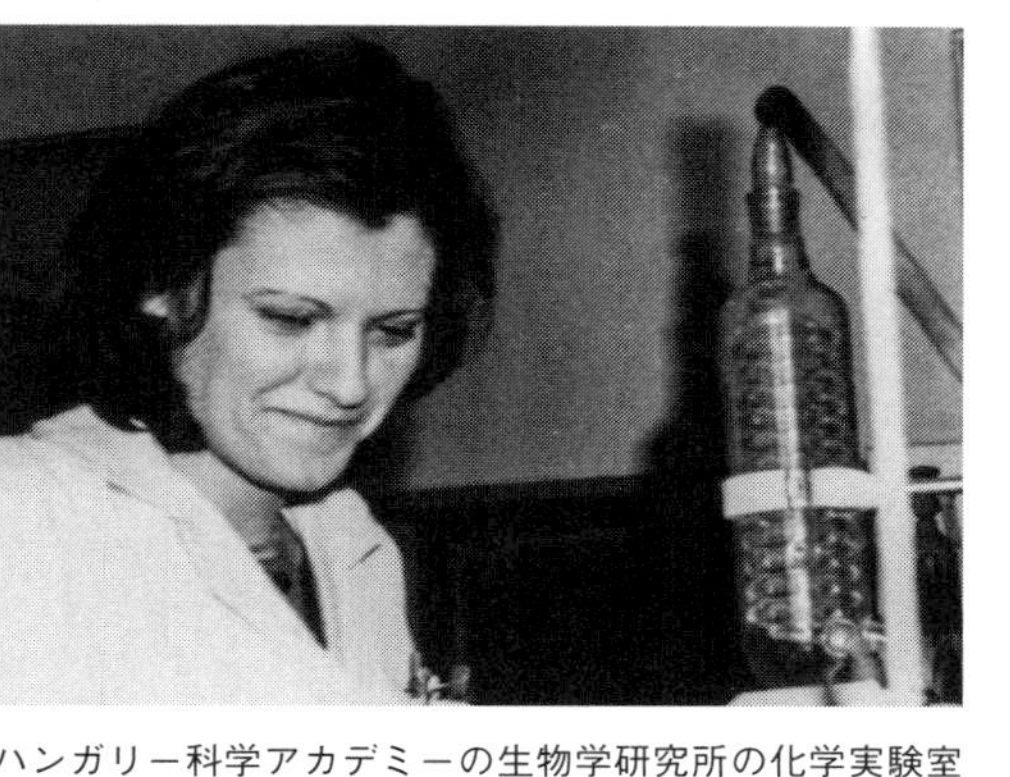

ハンガリー科学アカデミーの生物学研究所の化学実験室で。1980 年、セゲドにて。

このままではいけない。研究をやめるわけにはいかない。易(やす)きに流れてはだめだ。

不意にわたしは理解した。わたしがやろうとしている研究は、待ってはもらえない。わたしが研究をやめてしまったら、生物学研究所の同僚はそれに気づき、代わりに研究してくれる人を雇うだろう。チームからはずれるだけではない。もっとおそろしいことが待ち受けている。わたしが自分で自分のハードルを下げてしまうのだ。ゆっくりとすこしずつ、何かしらの理由をつけて。理由は現実的だ。今、かかってしまっているような病気や家庭の事情（配偶者の手伝い、子どもの世話、老親の介護）、そのほか、この先の人生で出合う数かぎりない障害。**ひとつひとつの障害は、わたしの今後の貢献などという漠然としたものより、具体的だ。**障害には形と構造があり、目にみえる。それに対して、わたしが将来に与える影響は、仮定にすぎず、実際にそのときがくるまでは目にみえない。

わたしのところにやってきて、「カタリン、世界はあなたがまだ手がけていない研究、あなたがまだしていない発見を必要としている」といってくれる人などいるはずがない。わたしの今後の貢献は、現時点では存在しない。可能性とはそういうものだ。初めは何も存在しない。何もない場所に何かが現れ、それが何らかの役に立つようになるかどうかは、わたし次第だ。

わたしは仕事に復帰し、二度とペースを落とさなかった。どんなに具合が悪くても、働き続けた。あともどりすることを、自分に許さなかった。

結婚、そして出産

ようやく体力が回復すると、ベーラといっしょにポーランドとブルガリアに旅行にいった。おたがいにバランスをとりあい、仲よく旅ができた。ベーラはどんな人よりも、わたしを笑わせてくれた。

将来について話しあうこともあった。わたしは仕事を辞めるつもりはないと、何度もベーラにいった。たとえベーラのためでも、ほかのだれのためでも。仕事が最優先だと。そのたびにベーラは**わかった**といった。

セゲドに帰ると、ベーラはもう一度いった。「わかった」一九八〇年八月のことだった。付きあいはじめて三年近くがたっていた。もしかしたらベーラは本当にわかってくれているのかもしれないと、わたしは思いはじめていた。

「わかっているよ、カタリン」ベーラはいった。「きみの仕事が何よりも優先。それでいいよ」その言葉がわたしの心にじんわりしみていった。**きみの仕事が何よりも優先。それでいいよ。**

「そう」わたしはようやく口を開いた。そして背筋を伸ばし、ベーラの目をみつめた。「それなら、結婚しましょうか」

ハンガリーでは、婚約指輪はシンプルな金の指輪がふつうだ。でも、金はなかなか手には入らなかったし、値段も高い。そこで、ケーブル工場で働いていたベーラが銅でふたり分の指輪を作ってくれて、わたしの両親の家で婚約式を祝った。

フランツィア・ベーラとの結婚式で。1980年、セゲドにて。

母はまだ心配そうだった。わたしを呼んで「ベーラはいい人だけど、あなたは自分を曲げないし、強すぎるから、長続きすると思えないわね」といった。

それにもちろん、年齢がちがいすぎるし、と母は続けた。「今はそれほどちがいを感じないでしょうけど、あなたが四五歳になるころには、はっきりしてくるわ。四五歳の女はもうおばさん。四〇歳の男はまだ若者だからね」

わたしは一瞬、反応に困った。それから大きく息を吸って、ようやくいった。「それならお母さん、四五歳になったら、ベーラと離婚するわ」

ウエディングドレスは借りられなかった。背が高すぎたのだ。そこで白い生地を買い、できるだけシンプルな型紙を選んで、セゲドのご近所さんにドレスを縫ってもらった。帽子と短い白い毛皮のコートを借りた（式は一〇月で、寒かった）。

結婚式の日、ベーラは三つぞろいのスーツを着て、花束を持って現れた。わたしたちは連れだって、セゲド市役所に歩いていった。結婚式には、ベーラの親族、わたしの親族、そしてわたしの同僚が何人か立ち会ってくれた。おばが婚姻証明書に署名すると、みんなでケーク・チッラグ（「青い星」という意味）という名のレストランにいった。

父は、披露宴で出す肉の加工をぜひやらせてくれといった。費用をおさえるためでもあるが、父のいちばん得意な形、父の熟練の技能で、わたしたちを祝いたいという意味もあった。父は肉をさばき、その朝のうちにレストランに届けていた。肉は料理され、美しく盛りつけされて、いつもどおりおいしかった。

そのときの情景が、まるでスナップ写真のように頭に浮かぶ。誇らしげに立ち、バラトン湖のようなおおらかな笑みを浮かべ、最上級のマトンが盛られた深皿を掲げている父。その深皿には、父のすべてがこめられていた。専門技術、時間、歴史、苦労、慈しみ、思いやり、そして愛。

今、父がさばいた肉の香りがかげるなら、何も惜しくない。

ロマ民族の楽団が伝統的な音楽を奏で、わたしたちはうたったり踊ったりした。ワインやビールを飲み、笑い、話し、また踊る。ささやかでシンプルな披露宴は夜まで続き、わたしは幸せだった。

　ハンガリーでは、女性は結婚すると、夫のフルネームのあとに「né（ネー）」をつけた名前になる。「né」は「～の妻」という意味で、死ぬまでその名前で呼ばれるようになり、自分の本当の名前は使わなくなる。

　それはいやだった。自分の名前が好きだったし、変える理由などないと思った。そこでわたしはベーラに、わたしに**ベーラの**名前を名のってほしいなら、ベーラも**わたしの**名前を名のってほしいといった。結局わたしたちは名前を変えず、今までと同じでいることに落ち着いた。

セゲド大学で博士号を授与される。1983年、セゲドにて。

　披露宴がお開きになると、わたしたちはふたりきりで歩いて帰った。初めて会ったときと同じ午前二時。わたしたちは、カリコー・カタリンとフランツィア・ベーラのままだったけれど、あれからいろいろなことが変わった。今や、わたしたちは夫婦なのだ。

　わたしはそれまで赤ん坊に興味を持ったことがなかった。友人やクラスメートの中には、子どもをみるとかがみこみ、それまできいたこともないような奇妙な高い猫なで声で話しかける人もいた。母親が自分のことを「わたし」ではなく「ママ」と呼ぶのを――**さあ、ママをみてちょうだい。そうそう、ほら、ママに笑ってみせて！**――みかけることもあった。まるで母親は、「ママ」以外の名前や人格を持った、まったく別の人間であることが認められないみたいに。そんな母親たちを観察し、何年も献身的な世話を必要とする小さな人たちをながめては、**やっかいなしろものだ**と思っていた。

赤ん坊はとても手がかかる。世話に膨大な時間をとられる。自分ではまったく何もできない。全身でしがみついてくる小さな生きものに、何の魅力も感じなかった。

しかし一九八二年一一月八日——学位論文の口述試験に合格し、博士号を取得したわずか数週間後に——わたしは病院で脚を開き、自分の赤ん坊を産みだそうとしていた。その日はハンガリーでは有給の国民の祝日だった。わたしは有給の祝日に出産できてとてもうれしかった。赤ん坊と自分が、非常に効率的なスタートを切った気がしていた。

出産は平均的な経過をたどり、痛かったが特に問題はなかった（ベーラは兵役義務を果たしていて、ほとんど関わることができなかった）。ようやく赤ん坊の頭が出てきたとき、医師が大きな声でいった。「かわいい男の子ですよ！」そして数分後、残りの部分が出てくると、医師は訂正した。「男の子ではありません、かわいい女の子です！　かわいらしくて、健康な女の子ですよ！」

看護師が赤ん坊をきれいにしてくれている間に、わたしはなぜ男の子だと思ったのか、医師にたずねた。「頭がとても大きかったからですよ。ずいぶん大きかったから、てっきり男の子だと思ってしまいました」

医師は、わたしが持ってきたおくるみに赤ん坊を寝かせた。わたしは娘をみおろし、じっくりながめた。そのしわくちゃの生きものの、繊細なまぶた、小さな鼻、一〇本のよくできた指。

スーザン。わたしのジュジ〔訳注：英語名のスーザンはハンガリー語名のジュジャンナに相当する〕。

わたしは娘の手をとり、握手した。「こんにちは、スーザン」高い猫なで声は出さなかった。出そうと思っても出せなかっただろう。初対面の同僚に挨拶するときと同じような声だった。「わたしがあなたのお母さんよ。あなたに会えてとってもうれしいわ」するとスーザンは口を開け、大きな声で泣きわめいた。

生まれた子どもがどのように成長するか、誕生した日には予想もつかない。スーザンが賢く、活発で意欲的な人間になるとは、想像していなかった。中学校や高校のスポーツ大会で自分が大声をあげて熱心に応援するようになることも、やがてそれが大きな競技場で行われる真剣勝負の試合になっていくことも。そしてスーザンもわたしを応援し、わたしが受賞したときにはとても喜んでくれることも。

でも、これだけはわかっていた。目の前にいる赤ん坊、わたしが手を握り、自己紹介をしたときに赤い<ruby>パプリカ<rt>ピロシュ</rt></ruby>のように顔をまっ赤にした赤ん坊が、わたしをまたたくまに大きく変えるということ。

それまで赤ん坊について思っていたことは、すべて消えた。目の前の生きものはちっともやっかいではない。まったく逆だ。赤ん坊は愛そのもの。かけがえのない存在だ。

スーザンが寝ているおくるみは、わたしが生まれたときに使ったおくるみだ。そしてわたしの母も、祖母も、生まれたときにこのおくるみを使った。手のこんだステッチが施され、アイレットとレースの縁どりがされた手作りだった。

もしスーザンが子どもを産むときがきたら、その子もこのおくるみに寝かせたいとわたしは思っていた。そのために三〇年近く、引っ越しのたびに丁寧に包んで持っていき、海まで渡った。五代目も、その先の世代も、同じおくるみの上で世界と出合えるように。想像を絶する変化を続けるこの世の中で、受け継がれてきたぬくもりを一瞬でも感じられるように。

スーザンもやがて出産することになるのだが、その日、おくるみは屋根裏の箱の中にしまわれたままだった。一〇〇年に一度の世界的なパンデミックの大混乱の中で忘れられてしまったのだ。まさにだれも予想だにしなかったできごとの中で。

家でスーザンの世話をしていると、ドアをノックする音がした。出産から数週間しかたっておらず、寝不足で、すべてがぼんやりしている時期だった。

ドアの外に立っていたのは、同僚のルドヴィグ・ヤーノシュだった。「カタリン」ヤーノシュはいつものぶっきらぼうな口調でいった。スーザンには目もくれようとしない。「いつまで家にいるんだ？　そろそろ研究室にもどったほうがいい」

わたしはまだ授乳期であること、出産後の回復には時間がかかることを説明しようとした。ヤーノシュは片手を上げ、わたしを制した。「カタリン、実験は待ってくれない。すぐにもどるべきだ」

そしてヤーノシュは帰りかけたが、ふり返った。その顔には、セゲド郊外の日のあたるブドウ畑で初めて会ったときと同じ表情が浮かんでいた。いらだち、もどかしさ、そして何か別の感情——わたしが自分自身のことを真剣に考え、集中すべきことに集中すれば、何者かになれるという期待。

「実験室にはやるべきことが山ほどある。それなのに、きみはこんなところで赤ん坊の世話をしているなんて」ヤーノシュはそう言い残して去っていった。

スーザンは一一月に生まれ、二月には保育園に入った。

共産主義時代のハンガリーでは、ほぼ無料で子どもを保育園にあずけられた。保育園は大きく、熟練のスタッフが愛情深く世話してくれた。スタッフの多くは正看護師だった。毎日小児科医がきて、子どもたちの健康をチェックした。子どももひとりひとりに手帳があり、成長と健康の記録がつけられた。保護者から小児科医に質問があるときは——**これは正常ですか? 発疹(ほっしん)があるのですが、治療は必要ですか?**——その手帳に書きこむ。

小児科医は毎日手帳をみて、子どもを診察し、時間をかけて丁寧に答えてくれた。**はい、正常です。はい、たしかに発疹がみられますが、しばらくおむつかぶれの軟膏(なんこう)をぬって様子をみてください。**

スーザンの２歳の誕生日を祝う。1984 年、キシュウーイサーラーシュにて。

赤ん坊がよちよち歩きの幼児になっても、手厚い世話は続いた。たとえばスーザンは、何かによじのぼるようになったとき、膝を片方しか曲げなかった。医師は太ももの筋肉が傷ついていることに気づき、スーザンは医師の勧めに従って理学療法を受けた(理学療法は効果があり、太ももの傷がスーザンの運動選手としての将来に影響を及ぼすことはなかった)。

保育園にあずけていれば、親は子どもの着

がえやおむつが足りているか心配する必要はない。保育園には無料の布おむつがふんだんに用意されていたし、やわらかな素材でできた制服があって、子どもたちはいつも体に合った清潔で着心地のいい服装でいられた。授乳期なら、母乳をあずけておくこともできる。大きくなれば、年齢に応じた健康的な食事を出してくれる。昼食後には毎日、全員を暖かな服と毛布にくるんで外に連れだし、さわやかな外気に触れながら昼寝をさせてくれた。これはヨーロッパの習慣で、一年をとおして、たとえ真冬でも、戸外で小さな子どもたちに昼寝をさせるのだ。

想像できるだろうか。雪が降るなか、四〇人の子どもが、ずらりと並んだ小さなベッドに寝かせられて、すやすやと眠っている。まるでおとぎ話のようだ。戸外で昼寝をすると、子どもは健康でじょうぶになるのだと、わたしはきかされてきた。この習慣について、何らかの研究がされているかどうかはわからないが、ひとつだけわかっていることがある。スーザンは小学校時代に一度も病気で欠席しなかった。

わたしはよく、子どもを育てながら科学者として成功するには何が必要かとたずねられる。答えはシンプルで明白。わたしがハンガリーで経験したような質の高い保育サービスを、手ごろな金額で受けられることだ。

そのような保育サービスがなかったり、料金が高かったりした場合、残念ながらたいていは母親が犠牲になる。実際、アメリカの科学界で長年仕事をするなかで、わが家のような——夫が主に家族の世話をして、妻の研究を支えている——家庭をみかけることはほとんどなかった。

もちろん、両親とも責任の重い仕事についている家庭はある。しかし、そこで見落としてはいけない点がある。両親が働いているその家庭は、もともと資産があったはずだ。そもそも裕福ではなかった家庭では？　おそらく両方の親が昇進するのは難しく、うまくいかないだろう。

女性の科学者を増やしたいのなら、分野にかぎらず女性の活躍をうながしたいのなら、この問題を解決しなくてはならない。それもできるだけ早く。質の高い保育サービスを手ごろな金額で受けられるようにすることは、国家への投資であり、一〇〇万倍の見返りがあるはずだ。

問題はＲＮＡにあるのではない

生物学研究所での研究はとても興味深く、順調に進んだ。わたしたちは２－５Ａの合成に成功した。抗ウイルス薬として期待できる、あの短いＲＮＡ分子だ。そしてさらにリポソームを使って培養細胞に２－５Ａを届けることもできた。しかし、そこで難問に直面した。

ＲＮＡは実験室で扱いづらいことが知られている。実験で使うには、ＲＮＡサンプルをそのままの状態に保たなくてはならないのだが、じつはそれが容易ではない。分子生物学の実験は通常、細菌からプラスミドという小さな環状の二本鎖のＤＮＡをとり出すことから始まる。プラスミドをとり出すには、まず細菌のＲＮＡをとりのぞかなくてはならない。それにはＲＮＡを分解するリボヌクレアーゼという酵素を使用する。もちろん、そのときに必要なＲＮＡまで分解するわけにはいかない。

ややこしいことに、リボヌクレアーゼはいたるところにある。人間の皮膚の表面にも、血液の中にも、消化器官にも。リボヌクレアーゼは汗にも粘液にも含まれている。だから実験器具に簡単に付着してしまう。

リボヌクレアーゼは実験室内に付着している。実験者にも付着している。服にも、器具にも、水にも付着している。実験サンプルや試薬（実験で使用する特別な液体）にも、リボヌクレアーゼが入っている可能性がある。

リボヌクレアーゼはたとえ少量でも、ＲＮＡサンプルごと分解してしまう。実験室で細菌やウイルスを除去する方法——加圧蒸気をあてたり、煮沸したり——は、リボヌクレアーゼに効かない。高温でリボヌクレアーゼを不活性化させても、温度が下がれば再び活性化してしまう。ＲＮＡ研究者の間では、昔からこんなジョークが交わされている。実験室からリボヌクレアーゼを除去しようと思ったら、建物ごと破壊するしかない。

もちろん、まったく方法がないわけではない。実験室に専用のスペースを設け、手袋をはめ、ピペットの先に特別なフィルターを装着し、サンプルをつねに氷の上に置いておく。作業中はけっして何にも触れず、可能なかぎり汚染を防ぐため、滅菌をくり返す。

それでも、なかなかうまくいかない。

なんとかＲＮＡサンプルにリボヌクレアーゼを付着させずにすんだとしても、別の問題が出てくる。ＲＮＡはもともと壊れやすいのだ。ＤＮＡと異なり、ＲＮＡは一時的なものだということは、すでに説明した。ＤＮＡは安定していて変化せず、永遠に存在することができる。ＲＮＡは目的を達成したら消えるようにできている。不安定であることは、ＲＮＡにとって**重要な特徴**だ。

しかし、細胞の働きにとっては重要なこの特徴も、ＲＮＡ研究者にとってはやっかいな問題になる。**不可能だ**と多くの同僚がいった。ＲＮＡはやっかいだぞと、しょっちゅういわれた。ＲＮＡを扱うのはむりだ。それが昔からの常識、定説だった。苦労してＲＮＡを扱おうとしても意味がない。

しかしわたしは納得しなかった。なぜだかわからないが、ＲＮＡが手に負えないと思ったことは一度もなかった。自分にはＲＮＡが理解できるような気がしていた。正しい方法さえとれば——手順を細かく分け、ひとつひとつ細心の注意を払って進めていけば——ＲＮＡを扱えるはずだと確信していた。

問題はＲＮＡにあるのではなく、わたしたち研究者にあるということだ。

実験は、ときにひどく骨が折れる。ＲＮＡにかぎらず、科学の実験はゆっくりで、くり返しが多い。もちろん、生物学研究所での研究は、わたしにとって理想の仕事——まったく新しい抗ウイルス薬の開発にとり組み、いつか世界を変えるかもしれない仕事——だったけれど、毎日がバラ色だったわけではない。

計測する。注ぐ。かき混ぜる。加熱し、冷まし、待ち、観察する。サンプルを準備し、試薬を混ぜ、冷凍装置を操作し、膨大な数のガラス器具を洗浄する。といっても、洗浄ばかりしていたわけではない。正直なところ、画期的（ブレイクスルー）な発見のために実験を続ける毎日は、実家のキッチンで母が長年していたことと、さして変わりがない気がする。

わたしたちは、実験ができるだけ単調にならないよう、工夫した。たとえば、当時はガラスの試験管を使っていて、サンプルコレクターに入れる前に、ひとつひとつ番号をふっていた。実験が終わると、次に使うときのために試験管を洗浄する（それはもう、何本洗ったかわからないほどだ）。洗浄作業はたいていヤーノシュといっしょにやった。わたしたちは退屈しのぎに推理ゲームをした。「今わたしが洗っている試験管の番号は、奇数か偶数か？」

つまらないゲームだ。あてずっぽうで答えれば、二分の一の確率であたるゲームを延々と続けた。

しかし、何もせずに黙々と洗い続けるほうがつまらない。それに、ゲームをすれば、楽しくなれた。退屈な作業も多かったが、わたしは実験室が好きだった。自主的に研究をしているという手応えがあった。

わたしにとって、仕事は幸福だった。わたしは幸せだった。

しかしまもなく、レアナル社が、いつになったら奇跡の抗ウイルス薬ができるのだといいだした。**あとひとつだけ**とコロンボならいっただろう。あとひとつ試してみて、それで実用的な抗ウイルス薬に近づけなければ、またひとつ試す。わたしの立場は正規職員から臨時職員に変わった。わたしは根気よく続けた。あとひとつを一〇〇〇回くり返したが、結果は同じだった。抗ウイルス作用のある2－5Aを作ることはできたが、それを人間の薬として使える形にできなかった。

新しい仕事をさがさなくては

そして、ある日とつぜん、電話が鳴った。

一九八四年七月。それは、母が長年続けてきた帳簿係を引退する、記念すべき日だった。盛大なパーティが開かれることになっていた。父はお祝いごとがあるときにはいつもするように、いぶしたばかりのソーセージをゆでる準備をしていた。

興奮していたせいだろうか、それとも大がかりな準備によるストレスだろうか、父はパーティのごちそうをすべてそろえたあと、家の前で倒れた。

心臓麻痺、即死だった。

いったいどう表現すればいいのだろうか。悲しみにくれた長い夜を、さっきまで笑い声と大きな愛にあふれていた場所にできた空っぽのスペース、埋めることのできない穴を。いつもの姿をさがし続けているのに、どうしてもみつからないときの気持ちを。みえなくなった姿は、もう二度ともどらない。

この悲しみが人生に残した大きな傷を、どう表現すればいいのだろうか。

表現などできない。そのあとの数か月間は、暗く、耐えがたいものだった。父に会いたかった。今でも会いたい。暗黒の日々に、わたしはいつもしていることをした。働き続けたのだ。

父の死の六か月後、わたしは三〇歳になった。誕生日には地元のニュー・フンガーリアというレストランで、ベーラと友人たちと食事をすることにした。

一九八五年一月一七日。わたしは早起きした。家族で新しいアパートに引っ越したばかりだった。ながめのいい一〇階の部屋で、食器洗浄機があった。その朝、ベーラはスーザンをゆすったり、ふざけておんぶしたりしていた。わたしはスーザンにいってきますのキスをして、いつものように実験をするつもりで家を出た。そのときにはすでにわが家にはソ連製のラーダという車があったが、わたしは通勤にはバスを使い、見逃していることはないか、次に何を試すべきかなどと、実験について考える時間にしていた。

記憶というのはおもしろいものだ。あの朝、生物学研究所までバスに乗っていったことは覚えている。寒い日で——東欧は強い寒気におおわれ、氷点下の気温だった——空気は澄んですがすがしかった。凍った川を渡ったのも覚えている。そしてもちろん、実験室に到着したときのことも。ところが、だれがそれを知らせてくれたのかは、どうしても思い出せない。イェネーだったのかもしれないが、その瞬間の記憶がまったくない。覚えているのは、そのときの自分の感情だけ。足元の床がとつぜん消えたような気がした。

レアナル社が資金援助を停止した。わたしたちの研究に見切りをつけたのだ。わたしを——わたしは名指しされた——雇用する資金は七月一日に枯渇する。

当然、わたしは疑問を抱いた。**どうしてわたしだけ？** さまざまな反論が頭に浮かんだ。わたしは優秀だ。わたしはよく働く。この実験室を一から立ちあげたのはわたしだ。そして立派にその役目を果たした。**こんなことが許されていいのか。**

しかし、そんな考えは一瞬で手放した。わたしは自分の頭に浮かんだ考えに気づき、ハンス・セリエから学んだことを思い出した。高校時代に愛読していた『現代社会とストレス』から学んだことを。**だれかを責めてもしかたがない。自分の力で変えられないことよりも、変えられることに意識を集中させ、ネガティブなストレスをポジティブなストレスに変えよう。** そして、自分にできることに注意を向けた。新しい仕事をさがさなくては。エネルギーと意識を次の章に集中させるのだ。これから何をしようか？

よし。考えよう。カタリン、あなたは新しい仕事をみつけなくてはいけない。それもできるだけ早く。 わたしの2-5A研究の実績が役に立ちそうな研究施設が、ヨーロッパに何か所かある。ひとつは2-5Aを発見したイアン・カーがいるロンドン。もうひとつは細胞の働きを妨害するウイルスの作用について研究しているルイス・カラスコがいるマドリード。そしてインターフェロンを研究しているベルナール・ルブルーがいるフランスのモンペリエ。

ハンガリーを、セゲドを離れる覚悟はあるのか？ 姉を残して、夫を亡くしたばかりの母を残して。

そんなことはしたくない。でもそれ以上に、研究がしたい。

わたしは大あわてで三人の研究者に手紙を書いた。三人とも興味を持ってくれたが、大きな問題があった。職を得るには、自分でその資金を獲得しなくてはならないのだ。「助成金に申しこんでみなさい」と三人はいった。まるでとても簡単なことのように。まるで鉄のカーテンの向こうでも、西側と同じことができるかのように。「科学系の財団から助成金をもらっていらっしゃい」と。そんなことは不可能だった。ハンガリーでは、助成金に申しこむことは許されていない。

ほかにもポストを用意してくれそうなところはあった。正直なところ、自信はなかったが、やってみるしかない。

ある夜、スーザンを寝かしつけながら、わたしはベーラに話したいことがあるといった。そして深呼吸をしてから切りだした。「わたしたち、アメリカにいくしかないみたい」

第4部 組織内の部外者

テディベアの中の秘密

数十年がたち、ふり返ってみて、最も心に残っているのはテディベアだ。思いがけずわたしの写真が『ニューヨーク・タイムズ』紙や『ワシントン・ポスト』紙、『ガーディアン』紙、『グラマー』誌、『タイム』誌に掲載されることになったとき、どの記事にも書かれていた逸話がある。アメリカに向けてハンガリーを出た日に、スーザンが抱いていたぬいぐるみのクマの話だ。

ときにはそのテディベアの写真まで添えられていることもある。ごくふつうの金茶色のクマ。ガラスのボタンの目に、永遠の笑みとともに縫いつけられた赤い布地の口。よくあるテディベアだが、つやつやだった毛がすり切れているところに秘密が隠されている。そのテディベアがひとりの子どもにこよなく愛されていたという秘密だ。じつはこのテディベアが、ほかにも秘密を隠していたことを示す手がかりはない。

スーザンはテディベアをしっかり抱いたまま、わたしの姉ジョーカが運転する車の後部座席で眠っていた。わたしたちはまだハンガリーのブダペストにいたが、出国のときが近づいていた。車は空港に向かっていた。まだ朝早く、ベーラもジョーカもわたしも黙っていた。後方の東の空には、まだ太陽が顔を出していなかった。前方には予想もつかない生活が待っている。

七月で、父が亡くなってから一年がたっていた。

後部座席で、三歳前のスーザンが身じろぎした。顔を上げ、目をこすり、窓の外をみる。そしてはっと息をのんでたずねる。「ここ、アメリカ?」スーザンにはわかっている。母親が新しい仕事をみつけたこと。飛行機で海を渡ること。ブダペストからブリュッセル、ニューヨークを経由して、これから暮らすことになるフィラデルフィアという都市へ。スーザンだけでなく、ベーラにとっても、初めての飛行機だった。

わたしは助手席からふり向いて、スーザンの顔をみる。目を輝かせ、未知の大陸をみていると思いこんでいる。じつはスーザンが目にしているのはブダのハムジャベーギ通りにあるバス発着所なのだが。それからというもの、ハンガリーにもどってきてこのバス発着所の前を通るたびに、「ここ、アメリカ?」というのが、家族のジョークになった。

ついにニューヨークのジョン・F・ケネディ空港に到着したとき、スーザンはやっぱりテディベ

娘のスーザン。1歳の誕生日にわたしの母から贈られた有名なテディベアと。1984年、セゲドにて。

アをしっかり抱いていた。新しいわが家となるフィラデルフィアまでは、あと一回、短時間飛ぶだけだ。ところがちょうどアメリカの東海岸では、嵐が吹きあれていた。わたしたちの便は出発が遅れ、さらに遅れた。その日三つ目の空港でひたすら待っていたわたしには、今が何時なのかさっぱりわからなくなっていた。ハンガリーではもう、次の日が始まろうとしている。

雨が空港の窓をたたいていた。一分でも二分でもいいから眠りたいところだったが、眠るわけにはいかなかった。わたしはスーザンから目を離さなかった。スーザンはベーラの膝に頭をあずけ、大切なクマをしっかり抱いている。ふたりのうしろを、次から次へと旅行客が通りすぎていく。搭乗券に目をやり、腕時計をみて、出発時刻や到着時刻の表示板を確認している。譲りあい、すれちがいながら、人ごみに消えていく。

自然はすぐれた生化学者だ。つねに遺伝物質を入れかえている。動かしたり、とりかえたり、接合したり、結合し直したり。微調整をし、混ぜあわせる。新たな生物体、新たな生物の個体は、どれもいってみれば小さな実験だ。

その実験が、ウイルス感染を自然におさえこむ能力のような、大きな成果を生むことがある。たとえばわたしがとり組んでいた2－5Aもそうだ。わたしは「コルジセピン」という物質を研究していた。「冬虫夏草属（コルジセプス）」のキノコから抽出した分子だ。このキノコはアジアの山間部に自生し、昆虫の脳に寄生し、そこから成長して怪物の角のような形に育つ。そして一〇〇〇年前から、伝統的な薬として珍重されてきた（今でも免疫力や体力の向上に役立つサプリメントとして販売されている。効能書きどおりの効果があるかどうかはわからない。健康サプリメントは食品として扱われ、効き目ではなく安全性が規制の対象になるからだ)。

コルジセピンはアデノシンと同じ塩基(アデニン)を持つヌクレオシドだ。両者はとてもよく似ていて、糖の構造がわずかに異なっているにすぎない。

一九八〇年代半ばには、そのような自然界で起きている多くの変異——こっちにはヒドロキシル基がない、そっちにはメチル基があるなどというちがい——が明らかになっていて、実験室で分子をとり出し、医薬品に使うための試行錯誤が始まっていた。その結果、「ヌクレオシド類似体」という部類の医薬品ができていった。ヌクレオシド類似体は、人間の健康に大きな変化をもたらす。たとえばＨＩＶ(ヒト免疫不全ウイルス)に効果があることがわかった最初の薬であるアジドチミジン(ＡＺＴ)は、ヌクレオシド類似体だ。白血病の治療薬デオキシコホルマイシン(ペントスタチンとも呼ばれる)は、ストレプトマイセス属という細菌からとり出したヌクレオシド類似体だ。

ヌクレオシド類似体について話すときに忘れてはならない人物がロバート・スハドルニク博士だ。博士はアメリカの生化学者で、ヌクレオシドとヌクレオシド類似体に関する本を書いた。わたしがアメリカに移住した一九八五年、博士はフィラデルフィアにあるテンプル大学の生化学部で研究をしていて、コルジセピンを使って２－５Ａを作ろうとしていた。わたしは、その研究に欠かせない評価分析ができることを証明する論文を書いていた。

生物学研究所を辞めることが決まったとき、わたしはスハドルニク博士に手紙を書いた。そして２－５Ａ分子の有効性を計測するための評価分析ができることを証明する論文を送った。博士はすぐに採用を申し出てくれた。年俸一万七〇〇〇ドルで一年間、ポスドクとして研究室で働くのだ。テンプル大学が保証してくれたこともあって、わたしはＪ１ビザを取得できた。外国人がアメリカで専門分野、特に科学や医学の分野の研究や訓練をすることができるビザだ。

一年間、アメリカで働きながら学んだら、ハンガリーにもどるつもりだった。ところが、まったくちがうことになった。


わたしたちは車を九〇〇英ポンドで売った。米ドルに換算するとおよそ一二〇〇ドルだ。当時のハンガリーでは、国外に持ち出せる外貨は五〇ドルまでと決められていた。亡命を防止するためだ。しかし、アメリカで生活するとなると、現金は多ければ多いほうがいい。わたしがスーザンのテディベアから目を離さなかったのは、そのためだ。セゲドの家で、わたしはクマの背中の縫い目を注意深くほどき、九〇〇ポンドを詰め物の中に差しこんで、また縫い直した。

わたしたちの全財産がそこにあった。すり切れた毛と数センチの詰め物だけに守られて。ニューヨークの空港で、いつ飛びたつとも知れぬ飛行機を待ちながら、スーザンはふっとため息をつき、クマをさらに抱きよせ、ベーラにさらに頭をすりつけた。スーザンはクマをとても大切にしている。でもそのクマの本当の価値には、まったく気づいていなかった。


フィラデルフィアの空港で、スハドルニク博士が出迎えてくれた。博士はわたしたちが住むアパートを手配してくれていて、空港から車で連れていってくれた。わたしは手紙で、どうすれば博士がわかるでしょうかとたずねていた。すると博士は「わたしは金髪で、メガネをかけています。身長は六フィートほどです」と返事をくれた。

ハンガリーではメートル法を使っていたので、わたしは六フィートをセンチメートルに換算しなくてはならなかった。六フィートといわれても、背が高いのか低いのかわからないからだ。

やっとのことでわたしたちが到着したとき、博士は約束どおり、空港で待っていてくれた。六〇歳という年齢より若くみえた。朗らかに歓迎してくれて、とても親切そうだった（そして六フィートというのは、ちょうどわたしと同じくらいの身長だということがわかった）。博士は心をこめてベーラの手を握り、わたしとスーザンを抱きしめてくれた。スーザンには特にやさしかった。しゃがみこんでスーザンに飛行機の旅はどうだったかとたずね、クマのけばだった手を握ってくれた。おかげでスーザンも笑顔になった――三人ともへとへとだったことを考えると、驚くべきことだ。

いい人でよかった。わたしはほっとした。

もう夜になっていて、わたしたちは博士の車で北に向かった。州間高速道路七六号線だ。先をいく車列の赤いブレーキランプが、明るくなったり暗くなったりしている。道路標識が車のライトを浴びて明るい緑色に浮きあがり、文字が光ってみえる。書かれている地名はどれもなじみのないものだ。暗く静かなスクールキル川を渡ると、川沿いに小さな家が並んでいるのがみえた。光に照らされた家の輪郭が川面（かわも）に映っている。アメリカの大都市に思いがけずおとぎ話の村をみつけたような気がした。

スハドルニク博士はわたしの視線に気づいて説明してくれた。「ボートハウス・ロウといってね、ボート部のボートもあそこに収納されている。フィラデルフィアはボート競技が盛んなんだ」ボート競技。きいたことはあった。ハンガリーでもやっている人はいるが、わたしの身近にはいなかった。そもそもボートを手に入れるのが大変だ。

高速道路を降り、ショッピングセンターや教会や銀行を通りすぎた。わたしたちをニューヨークに足止めした嵐は、フィラデルフィアでも吹きあれていた。折れた枝や倒れた木がいたるところにみえた。わたしは目をこらし、見慣れない景色をすべて焼きつけようとしていた。**ここで暮らすんだ。これからはここがわが家なんだ。**

だんだん静かで暗い通りに入っていった。

スハドルニク博士が手配してくれたアパートは、リンウッド・ガーデンズという場所にあった。四〇万平方メートルの広大な敷地に一〇〇〇世帯が住むアパート群が立ち並んでいる住宅地だ。正直なところ、セゲドで暮らしていたアパートのほうが立派だったし、食器洗浄機もあった。あとになってから天井材が薄く、上の階の人が動きまわる足音がきこえることもわかった。しかし必要なものはすべてそろっていたし、すっかり疲れはてていたわたしたちには天国に思えた。

「ありがとうございます」ベーラとわたしは何度もスハドルニク博士にいった。「はい、申し分ありません。ありがとうございます」

わたしたちはスーツケースを置き、スハドルニク博士におやすみなさいをいった。ベーラはずっとたばこをがまんしていたので、わたしがスーザンをベッドに寝かせ、毛布をかけてやった。**がんばったわね、ジュジ。**スーザンはまぶたを閉じ、テディベアを抱えこんだ。紙幣をとり出して、背中を縫い直すのは明日にしよう。

リビングルームにもどると、ベーラは奥の窓辺に立っていた。窓の前にはがらんとした土地が広がっていて、その時間は完全なる闇だった。いや、完全ではない。

「ほら、みて」ベーラは声をひそめていった。「何かがまたたいているよ」

またたいている？　わたしは窓に近づき、ベーラの横に立って闇をみつめた。ベーラのいうとおりだ。そこらじゅうで小さな黄色い光が明滅している。

「昆虫ね」わたしがいうと、ベーラはうなずいた。

あとになって、それはホタルだったことがわかった。ハンガリーには生息しない昆虫だ。ベーラとわたしは長いことそこに立っていた。新たな大陸の新たなわが家の静けさの中で、疲労と安堵を感じながら、見知らぬ生物が夜を照らすのをながめていた。

まったく別の国、アメリカで暮らす

まったく別の国で暮らすのは、興味深い経験だ。初めのうちは、一般的なことと特殊なことを見分けるのが難しかったりする。不思議な行動——これまでなじんできたものとは異なる行動——に出くわしたとき、それが文化によるちがいなのか、個人によるちがいなのか、区別できないことがある。これはこの国のやり方なのか？　それともこの人だけのやり方なのか。

そのうち全体像がみえてくる。しかし時間がかかる。

リンウッド・ガーデンズに到着して数時間後には、わたしは働きはじめていた。初日の朝には、スハドルニク博士の実験室でラボマネジャーをしているナンシーが迎えにきてくれた。これも博士の細やかな心遣いのひとつだった。ナンシーはわたしよりすこしだけ年上で、朗らかで温かく、小学校教師のようなやさしさと有能さを兼ねそなえた人だった。ナンシーは実際、過去には小学校教師だったのだが、夏休みの間に実験室でアルバイトをして、そのままもどらなかったのだという。

研究室は小規模だった。スタッフは数人で、博士とナンシー、大学院生がふたり、そしてわたしだった。みんなが歓迎してくれて、わたしが加わったことを心から喜んでくれているようだった。期待できそうな要素はたくさんあった。しかし、おかしいなと思うこともあった。そのうちのいくつかは、入ってすぐに感じた。まず、設備がとても貧相だった。生物学研究所の実験室は、大きな窓があって明るかった。設備が充実していて、よく整頓され、汚れひとつなかった。

アメリカの実験室も同じようなものだろうと思っていた。しかしその朝、スハドルニク博士の実験室に入って驚いた。実験室はほったらかしにされていた。不潔でさえあった。

はっきりいおう。**ゴキブリがいたのだ。**

何気なく箱やアッセイプレート、紙の束を持ちあげると、そこにいる。丸々と太った茶色い虫が、光に驚いてカウンターの上を逃げていく。そして、何十年も使われていない古い装置が積み重ねられ、放置されていた。入ったばかりのころ、使っていないのなら廃棄しましょうか、スペースが広くなりますよと提案してみた。しかし、ノーといわれた。古い装置でも、いつか役に立つかもしれないというのだ。もしかしたら。いつの日か。それまでの間、装置は置き去りにされ、埃(ほこり)をかぶっている。

これではいけない。ＲＮＡを扱うには、汚染されていない環境が必要なのだから。

実験室の清掃は、実験室を一から計画することほどわくわくしなかったが、ほかにどんな選択肢があるというのだろうか。わたしはさっそくとりかかった。

初めのころは、一日が長く、骨が折れた。すべてが新しかった。一日じゅう英語で話すのに、エネルギーを消耗した。ハンガリーがはるか遠くに感じられ、切なかった。

子どものころから好きだったメトロというバンドに、「ジェーマーント・エーシュ・アラニュ（ダイヤモンドと金）」という歌がある。ステヴァノヴィチ・ゾラーンがうたうその歌を、わたしはいつもきいていた。

ダイヤモンドと金の輝きは美しい
みずからの手で掘れば
その輝きを自分だけのものにすることができる
それだけの価値があると、あなたにはきっとわかるはず……

アメリカ合衆国到着の1か月後、最初に買ったフォード・ピントといっしょに。1985年、ペンシルベニア州フィラデルフィアにて。

なじみのあるすべてのものから遠く離れても、わたしはこの歌をいつもきいていた。仕事からもどればスーザンを抱いて、この歌をうたいながらあやした。この歌詞の意味が、懐かしい故郷のメロディが、スーザンの心に残るように。

ベーラはさっそく忙しく働いてくれた。文字どおり何でも修理できて、だれもがお手あげ状態の車まで直してしまう。アメリカに着いてまもなく、ハンガリー出身の自動車整備士を手伝うようになった。ある日、ベーラは張りきりすぎて、トランスミッションをひとりで持ちあげてしまった。しかしベーラの腰のほうはそこまで張りきれず、理学療法を必要とするようになった。通っているうちに、理学療法士から、患者の中に同じようにハンガリーからきた人がいるときいた。すこし年上の「画家だ。いや、グラフィックデザイナーだったかな。いい人だよ」と療法士はいった。

その人は、わたしたちのアパートから五分ほどのところに、家族で暮らしているという。アメリカにきたばかりなら、知りあいになっておいたら?

数日後、わたしたちは郊外の住宅地にある見知らぬ家の前に立っていた。ドアが開く。そこにはわたしたちより二〇歳ほど上の夫婦が、満面の笑みをたたえて立っていた。ラスロとベティのバギ夫妻だ。

ラスロは興味深い経歴の持ち主だった。ブダペスト郊外で育ち、技術高校を卒業した一九五六年、ハンガリー動乱に加わった。そして命からがらオーストリアに逃れ、難民キャンプで何年も過ごした。やがてアメリカに移民し、陸軍の第一〇一空挺(くうてい)師団に入って、ヨーロッパに駐留した。そこでベティと出会った。今は大手コンサルティング会社でグラフィックデザイナーをしている。

そして、療法士の話はどちらも本当だった。ラスロは画家としても活躍していたのだ。

ベティとラスロは、まるで懐かしい友だちのようにわたしたちを迎えてくれた。「セルヴストク、ジェルテク・ベーイェッブ(こんにちは、さあ、入って!)」「エルルンク、ホジ・セレンチェーシェン・イデエールテテク(よくきてくれたね)」と声をかけてくれる。

新しい土地で母国語をきくのは、なんと心安まるものだろう。頭の中で先に翻訳する必要なく話せるのは、なんと気楽なものだろう。片言でしか話せない言語でコミュニケーションしようとした経験がある人なら、きっとわかってくれるだろう。

ベティとラスロは家の中に案内してくれた。居心地のよい快適な部屋には、もうティーンエージャーだというふたりの息子の写真が、あちこちに飾られている。どの壁にも額装されたラスロのシルクスクリーン作品がかかっている。どれもみごとな作品だ。色鮮やかで、大胆で、正確。フィラデルフィアの風景もあれば、ハンガリーの風景もあった。作品の多くは木や草花のスケッチで、細部まで正確に描かれており、ラスロがわたしと同じように植物のよさを認めていることがみてとれた。

わたしはすぐに、夫妻に出会わせてくれた理学療法士への感謝の気持ちでいっぱいになった。今でも感謝している。本人にとってはちょっとした親切、もしかしたらただの思いつきだったかもしれない。でもわたしたち家族にとっては、貴重な贈物だった。ラスロとベティは生涯の友となっただけでなく、かつての生活と慣れない生活をつなぐ重要な架け橋になってくれた。ふたりは、わたしの父でも認めるような肉屋を教えてくれた。休日には家に招いてくれた。大切な節目には祝ってくれた。わたしたちがアメリカになじむ力になってくれた。

新しい研究室には、ほかにも解(げ)せないことがあった。学術雑誌がたくさんあるのに、スタッフは読んではいけない決まりになっていた。すくなくとも日中は。わたしはあいかわらず学術雑誌を読みあさっていて、実験を計画するときには必ずといっていいほど、最初に学術雑誌を参照していた。**この実験をすでにやってみた人はいるのか。今やっていることに関連する研究、実験をよりよいものにするのに役立つ研究をした人はいないか。**ところが、就業時間中に学術雑誌を読もうとしたわたしに、スハドルニク博士は鋭い言葉を投げた。「何をしているんだ、カタリン。やめなさい！」

わたしは顔を上げた。何がいけないのか、わからなかった。

「読むのは家でやりなさい。週末や夜に。今は就業中だ。就業中は働くものだ」

これだって仕事じゃないの？　実験をよりよいものにする方法をさがしているのに？


スーザンは、ジェンキンタウン保育園に通いはじめた。二階建ての建物で、緑豊かな通り沿いに園庭があった。スーザンは毎朝保育園に着くと、ベーラの腕から勢いよく飛びだした。午後になって迎えにいくと、へとへとながらも楽しそうに、その日あったことをまくしたてた。スーザンはあっというまに英語を覚え、わたしたちと話すときは、英語を使ったり、ハンガリー語を使ったりした。

ある日、わたしが迎えにいくと、先生からサンダルではなくスニーカーを履かせてくださいといわれた。わたしは意味がわからず、先生の顔をぽかんとみていた。スニーカー？　それって何？　わたしはその言葉を知らなかった。

知らないことは、あまりにもたくさんあった。


リンウッド・ガーデンズには共用のプールがあった。金網のフェンスで囲まれていて、使うには年間会員になる必要があった。残念ながら、わたしの一万七〇〇〇ドルの収入では、生活するだけでやっとだった。

うだるように暑い日に、ベーラとスーザンといっしょに金網に指をかけ、立っていたことを今でも覚えている。フェンスの向こう側で住民たちがプールの澄んだ青い水の中でしぶきをあげているのをみていた。いちばん深いところに膝を抱えて飛びこみ、にこにこしながら水面に顔を出す人もいた。

空気はむしむししていた。わたしは首のうしろに汗をかいていた。

「いつか、ね」ベーラがいった。わたしは黙ってうなずいた。ほんのすこし前までは、アメリカ自体が目的地で、まばゆいばかりに輝く生活が待っていると思っていた。アメリカにいけば、すべてが手に入ると。でも、実際にアメリカにきて、だんだんわかってきた。アメリカの中にもレベルがあって、目的地の先にさらなる目的地があるのだ。わたしたちはこの国にいることはできる。この住宅地にいることもできる。でもプールに飛びこむことはできない。たとえ目の前にあっても、どんなに暑い日でも。

わたしたちは、なんとかやりくりしていた。食品の多くは見切り品の棚から買っていた。果物や野菜は、傷をとりのぞきながら食べていた。鶏肉は骨からむしって食べ、消費期限ぎりぎりの食品で料理した。当時、わたしが食べていたバナナは、どれもやわらかくて茶色かった。

母が遊びにきて、数か月滞在した。母は、ジョーカやわたしを甘やかさなかったが、スーザンのことをとてもかわいがった。母の新たな面を発見して、うれしかった。母がいる間、週に三〇ドルの食費がかかった。一ペニーの余裕もなかった。

ここにきたのはお金のためではない、お金はそんなに必要ないと、わたしは自分にいいきかせた。これまでだって、質素にやってきたではないか。ここにいられるだけで、ここで実験ができるだけで幸せなのだとわたしは思った。生活は楽ではないけれど、なんとかやっていける。必要ならばいつまでだって。

これがアメリカのやり方なのだろうか

大学の研究室は、もともとヒエラルキー構造になっている。小さな会社のようなものだ。頂点は研究主宰者（ＰＩ）、会社でいえば最高経営責任者（ＣＥＯ）だ。研究主宰者――ここではスハドルニク博士――は研究と研究チームを監督する。また、資金の調達も考えなくてはならない（たいていは政府の助成金だ）。研究主宰者の下には、わたしのような博士号を取得した研究員、大学院生（実験室で向かいあわせにすわっていた大学院生はロブ・ソボルという感じのいい、穏やかな話し方をする若者で、そのあとすぐに結婚した）、ラボマネジャー（ここではナンシー）がいる。

しかし、組織の構造のほかに文化というものがあり、それによってヒエラルキーの程度が変わってくる。ハンガリーの生物学研究所は、比較的ゆるやかだった。わたしたちはよく働き、それぞれの仕事に責任を持って、研究に邁進していた。しかし、日常的にヒエラルキーを感じることはなかった。ヒエラルキーを**押しつける人**がいなかったからだ。

新しい研究室はちがった。

スハドルニク博士は、文字どおりボスだった。そしてわたしたちにも「ボス」と呼ばせた。偏見がなく、いつも励ましてくれるボスだった。仕事もできた。しかし、上下関係をいいかげんにすることは許さなかった。

研究室に飛びこんできて、メンバーを――たとえば大学院生のひとりを――指さし、「わたしの部屋にこい」とどなることがあった。研究室は静まりかえる。呼ばれた人はおののきながら、博士の部屋に向かう。ドアが勢いよく閉まり、床がゆれ、ガラス器具がガチャガチャ音を立てる。残された人たちは伏し目がちに、黙っている。すくなくとも今回は、怒りの矛先を向けられずにすんだと、ほっとしている。

ラボマネジャーのナンシーだけは、博士をなだめる方法を知っていた。あとの人たちは、ひたすら近づかないようにするだけだ。

わたし自身がどなられることは、じつはほとんどなかった。それどころか、よく褒められた。ほかの科学者に会えば、必ずわたしは研究室の財産だ、働き者だ、ともにすばらしい研究をしているといってくれた。しかし、たとえ自分に向けられていなくても、あの怒り方は理解できなかったし、おそろしかった。

これがアメリカのやり方なのだろうか。

まもなく、ベーラはリンウッド・ガーデンズで働くようになった。初めは用務員として。そのうち、ベーラは機械なら何でも故障の原因がわかり、修理できることがわかった。ボイラーでも、運搬車でも、暖房装置でも、除雪車でも、ごちゃごちゃした配線でも、ベーラは何でも扱

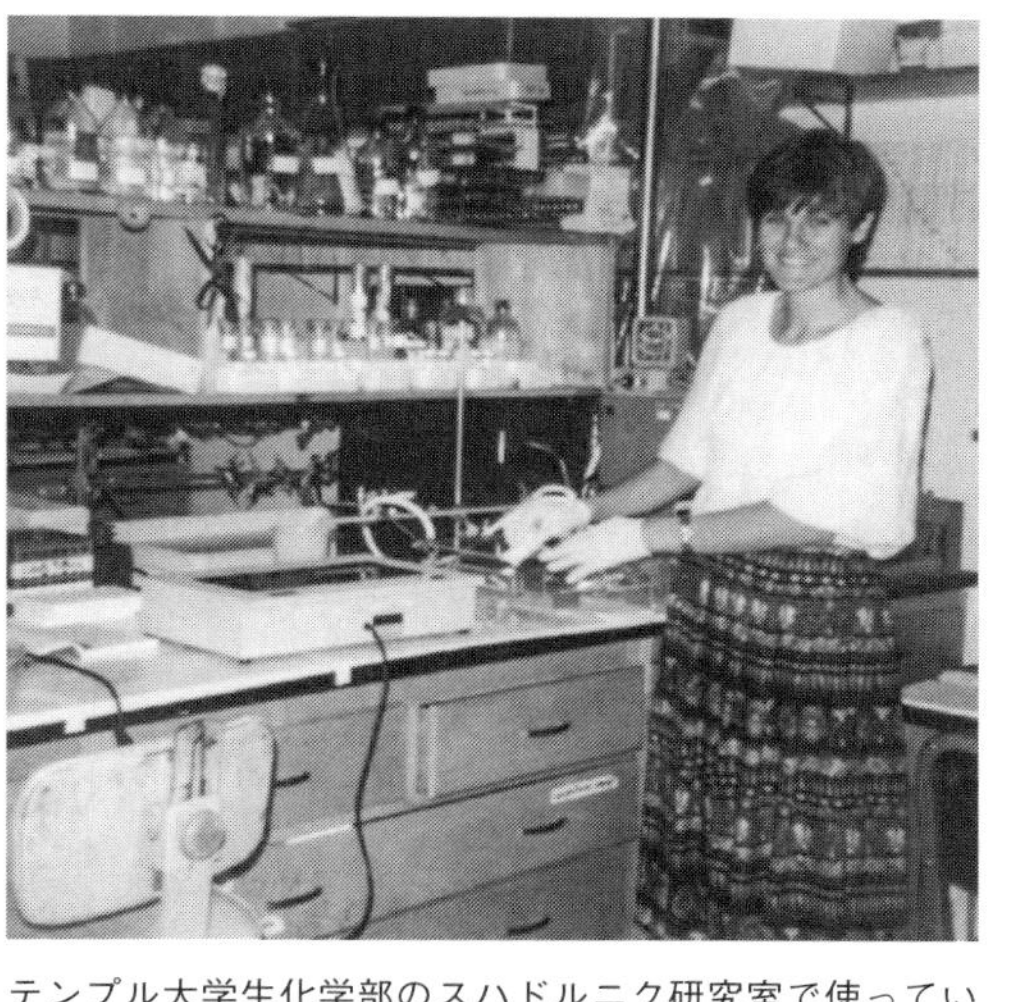
テンプル大学生化学部のスハドルニク研究室で使っていた実験台で。1985年、フィラデルフィアにて。

えた。そして保守技術者に昇格した。ベーラはリンウッド・ガーデンズの何でも屋。雪かきから器具の修繕まで、すべてこなした。

スーザンがベーラの仕事についていくこともあった。冬になり、大雪で学校が休みになると、スーザンはベーラといっしょに除雪車に乗り、舞い落ちる白い雪のかけらをヘッドライトで照らしながら、駐車場を行ったり来たりした。ボイラールームについていって、迷路のような複雑な装置を分解し、修理して、また元どおりに組み立てるのをみることもあった。ベーラはラスロが働くコンサルティング会社で手伝うこともあった。ちょうど会社がコンピュータを導入しているところで、ベーラはケーブルをオフィスじゅうに張りめぐらしたり、ちょっとしたはんだづけをしたりした。

わたしもベーラの専門技術に助けられた。壊れた実験装置を家に持ちかえると、ベーラは必ず直してくれた。ハイブリダイゼーション・オーブンまで作ってくれたことがあった。実験サンプルを一定の温度と湿度で保管するための、無菌培養器だ。わたしが装置を持ちかえると、ベーラは分解し、壊れている箇所を特定し、どんな部品でもみつけてきて、また動くように直してくれる。組み立て直したところで、別の不具合がみつかることもある。でもだいじょうぶ。ベーラはいつも冷静で、忍耐強く、几帳面(きちょうめん)だ。

逆に、スハドルニク博士はかんしゃく持ちだ。爆発の原因はどんどん増えていく。ある日、タイ出身の大学院生が、ミーティングに数分遅刻した。博士は激怒して、遅れた学生はミーティングに参加させないといった。ミーティングだけでなく、何をしてもいけない。実験することも、テキストを読むことも、トイレを使うことも。外の廊下で、ドアの前に立って、ミーティングが終わるまで黙っていなくてはならないというのだ。

ミーティング中、博士は何度か立ちあがり、ドアまでいって、勢いよく開けた。下っ端がいわれたとおりにしていることを、確かめるだけのために。

信じられなかった。これが本当にアメリカのやり方なのだろうか。

一年がたち、二年がたった。スーザンは四歳になり、幼稚園に通いはじめた。背が高く、しっかりしていた。クラスではいちばん年下だったはずだが、伸び伸びとしていた。

家族で出かけることはあまりなかった。ときどきラスロの個展に出かけ、年に一度、布のテーブルクロスがかかった中華料理店で食事をした。家では、わたしはさまざまな料理に挑戦したが、ついにベーラが、本当は伝統的なハンガリー料理のほうがいいと白状した。じつはわたしもそうなのと、わたしも白状した。

祝日は、バギ家と家族ぐるみで祝うようになっていた。感謝祭のディナー。クリスマス。独立記念日のバーベキュー。そんなとき、ベティはいつもスーザンにプレゼントをくれた。アルミ箔にくるまれた、その祝日を象徴する形——感謝祭には七面鳥、クリスマスにはサンタクロース——のチョコレートだ。シンプルながら心のこもったかわいらしいプレゼントは、目にも口にもうれしかった。

わたしたちは洗濯のために、二五セント硬貨をためていた。週に一度、近くの建物の地下にある薄暗い洗濯室にいき、ためておいた硬貨を洗濯機に入れた。部屋では上階の住人の足音をきき、そのリズムになじんでいった。

スーザンがひとりで初めて大西洋を飛んだのは、五歳のときだった。飛行機でハンガリーにいき、空港でわたしの母と姉に出迎えてもらった。そして夏休みじゅう、わたしが子どものころと同じように、鶏を追いかけたり、花の世話をしたりして過ごした。スーザンを送りだしたのには、やむにやまれぬ事情もあった。航空機のチケット代のほうが、アメリカの保育サービスの費用よりずっと安かったからだ。しかし、ハンガリーで過ごさせたい気持ちもあった。スーザンには母国を忘れてほしくなかった。ハンガリー語を覚えておいてほしかったし、別の場所にルーツがあるのがどういうことか、理解してほしかった。ハンガリーの思い出を、共有したかった。もっともハンガリーは急速に変わりつつあったけれど。

スーザンがハンガリーにいる間は、週に一度電話をした――当時は長距離電話の料金がおそろしく高かった。スーザンは楽しげに話してくれた。わたしが子どものとき大好物だったガチョウの足（ルードウラーブ）のケーキを焼いて食べたこと、母が飼っている鶏を抱っこしたこと、母からもらった人形用のベビーカーに鶏を乗せ、庭を歩きまわったら、鶏たちがあたふたしていたこと。

研究室では積極的に論文を投稿していて、ときには有名な学術雑誌に掲載されることもあった。『バイオケミストリー』誌の同じ号に二本の論文が同時掲載されるという快挙もあった。そのうちの二本で、わたしは筆頭著者だった。

さまざまな意味で、わたしの仕事はうまくいっていた。何よりも、研究室では多くのウイルスにみられる二本鎖（にほんさ）ＲＮＡ（ｄｓＲＮＡ）の研究が進んでいた。二本鎖ＲＮＡは細胞の免疫応答を引き起こせることから、ＨＩＶ患者のインターフェロン分泌をうながし、免疫システムを活性化できるのではないかと考えて、実験を続けていた。残念ながらＨＩＶ患者には効果がなかったが、『ランセット』誌に掲載された研究は意味のあるものだった。わたしが高校時代に多大な影響を受けたハンス・セリエが述べているように、宇宙がわたしたちにくれる答えの中には、イエスもあればノーもあるということを実感した。どの答えも貴重で、どの答えも壮大なモザイクの一部なのだ。同僚にも恵まれた。大学院生のロブ・ソボルは、結婚式に招いてくれた。アメリカで、わたしが最初に参列した結婚式だった。ナンシーはいつも研究室がうまく回るようとりしきっていた。まるで母鳥のようにわたしたちを見守り、足りないものがないよう配慮してくれた。

しかし、ボスのかんしゃくはあいかわらずだった。その場にいるだれにも、どうしようもできないことについて、どなりちらすこともあった。たとえば政治。政治は必ずしもわたしたちの研究と無関係なわけではなかった。時の大統領はロナルド・レーガンで、科学分野への投資は歴史上まれにみるほどのすくなさだった。だからといって、どなってどうなるものでもない。

わたしは自分にいいきかせていた。スハドルニク博士にはよくしてもらっている。今のところは。

実験室には窓がなかったので、廊下の先のトイレにいって初めて外の天気がわかるというありさまだった。トイレの小さな窓から外をみて、雪が降っているとか、快晴だとか気づく。そして実験室にもどると、また何時間も空をみることなく仕事を続ける。

一九八七年、アメリカでは翌年の大統領選挙に向けた動きが活発になっていた。もしかしたら、これで資金への不安が解消されるかもしれない。ひょっとしたらレーガン時代の科学冷遇は一時的なもの、異例なこととして終わるかもしれない。民主党の最有力候補ゲイリー・ハートは、アメリカの科学研究の基盤を立て直すと公言していた。楽観的な見通しに、スハドルニク博士の機嫌もよくなっているようだった。ところがゲイリー・ハートが妻以外の女性を膝に乗せている写真が流出し、ふたりが乗っていたヨット「モンキー・ビジネス（ごまかし）」までが有名になってしまった。現代からみれば、古風にさえ思えるスキャンダルだが、当時は大統領候補を失脚させるのに十分だった。

モンキー・ビジネスのニュースを知ったスハドルニク博士が、実験室に飛びこんできた。そしていつものかんしゃくを起こした。ドアを勢いよく閉め、ののしり、どなった。博士の怒りはリボヌクレアーゼのようなものだとわたしは思うようになっていた。RNAを分解する酵素だ。どこにでもあって、自由に動きまわり、着地する場所をさがしている。そしてすべてのものを汚染する。

そのころには、わたしもたくさんのアメリカ人を知るようになっていた。ナンシーもアメリカ人。ロブもアメリカ人。バギ夫妻をわたしたちに紹介してくれた理学療法士もアメリカ人。ベティとラスロ、そしてふたりの息子もアメリカ人。スーザンの先生もアメリカ人。ここがおかしいんだ。

これはアメリカのやり方なんかじゃない。

わたしの献身の対象は科学そのもの

著名なウイルス学者のポーラ・ピタ゠ロウが、テンプル大学で講演した。ポーラはメリーランド州ボルティモアにあるジョンズホプキンス大学の正教授で、聡明な女性だ。ウイルスについての深い知識と、がんのメカニズムへの正確な理解をもとに研究をしている。出身は現在のチェコ共和国で、ハンガリーと同じ東ヨーロッパだ。わたしが自己紹介をすると、すぐに仲よくなれた。

ポーラはわたしたち家族をボルティモアに招待してくれた。泊めてもらった自宅は日あたりがよく、ポーラが収集した芸術作品がたくさんあった。おいしい手料理を出してくれて、食事をしながら東ヨーロッパでの生活について語りあった。研究室を見学し、研究室のメンバーに紹介された。その後まもなく、ポーラは自分の研究室に入らないかと声をかけてくれた。

ポーラは女性科学者の支援に力を入れていた。よき指導者で、特に女性の研究者を育てることで定評があった。温かく、やさしく、寛大な人柄で、インターフェロン・システムの分野では革新的な研究をしている。ポーラの研究室はわたしにとって理想の職場で、願ってもない話だった。

一九八八年夏、わたしは申し出を受けた。アメリカにきてから初めての、一時帰国の直前のことだった。今考えれば、もっと注意深く行動すべきだった。帰国の前に、スハドルニク博士から転職の許しを得ておくべきだったのかもしれない。でも、それで何かが変わっていただろうか？　わたしにはわからない。アメリカにもどったときには、博士はわたしの転職の話をかぎつけていた。そしてわたしは博士の怒りをまともに浴びせられることになる。

博士はののしり、叫び、物にあたった。それだけではない。まだ先があったのだ。わたしは選択を迫られた。博士の研究室にとどまってこのまま働くか、それともハンガリーに帰るか。雇用主である博士には、わたしを国外退去にする力があった。新しい職場で働こうとしたら、その力を使うというのだ。そうなったら、わたしのキャリアは終わりだ。自分の立場をわかっていないのか？　ここでは博士がボスだ。わたしは何者でもない。

博士はその言葉をくり返した。何者でもない。それから、今すぐ出ていけといった。「出ていけ！　もうおまえはここの人間じゃない！」

わたしはベーラに電話しようと、震える手で受話器をとった。ダイヤルし終わらないうちに、博士が近づいてきた。「わたしの電話を使うな！」冷酷な声だった。「それはわたしの電話だ。おまえの電話じゃない。電話なら外でかけろ」博士はドアを指さした。

わたしはいわれたとおりにした。そして研究室を出た。

公衆電話からベーラに連絡し、迎えにきてほしいと頼んだ。その日は車を修理に出していたので、ベーラは同僚の車を借りてきてくれた。そしてわたしの目の前に近づいてきたのは、ベーラには不釣りあいな、巨大な白いキャデラックだった。ほかの日だったら、そんな大きな車の運転席にすわっているベーラをみたら、笑わずにはいられなかっただろう。でも、そんな気になれなかった。

その夜、わたしたちはキッチンにいた。わたしは行ったり来たり、歩きまわりながら、今の状況を理解しようとしていた。何が起きたのか、そして次に何をしたらいいのか。わたしのビザは、テンプルで働くことが条件になっている。博士の許可がなければ、どこにもいくことができない。博士がその許可を出すつもりがないことは明らかだったし、ことによってはわたしたちを国外退去にしかねない。

正直、怖かった。でも、憤慨もしていた。

「どうして『ありがとう』っていわないの？」わたしはぷりぷりしながらいった。「『カタリン、この三年間、本当によくやってくれた。昼も夜も、休みなく働いてくれたね』って。これまでずっとわたしのことを褒めてくれていたのに、とつぜんこんなひどい扱いをするなんて」わたしは椅子にすわりこんだ。「本当にわからない。感謝するって、そんなに難しいことなの？」

でも、わたしにはわかっていた。スハドルニク博士がわたしの仕事ぶりを褒めていたのは、それが自分の役に立っていたからだ。わたしの技術も、専門知識も、熱意も、博士の役に立って初めて認められる。博士にとって、わたしは所有物だった。テンプル大学を辞めるというわたしの決断は――博士の研究室だけでなく、博士の世界観に対する——侮辱だ。博士より自分自身のことを大切にするのは、けっして許されない罪なのだ。わたしは両手で顔をおおい、うめいた。「ああ、どうしよう」

ベーラがわたしの腕に手を置いた。「とにかくまずは、食べることだ」

食事をしていると、電話が鳴った。博士からだった。声は落ち着いていて、やさしげでさえあった。ほんの数時間前にわたしをなじったのと同じ声とは思えなかった。博士が話す間、わたしはベーラをみていた。「カタリン、きみの席はここだ。きみの場所はここだ。きみの職場はここだ。この研究室にいてほしい。頼む」

それから沈黙が流れた。わたしは待っていた。まだ続きがあるはずだ。上階の住人の足音がきこえる。博士がようやくまた話しだした。「それが、きみがこの国にとどまる唯一の道だ。わたしのところで働くか、さもなければ国に帰るか」ジョンズホプキンス大学にはすでに電話をしたという。わたしは亡命者だと話したのだ。ジョンズホプキンス大学からの申し出はとり下げられるだろう。次は、入国管理局に連絡するかどうかだ。さあ、どうする？

今ふり返ると、残念なできごとだった。スハドルニク博士の怒り、脅し、そしてその脅しを実行するためにしたことを思い出し、いちばんに感じるのは**博士は大きく出すぎた**ということだ。三年もいっしょにいたのに、わたしのことをまったく理解していなかった。わたしの思考回路がわかっていなかった。脅しは、わたしから正反対の行動を引き出す最も確実で手っとり早い方法だということを、理解していなかった。

おそらくそれは、もっと根本的なことを誤解していたのが原因だろう。それまでずっと、博士はわたしが**博士のために**研究をしていると信じこんでいた。でもそうではなかった。わたしは科学の問題を解決するために研究をしていた。わたしの献身の対象は、科学そのものだった。

中間的な場所

新たな職を得るのなら、アメリカにとどまるのなら、どんな困難も乗りこえなくてはならない。魚類養殖研究所で働いたあの夏、与えられた仕事（魚の脂質の分析）をするために、一から酢酸エチルを作ったときのように。

あのときは、「**これ**がないのなら、代わりに**あれ**をさがしてみよう」といった具合に、プロセスを段階ごとに分けて考えていった。今回も同じようにできるだろう。

問題は、推薦状だった。スハドルニク博士は、脅しの実行に動きだしていた。ジョンズホプキンス大学からの申し出はとり下げられた。国務省からも、在留資格違反の疑いがあるとして、最寄りの機関に出向くよう通知がきた。博士はさらなる手を打っていた。いくつかの論文から、わたしの名前を削除していたのだ。そのうち、ＰＮＡＳ（アメリカ科学アカデミー紀要）に提出した論文は、すでにゲラの段階に入っていたため、博士はお金を出してまで、わたしの名前を削除したことになる。

そんな状況で推薦状をもらうなど、論外だった。

スハドルニク博士からは推薦状をもらえない。ほかに頼れる人がいるとしたら……。

そう考えたとき、わたしにはわかった。頼れる人がいるとしたら、それはわたしが推薦状をもらえなかった理由を理解できる人だ。博士をよく知っていて、博士といざこざになる理由を理解できる人。幸運なことに、ロバート・スハドルニク博士といざこざになった科学者は、すくなからずいた。

わたしは電話をかけはじめた。自己紹介をして、事情を説明した。別の科学者を紹介してくれる人もいて、そんなつながりを通して、就職先がみつかった。米国軍保健科学大学という軍医養成大学の病理学科で、博士号を取得した研究員として受け入れてくれるという。学科長もインターフェロンの研究者で、特にインターフェロンの抗がん作用を専門としていた。学科長は祖父母が四人ともハンガリーの人で、もしかしたらそれがプラスに働いたのかもしれない。

いずれにしても、その就職先が頼みの綱だった。それがあればH1ビザが認められ、専門技術者として働くことができ、アメリカにとどまれる。申し分のない話といってもいい。

ところが問題がひとつだけあった。その大学はワシントンDC郊外のメリーランド州ベセズダにある。わたしたちはフィラデルフィアに住んでいる。ベセズダには縁もゆかりもない。それに、わたしはアメリカの運転免許を持っていないのだ。

まあいい。なんとかしよう。なんとかしなければ。

わたしはペンシルベニア州の運転免許証を取得し、さっそくリンウッド・ガーデンズの駐車場で運転の練習を始めた。免許を手にして初めて車で出かけたのが、ベセズダだった。当時の州間高速道路九五号線が五車線だったか、六車線だったかは、もう覚えていないが、ひたすら前に走り続けたのは覚えている。疾走する車を命がけでよけながら。

二回目にベセズダにいったときにはスピード違反でつかまった。時速一四三キロメートルだった。

それでひとつ賢くなった。

中間的な場所というものがある。目的地ではなく、地図上の重要な地点と地点の間にある空間のようなものだ。その空間は通りぬけるために存在する。わたしにとって、州間高速道路九五号線の一三番出口から二七番出口までのおよそ二二〇キロメートルは、そんな中間領域だった。片方の端がフィラデルフィアで、もう片方の端がベセズダ。わたしはその中間にいる。行ったり来たり、行ったり来たり、何度も、何度も、何度も。

月曜の朝、午前三時にフィラデルフィアで起床する。栗色のシボレー・セレブリティに乗りこみ、暗闇の中を三時間ドライブする。かばんの中には五日分のブロッコリーとソーセージが入っている。ほかには半ガロン〔訳注：二リットル弱〕の牛乳とパンの袋だけ。毎週、同じ食料を同じ量持っていく。運転しながら、懐かしいゾラーンの「ダイヤモンドと金」を口ずさむこともある。

みずからの手で掘れば
その輝きを自分だけのものにすることができる
それだけの価値があると、あなたにはきっとわかるはず……

七時にはベセズダに到着し、必ず実験室にいちばん乗りする。冷蔵庫に食料をしまい、仕事にとりかかる。

わたしは昼夜なく働いた。遊びに出かけたことは一度もない。いつも車に寝袋を載せていて、ハンガリー出身の同僚のアパートの鍵を持っていた。移民同士がよくやるように、その同僚もわたしに泊まる場所を提供してくれていた。アパートにはいつも夜遅くいった。リビングルームに寝袋を広げ、数時間眠ると、暗いうちから起きだす。アパートの住人はわたしがいたことに気づかない。ただ、早朝に配達される新聞をわたしが出勤前に室内に入れていくことで、それとわかるだけだ。アパートに泊まらないことも多かった。研究室に寝袋を広げ、床に敷きつめられたカーペットの上で眠った。

静かに、集中して学んだ時期だった。終業後は大学の図書館にいった。あいかわらず、手あたり次第読んでいた。学術雑誌の最新号だけでなく、バックナンバーに掲載されている古い論文も読んだ。それは今も続けている趣味みたいなものだ。ちょっとした知見、発表時点には軽視されていても、知っておくべきことをさがしていた。わたしは知識をためこんでいった。分子生物学について学べることをすべて学んだら、帰国したいと思っていた。

午後一一時、図書館から追いだされると、たいていは実験室にもどり、日付が変わるまで実験をした。実験の準備をしながら、スーザンとベーラのことを考えた。二四〇キロメートル離れたわたしのいないわが家で眠っているふたり。そして**いったいわたしはここで何をしているんだろう**と思うのだった。

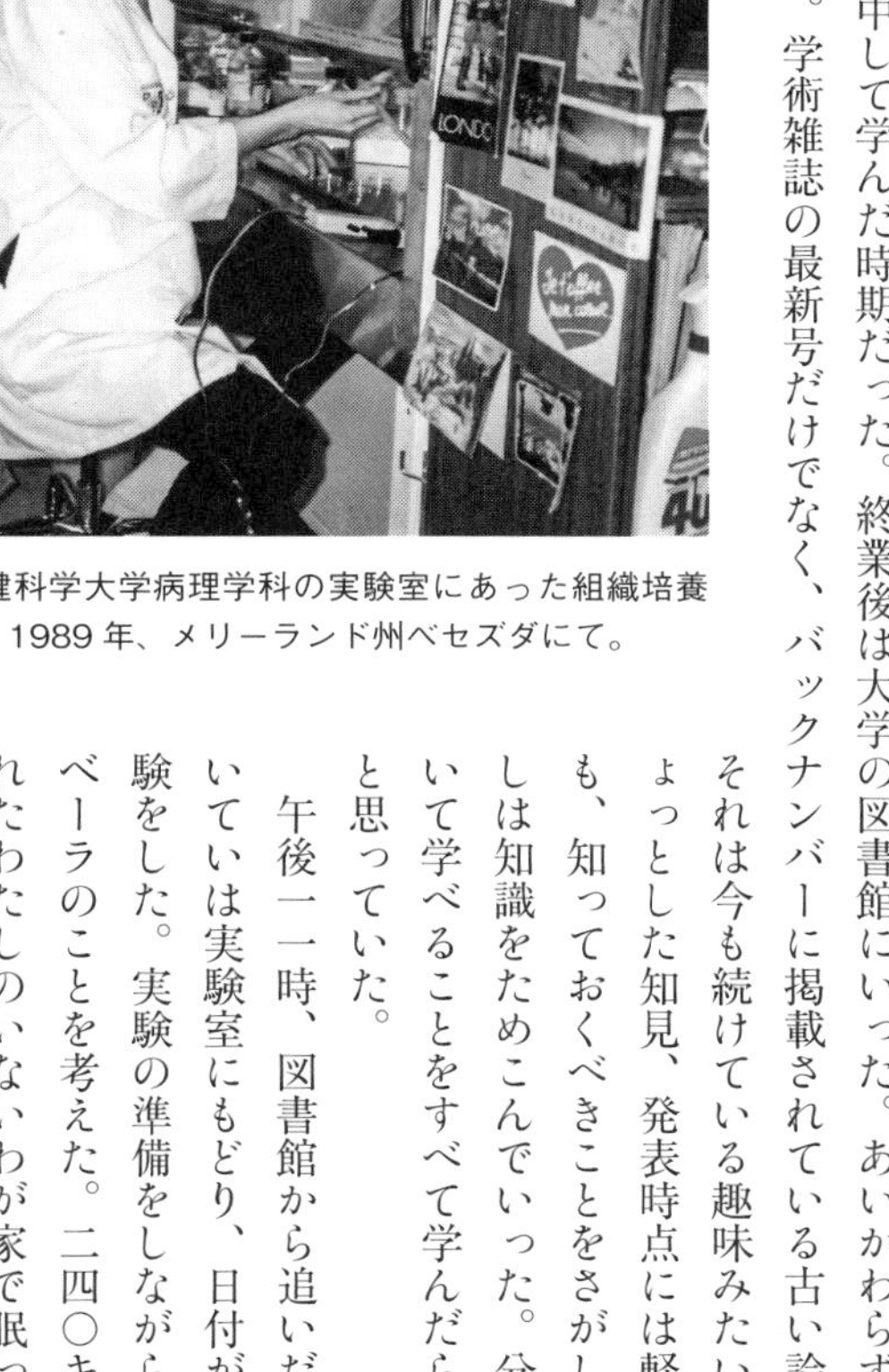

米国軍保健科学大学病理学科の実験室にあった組織培養フードで。1989 年、メリーランド州ベセズダにて。

実験が始まれば、もう家族のことは考えずにすむ。

早朝にはキャンパスを走った。木立の中には、気持ちのいい小道や、エクササイズスポットがあった。自分の呼吸に耳をすませ、地面を一歩一歩蹴る足音をきいているうちに、また疑問がわいてくる。**いったいわたしはここで何をしているんだろう。**それからシャワーを浴び、仕事にもどる。

金曜日の午後には運転席にすわり、どこまでも連なる九五号線の車列の中で、じりじりと北へ、ベーラとスーザンに向かって進んでいく。そのときだけは**いったいわたしはここで何をしているんだろう**という疑問は浮かばない。その答えははっきりしている。わたしはわが家に向かっているのだ。

その間もわたしは職さがしを続け、雇ってくれそうな人に手紙を書いて自己紹介した。応募先のひとつにペンシルベニア大学の医学部があった。新しくできた心臓学の研究室だった。ポストは助教で、特に魅力的なわけではなかったが、職場はフィラデルフィアの中心部だし、研究室がさがしているのはまさに分子生物学者だった。

わたしは応募の記録をきちんとつけていた。書類を送ったら、応募先と役職と連絡先を書きとめておいた。そして二週間たったら、応募先に確認の電話をする。ペンシルベニア大学のときも、同じようにした。

電話に出た秘書は、募集をかけ直す予定だといった。ふさわしい応募者がなかったというのだ。「念のため、確認してください。お手数ですが、確認してもらえませんか?」わたしは自分の名前をいった。「お願いします」

三〇分後、心臓学者のエリオット・バーナサンから電話がかかってきた。わたしと同じ三四歳で、新しい研究室を立ちあげようとしているところだった。わたしの履歴書をみた。わたしにできることもわかった。助教の候補者として、面接をしたいという。

人生は地図とはちがう。人生にあるのは中間的な場所ではなく、橋だけだ。**人生のこの時点で、ここからそっちに移動する橋。**橋を渡るたびに、人は何かを拾いあげ、持っていく。それを抱えて、次の章へと進んでいく。

ある日、病理学研究室の研究員だった人が、かつての同僚に会いにやってきた。そしてわたしたちにリポフェクチンをくれた。ＤＮＡと簡単に混ざり、細胞に届けることができる、新しい脂質混合物だ。リポフェクチンは、わたしがそれまで扱っていたリポソームより単純で、複製しやすいといわれていた。さらに、リポフェクチンは正の電荷を持ち、細胞膜は負の電荷を持つため、効果的なのだ。

そのリポフェクチンが目の前に、パッケージに入っていつでも使える状態で置かれている。

わたしはハンガリー時代、エルネーが食肉処理場に出かけて、牛の脳を分けてもらってきたことを思い出した。そこから実験に必要なリン脂質を苦労してとり出したことを。そして今、目の前にはこの新しい物質、リポフェクチンがある。

これですべてが変わる。わたしは思った。

ペンシルベニア大学へ

さて、ここからは、ジャーナリストたちが一様に**不遇の時代**と形容する時期に入る。

ペンシルベニア大学での在籍期間は、数十年間におよぶ。その数十年間は研究内容によって第一期、第二期、第三期の三つに分けることができ、ふたつの学科と、研究パートナーとしてまったく異なる三人の医師が関わっている。何年もたち、世界がひっくり返って、とつぜん会ったことのない人にまで名前を知られるようになったとき、第三期（ワイスマン時代）にいっしょに仕事をしていた若い医師が、わたしについて文章を書いた。その中でわたしは——不正確でも不親切でもなく——「若い科学者への教訓話として、ひっそりと語られる」ようなキャリアを持つ人物として描写されている。

つまり、これから語るのは、多くの人にとって教訓になるような話なのだ。なぜならペンシルベニア大学での三つの時代は、細かなちがいはあっても、同じパターンに従っているからだ。いくつかの挫折をくり返したのちに、画期的な発見（ブレイクスルー）を遂げる。その発見はたいていの場合、見過ごされたままだ。一方で挫折のほうは？　白日のもとにさらされる。

わたしのキャリアが教訓話かどうかは、おそらく読む人の価値観によって決まるのだろう。

会ってすぐに打ち解けた気持ちにさせてくれる人がいる。もしかしたら表情のせいかもしれない。こちらの顔をみると、初対面ではなく昔からの友だちに会ったように、ぱっと笑みを浮かべる。もしかしたらしぐさのせいかもしれない。まったく構えることなく、さっと手を伸ばして握手を求めてくれる。もしかしたら目のせいかもしれない。穏やかなまなざしながら、輝いていて、親切で好奇心旺盛な人柄がにじみでている。

いずれにしても、エリオット・バーナサンに会ってすぐ、わたしは打ち解けた気持ちになれた。面接だったのだが、エリオットは朗らかに歓迎してくれて、わたしを目の前にしてすわっているのが何よりもうれしいという顔をしていた。この人はいい隣人、いい市民、そしていい同僚になるだろうと思った。

その面接で、エリオットはわたしに「実験ノート」をみせてほしいといった。これまで行った実験について、研究成果まで含めて記録しておく手書きのノートだ。エリオットは注意深くページをめくっていった。何度か手を止め、じっくり読むこともあった。当時、エリオットはバート・レイノルズばりの豊かな口ひげを生やしていたので、はっきりとはみえなかったが、笑みを浮かべているにちがいなかった。

エリオットがページをめくり、ひとつひとつの実験記録を読んでいる間、わたしは静かに待っていた。するとエリオットはX線フィルムを手にとった。RNAをサイズごとに分離するノーザンブロッティングという手法を使って、目的とするRNAのタイプを明らかにしたフィルムだ。どの実験だったかは覚えていないが、エリオットが感心したような声でいったのは覚えている。「きみがこれをやったの？」

前にも説明したように、RNAは扱いが非常に難しい。エリオットが手にしているフィルムは、わたしがそのRNAを扱い、ノーザンブロッティングを行った証拠だ。ノートのページには、わたしがなんとか分解させることなく検出したRNAが、ずらりと並んでいた。

きみがこれをやったの？　わたしはうなずいた。はい、わたしがやりました。これからだって、できます。

最初の面接のあとすぐに、採用の通知が届いた。

心臓学研究室はまだできたばかりだったが、エリオット自身はすでに一〇年以上ペンシルベニア大学に在籍している生え抜きだった。学部からペンシルベニア大学に入り、医学部に進んだ。専門医学実習を受けたのも、特別研究員になったのも、ペンシルベニア大学だった。私生活においても、ペンシルベニア大学で出会った女性と結婚し、親しい友人のほとんどが大学関係者だ。幼稚園もペンシルベニア大学だったんでしょうと、わたしはよく冗談をいった。できることなら、きっとそうしていたはずだ。そして今、ペンシルベニア大学で、自分の研究室を持つまでになった。

週に一度、エリオットは医学部付属の診療所で働き、外来患者を診ていた。しかし基本的には基礎研究に携わる研究者だった（基礎研究とは、人類についての理解を深めるための普遍的な研究で、それに対して応用研究は実用的な応用によって具体的な問題を解決する）。

医学部の診療科で分子生物学者として働くことになったわたし――たくさんの医学士（ＭＤ）に囲まれた博士（ＰｈＤ）――は、いわば場ちがいな人間だった。でも、わたしは気にしなかった。わたしには、臨床医にはない実験スキルがある。それに、医学士に混じって働くことには、生化学者たちと働いたときと同じ利点があるはずだ。わたしが何よりも重視している学ぶ機会が。

それに、考えてみれば、わたしはこれまでずっと場ちがいな人間だったのだ。

給料は多くなく、終身雇用のみこみもなかったため、安定した身分とはいえなかった。しかし、よい点もあった。これからは家族と暮らせる。大学がグリーンカード取得の力になってくれるかもしれないという期待もあった。助教としての任期は五年間。その任期が切れるときに大学側はわたしを准教授に昇進させるかどうか決めるだろう。それでも終身雇用にはならないが、自分の研究室を持ち、学生といっしょに実験できるようになる望みはある。

そのころ、ベーラとわたしは、郊外の静かな通り沿いに立つ家に目をつけていた。二階建てで、スーザンが遊べそうななだらかな坂になっている広い芝生がある。学区も申し分ない。そんな家が、わたしたちの手に届く価格で売りに出されていたのには、理由があった。内部がひどいありさまだったのだ。

でも、わたしには何でも直せる夫がいる。ベーラほど上手に家の修理ができる人はいないだろう。時間がかかったとしても、ベーラだってわたしだって、子どものころには水道のない家で生活していたのだ。未完成の家でも、わたしたちには贅沢に感じられた。

ペンシルベニア大学で働きはじめた日、ベーラとわたしは住宅購入の契約書にサインした。

mRNAの研究に着手する

エリオットは「プラスミノーゲン活性化因子」という、血液のかたまりを溶かすのに役立つ分子に興味を持っていた。

血液が固まるのは、傷に対する体の重要な反応だ。もし固まらなければ、切り傷がひとつできただけでわたしたちの血液は体から流れ続け、しまいには死んでしまう。その一方で、血液のかたまりが悪さをすることもある。血管内で血が固まり、血栓ができれば、血液の流れが滞ってしまう。冠動脈に血栓ができれば、心臓麻痺の原因となる。血栓が血管を移動し、肺や脳などで血流を止めれば、命に関わる発作が起こる。血栓自体は珍しいものではないが、特に手術後はリスクが高くなる。

プラスミノーゲン活性化因子は、危険な血栓に対する自然防御システムで、小さな警備員のように体の中を巡回している。そして、危険な場所に血栓ができかかっているのをみつけると仕事にとりかかり、血栓を溶かして健康な血流をとりもどす。体はこのようにして、あなたはまったく気づいていなくても、毎日二四時間、みえないところで大切な仕事をしてくれているのだ。

エリオットはプラスミノーゲン活性化因子の中でも特に「ウロキナーゼ」というタイプに注目していた。ウロキナーゼを選択的に受けとる「ウロキナーゼ受容体」の遺伝子配列（ヌクレオシド塩基の並び順）をつきとめ、分離することができれば、手術を受けた部位の組織に届けることができる。手術部位にウロキナーゼ受容体があれば、ウロキナーゼが増加し、血栓発生のリスクを最小限にすることができる。

すぐれたアイデアだ。じつにいいアイデアだ。しかし、分子生物学者ではないエリオットには、わたしの手助けが必要だった。エリオットの計画では、ＤＮＡを使ってこの実験をすることになっていた。わたしは説明をきいてから、別のアイデアを提案した。ＤＮＡではなく、ＲＮＡを使ったらどうだろう？

それまでに、わたしは多くのＲＮＡを扱っていたが、メッセンジャーＲＮＡの翻訳をしたことはなかった。わたしたちの細胞に特定のタンパク質を作れというメッセージを届けるｍＲＮＡに強い興味を抱いたのは、学部時代に分子について学んだときだった。そのとき、思ったのだ。いつの日か、ｍＲＮＡを使って、病気と闘うのに必要な特定のタンパク質を細胞に作らせることができるようになるのではないか。研究すればするほど、ｍＲＮＡが治療薬としての大きな可能性に満ちていることを確信するようになった。そしてわたしがペンシルベニア大学で働きはじめたころ、ｍＲＮＡの研究は大きく前進していた。

ｍＲＮＡが一九六〇年に発見されたことはすでに述べた。一〇年たたずして、シンシナティ大学の科学者たちがｍＲＮＡを分離し、マウスでの実験でグロビン（赤血球の中にある、酸素を運ぶタンパク質の一部）を作ることに成功した。一九六九年、無細胞培地を使った試験管内での実験だった。しかし、実際に細胞の中にｍＲＮＡを入れるとなると、別のものが必要になる。まずは脂質パッケージ――わたしがハンガリーにいたころ、生物学研究所の脂質研究室で研究していたリポソームのようなもの――がいる。一九七八年、ロンドンとアメリカのイリノイ大学の研究者が、リポソームに包んだｍＲＮＡをマウスや人間の細胞に届けることにそれぞれ成功した。そしてその細胞では、暗号が解読され、指示どおりのタンパク質（この場合はウサギのベータグロビン）が作られた。

どの実験もまだ初期のもので、臨床での有用性はかぎられていた。それでもその考え方に、わたしは非常に興味をそそられた。体に指示をして、特定のタンパク質を作らせることができる。そしてそのタンパク質が体を健康に保つための重要な働きをしてくれる。そこで使われる分子は一時的なもので、通常の細胞プロセスで簡単に分解する。

体の自己治癒を助ける、すばらしい方法だ。

一九八九年、わたしがエリオットのもとで働きはじめたころには、リポフェクチンなど、さらに効率的に遺伝子を導入できる脂質混合物ができていた。それ以外にもさまざまなツールが増えていた。ポール・クリーグ、トム・マニアティス、マイケル・グリーン、ダグラス・メルトンといった科学者のおかげで、意図したとおりの生物学的活性タンパク質を翻訳できるｍＲＮＡを作れるようになっていた。また、遺伝物質を増幅するＴａｑ ＤＮＡポリメラーゼ（一九八九年に『サイエンス』誌の

「今年の分子」に選ばれている）と呼ばれる酵素の力を制御できるようになった結果、遺伝物質を無限に複製するＰＣＲ（ポリメラーゼ連鎖反応）技術も確立された。

つまりどういうことかというと、本格的にｍＲＮＡの研究に着手する環境が整ったというわけだ。わたしの頭の中は、さまざまな可能性で膨れあがっていた。

エリオットのもとで働けてよかった点は、ほかにもある。エリオットはとても心が広かった。ｍＲＮＡを使ってウロキナーゼ受容体を作るというアイデアを話すと、とても注意深く耳を傾けてくれた。そして鋭い質問——そのほとんどはｍＲＮＡが壊れやすい点に関することだった——をいくつもしてきた。それに対してわたしは、その問題を最小限にとどめるための仮説を提示した。

わたしの頭の中では、ｍＲＮＡを細胞に送りこみ、タンパク質（ウロキナーゼ受容体でも、そのほかのタンパク質でも）を発現させるのは、有人宇宙飛行のようなものだった。安全な宇宙探検を阻む問題はあまたある。酸素がないこと。重力場が変化すること。地球帰還時に大気圏に突入したとたんに宇宙船ごと燃えあがる可能性は非常に高い。しかし、それぞれの問題にはそれぞれの解決策がある。ｍＲＮＡの場合も同じだ。問題の多さに気が遠くなるかもしれないが、けっして**無限**ではない。問題のひとつひとつに向きあい、解決策をみつけていくことができるはずだ。そうやって積みあげた解決策が、一見不可能に思えるものを可能にする。

リポソームや細胞膜やイオン結合について、緩衝液や試薬や配列決定のテクニックの微妙な差異について、わたしが詳しく説明するのを、エリオットはじっときいていた。最後にぐっと背もたれに寄りかかった。顎をなで、考えこんでから、決定的な質問をした。この質問を真顔でされたのは、このときが最初だったが、最後ではない。

「じゃあ、きみの考えでは、このｍＲＮＡアプローチは本当に……有効なのかい？」

有効よ。わたしの返事をきいて、エリオットは即断した。

医学生たちとわたし

研究主宰者として、指導者としてのエリオットの哲学はシンプルだった。たがいに相性のよい、優秀な人材を採用すること。彼らの意見に耳を傾けること。必要に応じて助言と支援をし、あとは邪魔をしないこと。自分を超えるよう、自分より先に進むよう励まし、それが実現したら祝福すること。

わたしは、早い時期にエリオットの研究室に入った。わたしの前に採用されていたのは、実験助手のアリス・クオで、思慮深く、忍耐強く、楽観的で、すばらしく几帳面な人だった。ペンシルベニア大学の医学生デイヴィッド・ランガーもわたしより先で、だれもがうらやむ特別研究員の資格で一年間研究室にいた。デイヴィッドはすでに大学では有名人だった。デイヴィッドの父親のテリー・ランガーがペンシルベニア大学でも有名な心臓学者で、多くの人から慕われていたため、デイヴィッドは大学入学前の子どものころから心臓学科に出入りしていたのだ。しかしその父親は数年前に起こした脳卒中の後遺症で衰弱し、左半身に麻痺が残った。悲劇としかいいようのないできごとだった。それから心臓学科の人たちは家族のようにデイヴィッドを支え、気にかけていた。

デイヴィッドは気立てのよさそうな若者だった。カリスマ性があり、自信に満ちていて、ユニバーシアードに出場するボート選手のようなエネルギーがあった（実際、デイヴィッドはその二年前にペンシルベニア大学のボートチームの一員として出場していた)。しかし、まだ二〇代前半と若く、正直、生意気なところもあった。

わたしが採用されたあとも、エリオットは研究室の人員を増やしていった。博士課程を修了した研究員、特別研究員、医学生も代わる代わる加わった。医学生たちにRNAの作り方や扱い方を教え、実験に使えるようにするのがわたしの仕事だった。

教えるのは苦ではなかった。スハドルニク博士の研究室にいたときも、ロブ・ソボルにあれこれ教えるのは楽しかった。ところがすぐに医学生たちにいらいらするようになった。まだまだ未熟なのに、おそろしくうぬぼれているのだ。しかもつねに将来のこと、自分の人生の**これからのこと**で頭がいっぱいで、目の前の作業にまで気が回らない。そんな作業では、求められるレベルの結果はけっして得られない。不注意で、注意散漫なのだ。

RNAの作業での不注意は命とりだ。RNAサンプルが分解してしまい、すべてが水の泡になれば、自分だけでなく、ほかの人たちの時間までむだにしてしまう。

正直、厳しい対応をしてしまったこともある。

研究室に入ったばかりのころ、デイヴィッドともうひとりの医学生と実験をしたことがある。わたしはRNAを使った実験の第一歩であるmRNAの作り方について、ふたりに知っているかぎりのことを教えようとした。mRNAを作るのは、とても気を使う作業だ。まず遺伝子を分離する。そのときはルシフェラーゼの遺伝子だった。ホタルを光らせる作用を持つタンパク質だ。次にその遺伝子をプラスミド(細菌の細胞質に存在する小さな環状の二本鎖DNA)に挿入する。転写を働きかけるタンパク質を加える。転写が完了すると、mRNAができる……しかしそれを実験で使用するには、プラスミドをとりのぞかなくてはならない。ＤＮＡを分解する酵素を加えるのだ。そして試験管に残ったｍＲＮＡを回収し、遠心分離機にかける。

この作業には膨大な時間がかかり、ＲＮＡを扱うときにはつきものの、細心の注意を必要とする。わたしは段階を追って、すべて説明した。ところがふたりはきちんときいていなかっただけでなく、いいかげんに考えていた。作業が終わっても、ｍＲＮＡはまったくできていなかった。

分解してしまったにちがいない。

わたしはふたりといっしょに手順をふり返り、どこでまちがえたのか、探ろうとした。すると、ＤＮＡを分解する酵素を、ＤＮＡをｍＲＮＡに転写する**前に**加えていたことがわかった。あまりにも明白で間の抜けたミスに、わたしは唖然とした。「何を考えていたの？　転写前にＤＮＡを分解したら、何も転写できなくなるじゃないの！」わたしはふたりを叱った。

ふたりはうなだれて、もごもごと謝罪の言葉を口にした。わたしは激怒していた。やるべき仕事があるのに、実験に何の思い入れもない若者に足を引っぱられている。冷静になろうとした――それまで人をどなったことはなかった――けれど、真実が口から出た。「これじゃ、何の役にも立たない」気休めをいうことなどできなかった。また最初からやり直しなのだ。「ただの**ごみ**よ」

そしてごみはごみとして扱った。ごみ箱に捨てたのだ。ふたりは立ったまま、口をぽかんと開けていた。生まれてこのかた、一度も真実を教えられたことがないみたいな顔で。

翌日、エリオットのオフィスに呼ばれた。「あのだね、カタリン」エリオットはこめかみをさすってから続けた。「きみは人に**厳しすぎる**ことがあるようだね」

そうか。あの医学生が、わたしの上司に文句をいったのだ。

デイヴィッドだろう。デイヴィッドにちがいない。研究主宰者にそんなに気軽に文句をいえる人は、ほかにいない。デイヴィッドはこの学部の人気者で、みんなに愛されている。エリオットとも、子どものころから知りあいだ。まちがいない。デイヴィッドが告げ口したのだ。わたしの心にわだかまりが生まれた。デイヴィッドはすでに十分恵まれている。富裕層の多い郊外で育った。アイビーリーグに通った。医学部を卒業すれば、三世代目の医師だ。チャンスが野花のように咲きみだれ、いつでも手にすることのできる環境を与えられたタイプの人なのだ。

翻ってわたしはといえば、すべて努力で手にしてきた。文句もいわなかった。デイヴィッドの年ごろには、だれの力も借りず、生化学実験室を一から作っていた。厳しいことばかりを口にするルドヴィグ・ヤーノシュと仕事をしていても、上司に文句をいったことなどなかった。一度たりとも。

わたしはデイヴィッドのように恵まれていなかった。そのわたしがＲＮＡを扱えるのだから、デイヴィッドだって扱えるに決まっている。真剣にとり組みさえすれば。そんなことも期待してはいけないのか。

しかし、エリオットはとてもやさしく、安心させるような話し方をする。今だって、わたしは注意されているはずなのに、エリオットは本当は味方なのだと感じることができる。「カタリン、自分のやった仕事がごみだといわれたら、人は傷つくんだ。もちろん、まちがったときにはまちがっていると注意していい。ただ、相手を励ますような言い方をしてほしいんだ」

それからエリオットは、次に医学生が失敗したら、どんなふうに注意すればいいか教えてくれた。**きみはよくやってくれたけれど、このＲＮＡは分解してしまったようだ**とか、**次にやるときは、手順が逆になっていないか確認する必要があるね**とか、**そういうこともあるさ。次はもうすこし注意深く**

やってみようかとか。

「わかりました」わたしはため息をついた。他人と作業をするのは、ときにひどく疲れるものだ。

「やってみます」

エリオットの研究室はジョンソン・パビリオンの五階にあったが、わたしは一階にも自分の研究スペースをもらっていて、ジーン・ベネットという科学者といっしょに使っていた。ジーンは医学士と医学博士の学位を持つ眼科医で、網膜疾患の遺伝子治療に興味を持っていた。頭の回転が速く、思いやりがあって、情熱とエネルギーにあふれたすばらしい女性だった。わたしはすぐにジーンが好きになった。わたしとちがい、ジーンは終身雇用だったが、わたしたちには多くの共通点があった。心臓学が専門ではないこと。子どもがいること。ジーンには三人の子どもがいて、夫も長時間勤務だった。

当時、子どもを育てながら大学で研究を続ける女性は珍しかった。ペンシルベニア大学にも、ワーキングマザーを支援する態勢は整っていなかった。ジーンは才能ある女性科学者の多くが早い時期に研究室助手になり、裏方として活躍しながらも、評価されるような業績がないことに気づいた。わたしたちはちがうものを目指そうと考えた。他人、たいていは男性のブレイクスルーをたんに手伝うのではなく、みずから発見したかった。

研究スペースにはたいした設備もなかったが、わたしたちの決意は固かった。持っているものはすべて分けあった。わたしたちのどちらも独自の予算や資金がなかったため、さまざまな工夫をこらした。たとえば、わたしはよくお徳用の大きな瓶に入ったハンガリーのピクルスを買っていた。その瓶を研究スペースに持っていき、消毒して、試験管などの器具を保管するのに使った。手に入ったものを組みあわせて工夫し、やりくりしていた。ふたりとも自分の研究ができることにわくわくしていた。

学術雑誌を読む習慣は続いていて、毎月何百本もの論文に目を通していた。どんなに読んでも、読み足りなかった。職場でも読んだし、『ネイチャー』誌や『サイエンス』誌は自分で購読し、家で読んでいた。朝いちばんに最新号を片手に研究室に駆けこんで、「この論文、読みました?」と大声でたずねることもあった。そしてザリガニの感覚検出や細菌のDNAの複製について読みあげるのだ。

わたしが話しているときに、学生たちが目配せしあうこともあった——**まただよ**——が、エリオットはとまどった表情をすることはあっても、ちゃんと耳を傾けてくれた。そしてわたしが話し終えると、笑みを浮かべる。「それで、カタリン、それはぼくたちの研究と、どう関係があるのかな」関係があることもあったが、たいていは関係がなかった。それでも、胸躍る発見であることは変わりなかった。複雑で精密な生物の仕組みは、いつだってわたしを驚かせた。

生物のすばらしさにみんなが共感すると、わたしたちは仕事にとりかかる。前日の実験結果を検証し、明らかになったことを確認し、それを受けて次の実験を計画する。いつの日も、新しい実験が待っていた。いつの日も、学ぶことはあった。

わたしに対してあきれたような顔をする学生は多かった。自分たちの前途有望な将来には直接関係がなさそうな論文に興奮したり、実験に正確さを求めたり、終身雇用ではなく、博士号を持つほかの研究員と組まずにひとりで実験を続けたりしているからだ。

しかし、ひとりだけ、わたしについてくる学生がいた。わたしが実験室に持ってくる論文はすべて読み、その詳細な内容——目的や方法、実験テクニックやあいまいな参考文献など——について、必ず質問してくる。わたしが答えると、すぐに別の質問をしてくる。そしてほかの学生たちより熱心に、注意深く作業をするようになった。わたしが助言をすると、ますますよく働くようになった。

その学生は、なんと心臓学科の人気者、デイヴィッドなのだ。エリオットにわたしの文句をいったあの若者だ。わたしには思いもかけないことだった。

デイヴィッドが熱心に働くようになった動機のひとつは、父親の病気だった。才能あふれる愛する父親が脳卒中を起こし、衰弱している姿は、デイヴィッドの心に目的意識を芽生えさせた。何か驚くべきことを成し遂げたい。何か**よいこと**をしたい。その使命感は強く、けっしてゆるがず、弓から放たれた矢のようにまっすぐだった。

しかしそれだけでは、デイヴィッドが**わたしに**ついてくる説明にはならない。わたしは学部では何の権威もないし、助成金も、委員会の役職も、予算もない。デイヴィッドに提供できるのは、これまで学んだことしかない。この大学ではとるに足りない存在——たまに厳しい言葉を吐く、とるに足りない人間だ。

もしかしたら、そこが重要だったのかもしれない。まだ研究室に入ったばかりの、機転がきかない時期に仕事を「ごみ」扱いされて、デイヴィッドは重要なことに気づいたのかもしれない。わたしの言葉は真実だということ。わたしがデイヴィッドを褒めたとしても、それはデイヴィッドの父親とは何の関係もない。わたしがデイヴィッドに敬意を示すとしたら、それはデイヴィッド自身に対する敬意だ。

そしてたしかにわたしはデイヴィッドに敬意を示すようになった。なんとまあ、人間にはときどき驚かされる。

学術研究のプレッシャー

ペンシルベニア大学では、心臓移植が行われていて、エリオットのもとには真夜中に電話がかかってくることがあった。**現在、心臓移植手術が行われています。疾患のある心臓が出る予定ですが、そちらの実験室では引きとりを希望しますか？**　エリオットの返事はいつも「イエス」だった。

そして午前三時に出勤し、外科医から冷却保存された人間の心臓を丸ごと受けとる。それを実験室に持ちかえり、流液で解凍して、実験に必要な細胞をとり出せるようにする。あるとき、エリオットが午前四時ごろにひとりで実験室でその作業をしていると、手に持った心臓が反射的に鼓動を始め、ホラー映画のようだったという。

科学は、あるときはハンガリーの食肉処理場から実験室に運びこまれた脳だ。あるときはひとりの夜に手の中で鼓動する人間の心臓だ。しかしたいていは、ひとつひとつの実験の積み重ねだ。わたしはエリオットの実験室で何千回も実験をすることになる。ずいぶん多いように思えるかもしれない。しかし、科学とはそういうものなのだ。

ひとつひとつの実験は研究プロセスの最小単位であり、研究そのものではない。科学における最終目標は、仮説を立て、検証することだ。そのためには、たった一回の実験ではなく、何度も実験した結果が必要だ。同じ実験を何度も、変数をひとつだけ変えながらくり返す。一回の実験に対して必ず対照実験を行って、比較ができるようにしなくてはならない。

実験で予想どおりの結果が得られないとき、わたしは壁に貼った言葉に目をやる。**実験はけっしてまちがえない。まちがっているのは自分の予想のほうだ**というレオナルド・ダ・ヴィンチの言葉だ。実験が失敗したように思えても、それは自分の仮説がまちがっていたか、実験のやり方がまちがっていただけなのだ。実験を重ね、そのたびにすこしずつ調整しなければ、わかってこないものなのだ。たとえば新しい道具や、新しい試薬を使うとする。さまざまな実験条件でそれがどのように作用するか、まだわからない。だからさらに実験の回数を増やすしかない。みずからの探究を続けると同時に、新しい技術を試すことになる。新しい試薬を使うときには、誤りの可能性がゼロになるまで実験をくり返す。

わたしの実験は、いつも徹底的に考えぬかれたものだと断言できる。可能性のある結果を考慮し、最も価値のある情報を引き出せるように実験を計画する。対照実験を積み重ね、調整をくり返し、また実験をする。懸念が払拭されるまで疑い続ける。技術的なエラーが起きた場合は、二度とくり返さないように、新しい実験計画案を作る。

しかし、これだけ慎重な実験をするためには、ときには学術研究のプレッシャーや動機をはねのけなくてはならない。

学術研究は競争が激しく、言葉にできないほどのプレッシャーがある。もちろん、目立たなくてはならない、名をあげなくてはならない、学術雑誌に論文が掲載され、ほかの論文で引用されなくてはならないというプレッシャーもある。しかし、もっと大きなプレッシャーがあるのだ。ひとつには、資金の問題がある。一般的にアメリカの大学は、人文科学や教養、社会科学の教授の給与は払うが、医学研究の科学者たちは自分で何とかしなくてはならない。臨床業務で収入を得る人もいる。外部からの資金、つまりは民間からの出資や、多くは税金である政府の助成金で（自分だけでなくいっしょに研究している人たちの）給与を得る人もいる。

助成金があっても、全額を研究に使えるわけではない。一定の割合は大学の運営費にとられる。それも、五〇から六五パーセント、場合によってはもっと多い。

金銭的なプレッシャーは測りしれず、それが別の危機感につながる。**結果を出さなくてはならない**という危機感――もっとたくさん、もっと速く。もっと質を高くとは、必ずしもならない。**だれよりも先に発表しなくてはならない**という危機感。だれよりも慎重にということより優先されてしまう。

資金を得なくてはならないというプレッシャーは、研究の性質にも影響する。必要な資金を得やすいような――つまりは注目や資金がつねに集まっているような――分野の研究をしなくてはならないというプレッシャーが非常に強くなる。ブレイクスルーがみこめる分野でも、最大のニーズがある分野でもない。そのようにして、資金の問題によって、すぐれたアイデアが完全に見過ごされることもある。

しかし、わたしはいつも譲らなかった。もっとたくさん、もっと速く結果を出さなくてはならないというプレッシャーを感じても、注意深く研究計画を練ろうという意志が固くなるだけだった。正確な仕事をしようと心に決めていた。

わたしはほかの人より時間をかけて論文を書いた。急かされるのはいやだった。論文の発表を急ぐあまり、疑わしい実験結果で科学文献の質を落としたくなかった。実験結果は明白で納得できるものであるだけでなく、再現可能でなくてはならなかった。

エリオットはそれに気づいていた。わたしの慎重さを認め、必要以上に急かすようなことはけっしてしなかった。エリオットはわたしを信頼してくれていた。それは、エリオット自身が正確さを重視していたからだ。

それでは資金はどうするのか。それに関しては、わたしはまったく何もしなかった。

医学部トップの交代

わたしがペンシルベニア大学で働きはじめたのは、ちょうど医学部のトップが変わった時期だった。前学部長は辞めたばかりだった。後任の学部長兼病院機構の最高経営責任者は、ビル・ケリーという医師だった。ケリーはデューク大学で学び、臨床の世界では新進気鋭のやり手という評判だった。ペンシルベニア大学の学部長就任前は、三六歳でミシガン大学医学部の学部長を務めていた。アメリカ国内の医学部長の中では最年少だった。

ビル・ケリーのことは、大学院生のころから知っていた。ハンガリーで初めて手がけた実験のひとつに、レッシュ・ナイハン症候群という珍しい遺伝性疾患があった。その症状の中には、自傷行為（指を嚙(か)んだり、頭をぶつけたり）がある。ケリーはその問題の原因が遺伝子にあり、特定の酵素が欠損しているためであるとつきとめた。生物学研究所のＲＮＡ研究室には参照分子がそろっていたので、わたしは同様の行動がみられる子どもたちから採取した血液サンプルを分析し、その酵素のレベルを測定する作業を担当することになった。だから、何年もたってビル・ケリーが――**あのビル・ケリーが！**――同じ大学にくると知って、わたしは大喜びした。

ケリーには、大胆なもくろみがあった。

ケリーは、やはりデューク大学で学んだチームを引きつれて就任した。チームのメンバーはケリーと同様に——DNAを修正することによって病気を予防したり治療したりする——《遺伝子治療》の熱心な唱道者だった。ケリーのリーダーシップのもと、ペンシルベニア大学は最先端の遺伝性疾患センター、ヒト遺伝子治療研究所を設立したほか、医学部に分子工学と細胞工学を研究する新たな学科を創設した。研究所の所長には、ミシガン大学でケリーの同僚だったジム・ウィルソンが就任した。

これは明らかなメッセージだった。ペンシルベニア大学の将来は、遺伝子治療にある。

もちろん、資金もそこにあった。人間の遺伝子の塩基配列をすべて解析しようというヒトゲノム計画も始まったばかりだった。『フォーブス』誌はバイオテクノロジー業界を絶賛し、「驚異的」な成果や「無限大の成長の可能性」について書きたてた。一九九〇年代初頭、インターネットバブルが起こる直前のこの時期、遺伝子治療は次なる流行だった。

たしかに遺伝子治療には可能性があった。すでに小規模ながら成果があがりつつあった。DNAにはmRNAよりも技術的な利点があった。mRNAより安定しているため、扱いやすかった。しかし、欠点もあるとわたしは考えていた。遺伝子治療では、患者のゲノムを編集する。その変化は永続的だ。操作された細胞が分裂すると、編集された遺伝物質は新しい細胞にも引き継がれる。

一方、mRNAを使った治療法では、細胞に永続的な変化は残らない。それどころか、患者の遺伝子自体を操作するわけでもない。mRNAは（mRNAが運んだ指示によって翻訳されたタンパク質と同様に）体内で簡単に分解されるため、mRNAを使った治療法は確実に効果をあげられる（たとえば手術をした患部にウロキナーゼを増やして血栓を予防できる）と同時に、**一時的**でもある。それにとても効率的だ。mRNAを使えば、論理上は、DNAを細胞核に入れなくても、適切な場所に適切なタンパク質を届けることができる。

遺伝子治療がだめだといっているのではない。遺伝子治療にも、mRNAを使った治療にも、それぞれの役割があるということだ。研究所には両方のアプローチを認めてほしかった。

しかしウィルソンはmRNAにもわたしの研究にもまったく興味を示さなかった。わたしをみることもほとんどなかった。たまにこちらをみているようでも、まるでわたしなど目に入っていないようだった。

研究所ができたばかりのころ、エリオットとわたしは、プロジェクト助成金についての打ちあわせのため、ジム・ウィルソンたちに呼ばれた。国立衛生研究所に提出する計画案の内容を決めるためだった。助成金の金額は何百万ドルにもなる。ジム・ウィルソンはベクター（遺伝子を細胞に運びこむ媒体）の候補として、アデノウイルスに関するデータを提示した。わたしは技術的な質問をたくさんした。ウィルソンの返事はだんだん短くなり、あまりにそっけなくなったので、自分が質問をしているのではなく、相手をいらいらさせる雑音でも発しているのではないかと思うほどだった。その打ちあわせの席で、わたしはmRNAの研究も助成金の対象に組みこんでほしいと働きかけた。しかし、わたしが話し終える前に、ウィルソンは次の話題に移ってしまった。**RNAを扱うことなど不可能だと、わかりきっているはずだ**といわれたような気がした。目の前にわたしが、RNAを扱えることを証明した科学者がいるのに。

トップの交代による変化はほかにもあった。ビル・ケリーは就任早々に、医学部の主任教授を交代させ、やはりデューク大学の同窓生であるエド・ホームズを任命していた。ホームズはすぐに心臓学科の学科長――エリオットの上司――を解雇し、後任をアメリカ全国からさがしはじめた。ホームズの妻ジュディ・スウェインは、たまたま心臓学者だった。不思議なこともあるものだ。そしてたまたま学科長に就任した。

ジュディとわたしに共通点がまったくなかったわけではない。それどころか、意志が固く熱意があるところはそっくりだった。わたしの熱意は、前にも述べたように、好奇心からきている。わたしは根っからの科学者だ。とにかく世界の仕組みを知りたい、それだけだった。その知識の探究の中で、自分自身や自分の研究設計に厳しい基準を作ってきた。日々その基準に沿って生きることで、誠実な科学者になれた。しかし、ペンシルベニア大学のような研究組織で成功するには、科学とは関係のない技能も必要なことがわかってきた。自分自身と研究を売りこむ技能。資金を調達する技能。講演に招いてもらったり、指導や支援をしたいと思ってもらったりするための人付きあいのコツのようなものも必要だ。それまでまったく興味がなかったこと（お世辞をいったり、ごまをすったり、意見が合わず、たとえ自分が一〇〇パーセント正しいとわかっていても妥協したり）をする技能も。出世の階段ののぼり方、ひとつも興味を感じられない（そして最悪の場合、純粋な科学研究とは相反する）ヒエラルキーを重んじる技能。そんな技能など、どうでもよかった。政治ゲームはしたくなかった。する必要もないと思っていた。そんな技能を教わったこともなかったし、教わりたいと思ったこともなかった。

それを褒めてくれる人もいる。たとえば研究スペースを共同で使っていたジーン・ベネットは、わたしが率直でありがたいといつもいってくれた。ジーンは優秀な科学者で、頭が切れた。しかしジーン自身は、人のいいなりになれとはいわないまでも、素直で人に逆らわないことをよしとする価値観のもとで育てられた。「あなたの率直さは新鮮だわ」とジーンはいった。「あなたを見習うべき人はたくさんいるわね」

しかし、ジュディ・スウェインは同じように感じていないようだった。

ジュディがペンシルベニア大学で働いていたころ、『ニューヨーク・タイムズ』紙で紹介されたことがある。その記事には、ジュディは「決然と、確固たる意志を持って」男性優位の業界のトップに立ち、「それは彼女の計画どおりであり、それ以下の状況はけっして認めることはできないのだ」と書かれている。その言葉は、ジュディをよく表している。ジュディはわたしが重視していない技能に非常に長けていた。

そしてその技能を自分の有利になるように発揮していた。当時、ジュディは、これだけの規模とレベルの医学部で心臓学科を任されている唯一の女性だった。また、八五年間男性が君臨していた米国臨床研究学会の初の女性会長にもなった。それはそれでブレイクスルーだった。

しかし、それだけが成功だろうか。ほかにもさまざまな成功があるはずではないだろうか。

じつのところ、わたしはジュディに応援してもらっていると感じたことが一度もなかった。敬意を感じたことも、もちろんない。会議でわたしの研究について話しているときでも、ジュディはわたしではなくエリオットに話しかけ、わたしをみもしない。わたしの研究について質問することもまれだったし、評価されていないのだろうと感じていた。

それなのに、奇妙なことが何度も起きるのだ。たとえば、ジュディはジム・ウィルソンとの会議に同席していた。わたしがたくさん質問し、ｍＲＮＡの研究も盛りこんでほしいと提案した、あの国立衛生研究所に提出する計画案の内容を決めるための会議だ。その会議のあと、ジュディはもうこのような会議にわたしを出席させないよう求めたのだ。

状況が悪くなっていったのはそれからだ。わたしはエリオットのチームの一員でありながら、実際にはジョンソン・パビリオンの一階にあるジュディの実験室で作業していた（エリオットの実験室は五階にあった）。あるとき、脱イオン水が必要になった。カートリッジを使ってイオンを除去した水だ。脱イオン水は実験室でよく使われ、それほど高価なものではない。ところが一階の学生はわたしを制止し、脱イオン水を五階からとってくるよういった。**この**水は**この**実験室の経費で購入したものだから、と。きいてみると、わたしはチームの一員ではないから水を使わせないように、指示を受けているのだという。

ささいなことだが、不快な感じが残った。

ジュディから、同郷の同僚とハンガリー語で話すのをやめたらどうかといわれ、わたしの英語が上達していないことを暗に仄（ほの）めかされたこともあった。親切そうな、いかにもわたしのことを思っていってくれているような口調だった。ただ、どこがどうだとはっきり認識することはできなかったが、何となく違和感があった。あとになってから、ハンガリーでわたしのアパートにやってきた、あの秘密警察の男の口ぶりと同じだったのだと気がついた。

表面的には陽気なその口調の裏に、**警告**が感じられたのだ。

あるとき、ジュディに呼ばれたことがあった。「みんな」がわたしは扱いにくいと文句をいっているという。**破壊的**という言葉を使っていたと思う。

「ちょっと待ってください。みんなって、だれですか？　具体的にはどこをどうしてほしいといっているのですか？」漠然としたことをいわれても、わたしとしては対処のしようがない。文句をいっている人たちを呼んできて、具体的な態度について、実際の人間関係について、話しあいたいといった。ジュディはそれ以上何もいわなかったので、わたしはそのまま部屋を出た。時間のむだだ。

自分は付きあいやすい人間だといいたいわけではない。高校時代、数学の問題の解き方について、自分のほうが正しいと同級生を相手に激しく議論していたころから、あまり変わっていないのだから。わたしは今だって、あのロシア語教師の皮肉先生の命令に反抗した女子高校生のままだ。でも、だからといって子どもではない。わたしは科学者——経験を積んだ、一人前の科学者なのだ。

それに、同じように「扱いづらい」としても、文句ひとついわれずにすんでいる男性はたくさんいる。テンプル大学のスハドルニク博士は実験室でどなっても、物にあたっても、オフィスで物を投げても、だれも表情ひとつ変えなかった。そのような態度は、実際には力のある男性だけに許されている。

ジュディ・スウェインのまわりにだって、これまで扱いづらい男性はいたはずだ。その人たちのことも、わたしと同じように呼びだして注意したのだろうか。それとも人類史上をつうじて扱いづらい男性に対してつねに行われてきたことをしたのだろうか。相手の頑固さと思慮の浅い態度を、天才の証とみなして。

わたしの信念はゆるがなかった。わたしは誠実に仕事をしている。わたしは自分を偽りたくない。どうして自分ではない人間のふりをしなくてはならないのか？

おそらく自分を偽る大きな理由があるとしたら、これだろう。わたしはこの五年間で、この大学に自分の価値を証明しようとしている。もし証明したなら、助教から准教授に昇進するだろう。もし証明しなかったら？　おそらくそれで終わりということになる。ペンシルベニア大学では、助教として働けるのは五年までなのだ。昇進するか、いなくなるか。上がるか出るか、だ。

そしてその上がるか出るかを決定するのは？　直属の上司であるエリオットではなく、学科長。つまりジュディだ。ジュディの決定に対する不満を訴える相手がいるとしたらジュディの上司だが、それはジュディの夫、エド・ホームズになる。

わたしの運命はジュディの手に握られている。この大学に残りたければ、黙ってがまんするべきなのだろう。

幸か不幸か、それはわたしの性（しょう）に合わなかった。

わたしのキャリアをざっとみて、そこからいくつかの業績だけ、のちのブレイクスルーに直接関係のある業績だけに注目する人は多い。しかし、直線的な科学研究などというものは——特に基礎研究においては——皆無といわないまでも、ほとんどない。当時、エリオットとわたしはさまざまな発見をしていた。たとえば、血管の内側をおおっている内皮細胞には高レベルのウロキナーゼ受容体が現われるということ。つまり、わたしたちが研究しようとしていることを観察するのに、内皮細胞が適しているかもしれないということだ。

別の研究では、異なるタイプの膀胱（ぼうこう）腫瘍細胞——良性のものや悪性のもの——におけるウロキナーゼを比較した。すると悪性腫瘍の細胞には、良性腫瘍の細胞の約三倍のウロキナーゼ受容体があることがわかった。

健康な冠動脈の組織から心疾患のある冠動脈の組織までを調べ、ウロキナーゼ受容体を比較したこともあった。全体的な量のちがいはみられなかったが、ウロキナーゼ受容体が発見される場所にちがいがあることがわかった（疾患のある冠動脈の場合には、血管内部にウロキナーゼ受容体がみられた）。わたしたちは明らかになったことをまとめ、より大きな進展からみたときにこの発見がどのような意味を持つかを考えた。

わたしたちはさまざまな学術雑誌に論文も掲載した。がん専門の学術雑誌、血液学専門の学術雑誌、生化学専門の学術雑誌。エリオットと組まずに発表することもあった。たとえばジーンと共同で、目の網膜の桿体（かんたい）にあるタンパク質の発現を指示する遺伝子の反復配列を明らかにする論文を執筆した。ＰＣＲ技術を最適化する手法を提示する論文を単独で執筆したこともある。

学んだことを挙げていったら、どこまでも続いていく。それが基礎研究というものだ。学べることを何でも学ぼうとしているうちに、思いがけない場所にたどり着くこともある。

研究室では、持ちよりの昼食会をすることがあった。そんなときは、母がよく作ってくれたハンガリー料理を大きな容器にたくさん詰めていった。食事をしながら、同僚たちに子ども時代のことや、鉄のカーテンの向こう側での研究生活のことを話した。ジーンとは同じ研究スペースで引き続きうまくやっていた。失敗したときには支えあい、成功したときには喜びあい、よく家族の話をした。ジュディ・スウェインとのことで苦しんでいたときにはジーンが助けてくれたし、わたしもわたしなりにジーンを助けていた。たとえばジーンの子どもの世話をしてくれる人がとつぜん必要になったとき、わたしがハンガリー出身の仲間に声をかけ、放課後に子どもたちをみてもらったりした。

わたしはあの場所が気に入っていた。そうなのだ。何もかもそろっているわけではなかったけれど、あの場所にはわたしにとって大切なものがちゃんとあった。

家での生活も同じだ。たくさんはなかったけれど、足りないものは何もなかった。小学校の学年をひとつひとつ上がっていったスーザンは、着実に成長していった。多くの友だちに恵まれ、多くのことに興味を持っていた。何時間も本を読んでいることもあった。家の裏にある森を探検し、何をしてきたのやら、いつも上気した頬ときらきらした笑みとともに帰ってきた。三年生のときにサクソフォンを吹きはじめ、いつも練習していた。初めのうちは同じ三つの音のくり返し。次は同じ音階のくり返し。わたしはほぼいつも家に帰ってからも仕事をしていて、スーザンの熱心さには感心していたものの、ときにはこんなふうに声をかけたことも認めなくてはいけない。「オーケー。練習はしばらく勘弁してくれないかな?」けれども、スーザンが練習すればするほど、きいているほうはつらくなくなっていった。

スーザンはスポーツも始めた。五年生のときにはソフトボール、六年生のときには陸上競技に興味を持った。やがてシーズンごとに競技を決めて集中的にとり組むようになった。それには現実的な理由があった。スポーツ活動に加われば学校から帰ってくる時間が遅くなり、わたしとベーラの負担がすこし減るのだ。そのときのスポーツのコーチが、スーザンの「ベビーシッター代わり」になった。

スーザンは文句をいわなかった。ほとんど文句をいうことのない子どもだった。小さいころも、一〇代になってからも、ラスロとベティ夫妻の息子たちのおさがりのセーターを喜んで着てくれた(オーバーサイズのファッションが流行していた一九九〇年代だったのは幸運だった)。外食にいくのが年に一度きりでも、長い休みにはわたしに実験室に連れていかれ、一日じゅうすわって本を読んでいることになっても、気にしなかった。夏休みにはあいかわらずひとりでハンガリーに滞在し、いつも楽しそうに電話をしてきてくれた。そしてわたしの母が飼っている鶏たちの近況や、新たに作れるようになった料理について話してくれた。鉄のカーテンの消滅後は、ハンガリーで販売されるようになったアメリカのお菓子のことを熱心に報告してくれた。「ママ！　ピーナッツ入りのM&M'Sが買えるようになったよ！」（M&M'Sはスーザンのお気に入りで、わたしはグーバーズに目がなかった）

ベーラとわたしとでは、スーザンへの接し方がちがった。スーザンが先生について不満をいったとき、わたしはついスーザンがどのように行動すればよかったかを質問したくなる。ベーラは異なるアプローチをとる。仰天した、おそろしくショックを受けた顔をして、まったくばかげたことをいうのだ。「何だって？　その先生はだれだ？　どんな車に乗ってるんだ？　お父さんがその車のタイヤをパンクさせてやる！　角材でやっつけてやるぞ！」

もちろんそんなのは冗談で、スーザンにもわかっている。いつも冗談ばかりいっていて、愛情にあふれていて、ユーモアと正直さと物作りと修理の腕前に誇りを持っている父親が、そんな危険で暴力的なことをするという発想そのものがおかしいのだ。「ああ、パパ、うれしいわ」とスーザンは、自分のために舞踏会が開かれると知ったプリンセスのように両手を合わせ、声をあげる。「約束よ」「もちろんだ！　かわいい娘のためだ！」とベーラが応じるころには、スーザンの機嫌は直っている。

冗談をいってはいるが、ベーラがいつでもスーザンを守ろうとするのは事実だ。わたしよりずっとその傾向が強い。わたしはスーザンには自立してもらいたいと思っていた。正直にいえばそれ以上だった。スーザンには自立してもらう**必要**があった。わたしのキャリアは、スーザンの自立にかかっていた。

復讐と感謝

ペンシルベニア大学では、世界一流の科学者を招き、講演会を開くことが多かった。わたしはそれがとても好きだった。登壇する科学者たちは、科学界の重要な賞に輝いていた。ルイザ・グロス・ホロウィッツ賞、ラスカー賞……ノーベル賞まで。わたしは多くの講演会に出席し、同時にふたつの観点から、熱心に耳を傾けた。ひとつ目の観点は、その人の研究について。その人がどんなことを知っていて、どんな方法で発見したか。もうひとつの観点は、mRNA治療法を応用するチャンスがないかということだった。

ときには講演者を質問攻めにし、ほかの聴衆に居心地の悪い思いをさせることもあった。自分が何らかの礼儀を欠いているらしいということは感じたが、気にしなかった。ここは社交界ではなく、科学研究の場なのだから。

非常に高名な科学者——まさに伝説的な権威——が講演にきたことがあった。わたしはとても期待していた。その人の言葉をひと言ももらさずに吸収しようと思っていた。ところがその人が話しはじめたとたん、がっかりした。その人が話したこと、話さなかったことから、はっきりとわかったからだ。この科学界の巨人は、かつてはその分野の先頭を走っていたかもしれないが、すでに学ぶことをやめてしまっている。その話をきいていると、まるで何十年も前のタイムカプセルを開けたような気持ちになってくる。彼がブレイクスルーをしたのち、新しい分子が発見され、新しい作用機序が説明され、新しい実験テクニックが開発されて解明できることの可能性が広がった。ところがその学者は時間が止まっている。そのような講演をきいたのはそれが最後ではなく、そのたびにわたしは肝に銘じた。**どんなことがあっても、学ぶことをやめてはいけない。けっしてやめてはいけない。学び続けられないのなら、講演はすべきではない。**

わたし自身が講演をすることもあった。ひとつの研究チームを対象にした、小規模なものだったが、いつもきちんと準備をしていった。ペンシルベニア大学で働きはじめて数年たったころ、テンプル大学に移った元同僚が、わたしを講演に招いてくれた。リボザイムというRNA分子について話してほしいということだった。エリオットとわたしは、ほかの研究者と共同で、リポフェクチンを使ってリボザイムを効果的に細胞に運べることを明らかにしていた。

テンプル大学にもどるのは、国外退去をちらつかされ、追いだされるように辞めた、あのひどい一件以来だった。わたしは話しはじめ、そこに集まった少人数の聴衆を見渡した。するとその中に彼がいた。ロバート・スハドルニク博士。わたしを苦しめた張本人。「ボス」だ。博士はわたしをじっとみながら、注意深く話をきいていた。わたしの脳裏に、博士が電話をかけてきて、自分のところで働くか、さもなければ国に帰るか選べと言い放った夜のことがよみがえった。

あの夜、わたしはベーラにこうこぼしたのだ。**感謝するって、そんなに難しいことなの？**

それは重要な疑問だ。

高校時代のわたしに大きな影響を与えた『現代社会とストレス』の終盤で、著者のセリエは、人間関係におけるストレスに対するあいいれないふたつの反応について、慎重に考察している。それは復讐（ふくしゅう）と感謝だ。復讐は、ストレスを緩和しようとする反応だとセリエはいう。みずからの安全が脅かされたことに対する、非常に人間的な反応だ。しかし、復讐には「まったく価値がなく、その結果をもたらす側と受ける側の両者を傷つける」とセリエは述べている。復讐はさらなる復讐を生むだけで、無限に続いていく。人生の価値を下げるのではなく、**よりよくする**形でストレスを緩和するのが目的ならば、もっとよい方法がある。それが感謝だ。

感謝は蓄積することができるとセリエは説明する。復讐と同様に無限に続いていくが、その向かう先はまったく異なる。感謝は豊かな人生の基盤となるものを増やしてくれる。それは心の平穏、安全、充実感だ。

感謝するって、そんなに難しいことなの？　その答えは「ノー」だ。感謝するのが難しい状況はそれほどない。ひどい状況の中にも、よいことはみつけられる。感謝すべきことは、どんなときでもみつけられる。

テンプル大学で、スハドルニク博士がみている前で、わたしは大きく息を吸った。そして聴衆に、わたしがアメリカにこられたのはテンプル大学教授のロバート・スハドルニク博士のおかげだと話した。博士はわたしにスタート地点を用意してくれ、博士の研究室でたくさんのことを学ばせてくれた。博士のおかげでわたしはＲＮＡの力と可能性を制御する方法を学んだ。ヌクレオシド類似体についても、自然がヌクレオシド塩基を微調整する独創的な方法についても学んだ。現在自分がしている研究も、これからすることになる研究も、スハドルニク博士がいなければできなかったことだ、と。

それは本当のことだった。もちろん、本当のことは、ほかにもあった。だが、その言葉を話しているとき、とても興味深いことが起きた。人間の心というのは、いつだってとても興味深いものだ。**このストーリー**——カタリン・カリコは、何よりもまず、感謝しているというストーリー——を選び、語ったとき、それは「本当のこと」以上に、**真実**になったのだ。

わたしは**心から**感謝していた。

講演が終わると、スハドルニク博士が満面の笑みで近づいてきた。わたしを抱きしめ、誇りに思うと、会えてうれしいといった。わたしは礼儀正しくありがとうございますといい、新しいことを学んだ。**人は忘れるのだ。**かつてのできごとの詳細も、自分がしたひどいことも、それがほかの人の人生に及ぼしたかもしれない影響も。過去のことについてスハドルニク博士を問いつめたら、どうなっただろうか。わたしへの仕打ちを謝罪し、反省すべきだと責めたら、どうなっただろうか。結果は明らかだ。わたしは永遠に待ち続けることになるだろう。わたしの一部は永遠に一九八八年に置きざりにされ、**すでにもうそこにはいない**人物に脅かされ続けるだろう。そしてわたしはあの皮肉先生のように、いつまでも不満を抱え、胃の不調に悩まされながら生きることになるのだ。

そんな人生はごめんだ。わたしは前に進むことにした。スハドルニク博士のためではなく、自分自身のために。

厳しい時代

ペンシルベニア大学に採用されたとき、エリオットはわたしの研究に助成金がおりるように働きかけてみようと約束してくれた。エリオットには助成金申請の実績があった。彼の研究室はアメリカ心臓協会、国立衛生研究所、民間の投資家などから資金を得ていた。エリオットはわたしのｍＲＮＡ研究にもきっと出資者が現れるだろうと考えていて、わたしも同じ意見だった。

当時はしょっちゅう助成金の申請書を書いていた。家に持ちかえり、スーザンが宿題をし、ベーラが台所の配管を交換したり、新しい本棚を作ったりしている横で書き続けた。ふたりが眠ってからも書いた。ひとつ、またひとつと近所の家の明かりが消えていき、最後にはわたしだけになる。

英語にはまだ苦労していたので、申請書を書くのにとても時間がかかった。エリオットはいつも手伝ってくれた。わたしの文章を読み、文法を直したり、こうすればもっと説得力のある構成になると助言してくれたりした。助成金の提供者にプロジェクトを**売りこむ**んだと、エリオットはいった。データは、お金を出したいと思う程度には十分提示しないといけないが、すでに研究が完了したと思われるほど提示してはならない。野心を示しながらも、現実味を失ってはならない。微妙なバランスなのだ。エリオットはそのバランスを理解していた。そしてわたしにも理解させようとしてくれた。

それなのに。

わたしは月に一通は申請書を提出していた。それを二年間続けた。研究提案書を民間の機関にも、政府系機関にも、大学の研究財団にも提出した。しかしひとつも通らなかった。不採用通知にはさまざまなことが書かれていたが、どれも意味は同じだった。

提案書を審査いたしましたが、まことに遺憾ながら、助成金のご提供は……

実用化の可能性がかぎられ……

当該研究者のプロジェクトと比較して、実験のアプローチの有益性について疑問があり……

ｍＲＮＡには安定性の問題があり……

残念ながら、わたくしどもといたしましては……

残念ながら、ご希望には……

ほかの助成金がみつかりますようお祈りいたしております……

わたしは不採用通知を注意深く読んだ。そこから学んだことを、次の申請書に反映させようとした。しかし、不採用は続いた。助成金はうまくいかないので、わたしたちは民間の投資家にアプローチした。一九九四年、ペンシルベニア大学で働きはじめてから五年近くたったころ、わたしはエリオットとニュージャージー州プリンストンを訪れ、投資会社で資金を求める売りこみをした。売りこみはうまくいった――上々といってもいいほどだった。高価なスーツを着てシルクのネクタイをした男性たちがとてもよくきいてくれ、的確な質問をし、熱のこもった握手をしてくれた。そして資金を提供しようといった――七万ドルという約束だったと思う。エリオットとわたしはようやく研究資金を得られたと、意気揚々とフィラデルフィアにもどった。

そして……何も起こらなかった。投資家たちからは、何の音沙汰もなかった。電話をかけても、メールを送っても、無視された。わたしの知るかぎり、「ゴースティング〔訳注：とつぜん音信不通になり、他者との関係を一方的に終わらせること〕」という言葉はまだ使われていなかったが、まさにそのとおりのことが起きた。わたしたちはゴースティングされたのだ（今でもあの投資家たちのことを思い出し、後悔しているのではないかと考える。生涯最も価値のある七万ドルの投資になったにちがいないのだから）。

いずれにしても、わたしのｍＲＮＡ研究プロジェクトには一ペニーの資金も得られなかった。そして当然のことながら、それではペンシルベニア大学で評価されるはずがなかった。

当時は厳しい時代だった――だれにとっても厳しいように思われた。心臓学科では大幅な人員刷新――集団退去などと呼ぶ人もいたようだ――が行われ、学科全体がすっかり変わってしまったようにも思われた。

幸運なことに、残ったわずかなメンバーの中にエリオットもいた。エリオットの研究室で、わたしは研究を続けた。知識体系への貢献を続けた。役に立つはずのもの……いつの日か、だれかのために、たとえささやかでも、たとえわたしが生きている間に実現しなくても、役に立つはずのものを探究していた。できるだけ長くとどまることができれば、それで満足だった。

一九九五年一月、胸にふたつのしこりがみつかり、腫瘍が疑われた。生体組織検査をしようとしたが、石灰化が進んでいた。それはあまりよい兆候ではなく、すぐに乳腺腫瘤(しゆりゆう)摘出の手術を受けなくてはならなかった(さいわい、しこりは良性だった)。ベーラに付き添ってもらい、手術が終わると家に帰って、結局は得られなかった助成金の申請書にとり組んだ。

しこりがみつかった直後、ベーラのもとに手紙が届いていた。書類の更新の時期で、ハンガリーのアメリカ大使館でグリーンカードを受けとるようにと書かれていた。ベーラはハンガリーに帰国し、ブダペストに住むわたしの姉の家に滞在した。短期間の滞在のはずだった。ところが大使館からもどってきたベーラは、悲しげに首を横にふり、ジョーカにいった。「あなたの義理の弟になってもうずいぶんたつけれど、ひとつ、ききたいことがあるんだ。ぼくのことを、愛してくれている?」

ジョーカは不思議そうな顔をして、「もちろんよ……」と答えた。すこしためらいがちに。

「よかった。きらわれていなくて、本当によかった。どうやら数か月ほどお世話にならなくちゃいけないみたいだからね」グリーンカードを取得する手続きは、思っていたよりずっと長くかかることがわかったのだ。

ベーラがブダペストで足止めを食ってからまもなく、わたしはエリオットのオフィスに呼ばれた。エリオットはいつもより物静かだった。傷ついたような表情をしていた。しばらくの沈黙のあと、エリオットは首をふり、残念だが、ジュディの言葉を伝えなくてはならないといった。

わたしの雇用期間は終わった。ペンシルベニア大学にきてから五年がたっていた。上がるか出るかの瞬間が訪れたのだ。結果は推測するまでもない。わたしは資金を集めることができなかった。助成金も、民間からの投資も。組織にとってのわたしの価値を測るには、それで十分だった。わたしには何もない。学科長のジュディの言葉は、次のようなものだった。わたしは准教授に昇進しない。

わたしの価値を示すものは、ほかに**いくらでも**ある。わたしの頭の中には次から次へと浮かんできた。すぐれた実験を行ってきた。論文を発表してきたし、これから掲載される論文もある。実験計画への助言がほしいと、同僚から相談される。それに、地道にとり組んでいる大きなプロジェクトもある。いつの日かmRNAを使った治療方法を確立するという構想だ。たしかにペンシルベニア大学ではたいして注目されていない研究かもしれないが、これは**とてつもないアイデア**なのだ。

しかし、そのような価値は重要視されない。

「残念だ」エリオットはいった。心からそういってくれているのがわかった。残念がってくれている。しかし、アイビーリーグの研究機関の決定は、ひとりの臨床研究者が残念がったくらいで動くものではない。わたしのような人間に開かれた道はないのだ。昇進しないということは、ここからいなくなるということだ。

でも……本当に出ていかなくてはいけないのか。ここで研究を続けることはできないのか。わたしはエリオットにたずねた。辞めなくてはいけないのですか、と。

それまで、上がるか出るかの分かれ道で昇進できなかった人は、全員大学を去っていた。昇進できずにとどまった元助教のための肩書きさえなかった。肩書きは必要なかった。そのような状況は想定されていなかったからだ。

もちろん、降格にはなるだろう。それでも、とどまるのは本当に不可能なのだろうか。

二月になって、わたしは新しい肩書きを与えられた。上級研究調査員。ベーラはまだハンガリーにいて、グリーンカードの発行を待っていた。ときどき電話で話し、わたしは新しい肩書きを伝えた。ベーラはすこし考えて、「本当に、ペンシルベニア大学では今までだれもその肩書きを使ったことがなかったのかい？」とたずねた。

「そうらしいわ」

ベーラはけらけら笑った。世界はまだ捨てたものじゃないと思わせてくれる、いつもの笑い声だ。

「じゃあ、きみは歴史を作ったってわけだ！　おめでとう！」

もっとベーラと話していたかった。ベーラがそばにいないのは寂しかった。けれども当時、国際電話の料金はおそろしく高かった。ゆっくり話している余裕はなかった。みるものすべてが、ベーラの不在を感じさせた。途中になっている家のリフォーム、何か月も置きざりにされた道具類。出かけるまで、ベーラはサルベージカー〔訳注：修復費がかかりすぎるため保険会社が廃車とみなした車〕の修復にとり組んでいて、ガレージの床に散らばったままのエンジンの部品をみると、文字どおり胸が痛くなった。

ベーラがいないため、わたしはスーザンの相手をなおざりにしないよう、それまで以上に気をつけ、科学者としての仕事とバランスをとろうと努力した。できるだけのことはした。サクソフォンの練習に耳を傾けた――スーザンは学校のジャズバンドに加わって、楽曲の演奏をするようになったため、音階ばかりきかされることがなくなったのはありがたかった。バスケットボールの練習が終わるころに迎えにいったり、試合の応援をしたりもした（わたしがあまりにも大きな声を出すので、コートからじろりとにらまれることもあった）。宿題も手伝った。

しかしベーラの不在は大きく、わたしはいつもよりさらに不自由を感じていた。

二月、スーザンは社会科の課題にとり組んでいた。テーマは南アメリカ。紀行文のスタイルで、まるで南アメリカ大陸を実際に旅してきたようにレポートを書くというものだった。スーザンに頼まれ、わたしも手伝うことになった。

一九九五年には、まだ町に旅行代理店があった。そこにいけば、さまざまな旅行先のパンフレットが手に入った。パンフレットをみて行き先を決めると、あとは旅行代理店が計画を立て、必要な手配をしてくれる。旅程を組み、ホテルを予約し、航空チケットをとってくれる。実際に旅行する余裕はなかったが、わたしは旅行代理店にいって南アメリカのパンフレットをもらってきた。チリ、ブラジル、ペルーをはじめ、南アメリカに関するものはすべて手に入れた。

その夜、わたしたちはレポートにとりかかった。スーザンは写真を切りぬき、レポートを書いた。いっしょに地図を調べ、どのルートをたどるかを決め、紀行文のレイアウトを話しあった。当時、わたしはポスターセッションで発表することが多かったため、スプレーのりやマーカーをたくさん持っていた。それを使って、スーザンは一ページずつレイアウトしていった。

初めは、二時間もあれば仕上がるだろうと思っていた。ところがスーザンがパジャマに着がえ、歯を磨く時間になっても、まだ山ほど作業が残っていた。

「ママ、このマチュピチュの壮大な写真を左側に貼って、右側にはチチカカ湖とリマの写真を貼ったらどうかな」

「そうねえ……」わたしは地図をみて考えこんだ。「でもほら、マチュピチュは、チチカカ湖とリマの間にあるのよ。リマとマチュピチュは同じページに貼ったほうがいいんじゃない?」

何時間もたった。スーザンは書き続け、わたしは写真を切りぬいたり、スーザンの文章をチェックしたりした。わたしたちは何度も時計をみた。これが終われば、まだ七時間は眠れる。時計の針は進み続け、わたしたちは考え直す。まだ五時間は眠れる。四時間半。三時間半。

夜から朝にかけて、あたりがすっかり静かになるのを、わたしはよく知っていた。スーザンはそれを初めて経験していた。眠らずに作業を続ける能力をわたしから受け継いだのか、スーザンは疲れた様子をまったくみせなかった。それどころか、作業すればするほど、この課題を特別なものに仕上げようという意志が固くなるようだった。スーザンの決意、目的意識、完全に集中しているときのきりっとした口元に、わたしは気づいていた。

気がつくと、東の空が明るくなってきていた。家を出る時間になっても、スーザンはパジャマ姿で、課題の仕上げを続けていた。わたしたちは課題とスーザンの服を抱えて車に乗りこんだ。着がえは車の中だ。

スーザンを降ろし、昇降口に向かう背中を見送る。初めてみる背中だと思った。もう子どもではない、スーザンの将来の姿がみえた気がした。**意志の強い子だ。**わたしは感心していた。

翌月になっても、ベーラはもどってきていなかった。寂しくて、どうにかなってしまいそうだった。わたしはビル・クリントン大統領に何度も手紙を書いた。大統領夫人のヒラリー・ロダム・クリントンにも、何度も手紙を書いた。ハンガリーのアメリカ大使館にも、弁護士にも、移民局にも。夫が外国で足止めされている、すぐに帰れるようにとりはからってほしいと訴えた。何か手を打ってほしいと。

返事がくることはあっても、内容はいつも同じだった。**お待ちください。ただいま手続き中です。**でもわたしは、役所の手続きをこれ以上待っていられなかった。

その年、ベーラの三五歳の誕生日、三月一八日は土曜日だった。スーザンとわたしは車に乗りこみ、ワシントンDCに出かけた。ホワイトハウスの前で、ふたりで抗議行動をするためだ。

抗議行動といっても、正直、たいしたことではない。スーザンとふたりでプラカード（スーザンのカードには「お父さんを家に帰らせて！」と書かれている）を持っているだけで、ビル・クリントンはもとより、権力のある人の目に触れることはなかった。でも、それは**公認の**抗議行動だった。ちゃんと許可を得ていたからだ。アメリカではこのようなこと――大統領が暮らしている場所の前に立って「これはよくない。こうしてほしい」と主張すること――ができると、スーザンに教えたかった。共産主義のハンガリーで過ごした子ども時代には、考えられないことだった。

ホワイトハウスの前で、スーザンはサクソフォンをとり出し、ジャズバンドで覚えた曲を演奏した。グロリア・エステファンがうたった「妖精のメロディ」、ディズニー映画『ポカホンタス』の主題歌

「カラー・オブ・ザ・ウィンド」、『フォレスト・ガンプ／一期一会』の主題歌。社会科見学の子どもたちが、何に抗議をしているのかと近づいてきた。「お父さんがハンガリーからもどれなくなっているの。だから、早く帰ってきてほしいんだ」スーザンは説明した。

ベーラがようやくグリーンカードを手にしたときには、何か月もたっていた。もどってきたときには夏になっていた（ベーラが太陽を連れてきたのか、太陽がベーラを連れかえってくれたのか。いずれにしても、陽気がもどってきた）。ラスロ・バギが作ってくれた「お帰りなさい、ベーラ」という大きな横断幕を、家の前の木にくくりつけた。初めて会った夜と同じようにハンサムで手脚の長いベーラがついに家に到着したとき、わたしたちは歓声をあげた。

ベーラが家にもどってきたとき、ちょうどわが家にはサクソフォンが二台あった――スーザンの楽器はレンタルしていたのだが、ちょうど契約が重なっている時期だったのだ。スーザンが新しいほうのサクソフォンで練習している横で、ベーラは古いほうを口にくわえ、音を出そうとした。初心者が出すサクソフォンの音がどんなにひどいか、わたしはすっかり忘れていた。スーザンは唇の形や頰の膨ませ方、指の動かし方を教えこもうとした。ところが音はどんどんひどくなる。「もう騒音はやめて！」わたしは文句をいった。次の瞬間、ベーラとスーザンはわたしを家じゅう追いまわし、サクソフォンを大音響で鳴らしはじめた。わたしは耳をふさぎ、部屋から部屋へと逃げまわって、おそろしい不協和音から逃れようとしながらも、心の中では思っていた。**ああ、なんて幸せなんだろう。また家族がそろって、本当にうれしい。**

人知の最先端へ、さらに新たな発見へ

実験室では、生涯忘れることのできない瞬間に出合うことがある。人知の最先端に到達した瞬間だ。そこからさらに一歩踏みだして――境界線を突破して――新たな発見をする。

一九九六年一二月、エリオットとわたし、そして実験助手のアリスは、ドットマトリクスプリンターの前に立っていた。もうすぐクリスマスで、いたるところにイルミネーションがみられた。その年、フィラデルフィアは奇妙なほど暖かかった。ラスロとベティ夫妻に招かれて、クリスマスイブのディナーに出かけた日は、春を思わせる陽気だった。

でもそのとき、わたしの頭にクリスマスのことはなかった。

目の前のプリンターが動きだし、ドットが線を描きはじめた。わたしたちはプリンターが立てる昆虫のようなジーッジーッジーッという音に耳を傾けていた。音が三回鳴ると、続いてカタカタという音がして、プリンターヘッドが行頭にもどる。

何年も続いた研究の集大成となる重要な実験が終わったところだった。七年前にわたしがエリオットの研究室に入ってから、ずっと目指してきた実験だった。

わたしたちは、暗号を載せたｍＲＮＡを細胞に届け、ウロキナーゼ受容体を作らせることができるか実験していた。

実験は、ウロキナーゼ受容体タンパク質をみずから作ることのない細胞から始めた。その細胞を、実験グループと対照実験グループのふたつに分けた。実験グループの細胞には、ウロキナーゼ受容体

タンパク質を作れという暗号を載せたmRNAを脂質でくるんだものを届けた。対照実験グループの細胞には、ウロキナーゼ受容体タンパク質を作れという暗号を載せて**いない**mRNAを脂質でくるんだものを届けた。

これまで一貫してそうだったように、細心の注意を払って実験を行った。

わたしたちは、細胞がmRNAを翻訳するのを待った。ウロキナーゼ受容体は顕微鏡では確認できないため、ふたつのグループの細胞に、ウロキナーゼ受容体とだけ結合する放射性分子を痕跡量加えた。アリスはそのような分子を作るのが得意だった。結合は、鍵と鍵穴のようなものだ。ウロキナーゼ受容体が鍵穴で、放射性分子が鍵。もし細胞でウロキナーゼ受容体が作られていたら、そこに放射性分子がはまるはずだ。

わたしたちは結合するのを待った。

それからアリスが細胞を「洗い」はじめた。ウロキナーゼ受容体と結合しなかった放射性分子をすすぎ落とすのだ。アリスは結果がまちがいなくわかるように、細胞をくり返し洗った。

これでもし放射性分子が残っていたら、その理由はひとつしかない。ウロキナーゼ受容体と結合しているからだ。そしてウロキナーゼ受容体があるということは？　mRNAがメッセージを届けたから、ということになる。

ジーッジーッジーッ、カタカタ。放射性分子を計測するガンマカウンターと呼ばれる機器が、プリンターとつながっている。わたしたちはプリンターをのぞきこみ、ドットが描いていく線をみつめる。ジーッジーッジーッ、カタカタ。結果はどうであれ、重要な実験はすでに終わっている。うまくいったか、うまくいかなかったか。結果はどうであれ、そこから学ぶしかない。わたしは自分にいいきかせる。どんなときだって、学ぶべきことはある。

ジーッジーッジーッ、カタカタ。エリオットと顔をみあわせる。アリスと顔をみあわせる。クリスマスのイルミネーションが点滅する。点いては消え、点いては消える。ページに現れはじめたのは、数字だろうか？　そうだ。

ジーッジーッ、カタカタ。すこしずつ、ページにデータが現れてくる。実験グループには大量の放射性物質が含まれている。対照実験グループには？　まったく含まれていない。

ああ、なんということ（わたしたちは何度もいった。**ああ、なんということ、ああ、なんということ、ああ、なんということ**）。疑いの余地のない結果だ。実験グループの細胞は**たしかに表面にウロキナーゼ受容体を作っている**。わたしたちはｍＲＮＡを使って特定のタンパク質を細胞に作らせることに成功したのだ。しかもシンプルで、経費のかからない技術を使って。

とてつもない臨床的可能性のある発見だ。


アルキメデスは湯船に浸かった瞬間に浮力の原理を発見したという、本当かどうかわからないが有名な話がある。ブレイクスルーに興奮したアルキメデスは、全裸でシラクサの町を駆けまわり、「みつけたぞ！（ユリイカ）」と叫んだという。

科学者の中には実験室の冷蔵庫にシャンパンを入れて――何年も、場合によっては何十年もボトルを冷やしておいて――ブレイクスルーの瞬間に備えている人もいる。

とにかく、ブレイクスルーだった。とても大きな。

しかし、エリオットとアリスとわたしはシャンパンを味わうこともなく、フィラデルフィアの町を

(着衣でも全裸でも)駆けまわることもなく、実験室のあるジョンソン・パビリオンの中さえ走らなかった。

その瞬間、わたしはいつもどおりのことをした。仕事を続けたのだ。同じ実験を異なる細胞を使ったり、異なる量のｍＲＮＡを使ったりして、やってみようと思っていた。一部の条件を変えて百万回でも実験をやってみたくて、気がはやっていた。実験をくり返し、何度も再現しようと考えていた。いつものように、この結果が疑いのないものであること、だれがやっても、同じ段階を踏めば同じ結果を再現できるものであることを確かめたいと思っていた。よりよい結果が出るか、より多くのタンパク質を生成することができるか、探りたいとも思っていた。

それでも、これまでだれも知らなかったことを最初に発見するのは、何ものにも代えがたい(実験室で作成したｍＲＮＡからウロキナーゼ受容体を作る方法を発見しました。**ほら、細胞にこんなことをさせられるのですよ!**)。「兄弟愛の町」フィラデルフィアを季節はずれの温暖前線が通過して、信じられないほどうららかなクリスマスシーズンが訪れていたあの日、わたしは意気揚々として、力がみなぎっていた。

エリオットは人柄がよく、科学者としても優秀だった。しかし、それだけではなかった。ビジネスの才もあったのだ。

エリオットは、心臓部の血栓を予防する研究で、特許を取得していた。その特許を使ったあるバイオテクノロジー会社が、株式を新規公開した。株式公開は手間のかかるプロセスなのだが、エリオットはチームの一員として冷静で賢明な判断をした。ベンチャーキャピタリストや医薬品メーカーの重役との会議を主導し、科学的な計画立案から投資家への売りこみまで、あらゆる仕事をこなした。ペンシルベニア大学内でもエリオットはビジネスセンスを発揮して、みずからの研究室と化学研究室、血管外科医、企業技術部門の連携を図った。

エリオットは人付きあいに長けていた。決断も速かった。壮大なアイデアをわかりやすく説明することができた。まったく異なる分野の人たちと、分け隔てなく接することができた。弁護士、化学者、生物学者、企業の重役、投資家、医師。ビジネスの世界に飛びこんだって、引く手あまたの人材なのだ。

だからわたしも、もっと早く気づくべきだったのかもしれない。

ドットマトリクスプリンターがデータをはじきだした数か月後、エリオットは心臓学グループのリーダーにならないかという誘いをセントコア社から受けた。モノクローナル抗体で有名なバイオテクノロジー会社だ。

モノクローナル抗体は、体が作る抗体に似ている——病原体や有害な分子を排除する——もので、実験室で標準的な方法で作ることができる。的を絞って病気を治療する、非常に効果的な方法だ。

セントコア社でのポストに、エリオットは適任だった。同社は血栓を予防するレオプロというモノクローナル抗体を開発中だった。レオプロは一九九七年には食品医薬品局（ＦＤＡ）の承認を得て、そのニュースが発表されるとセントコア社の株価は二ドル五六セントから五二ドルに跳ねあがった。

エリオットにとっては願ってもないチャンスだった。

エリオットがセントコア社の申し出を受けるのは当然だとわたしは思った。

しかし、エリオットが去ったあと、自分がどうなるかについては、何も考えていなかった。

応援し続けてくれる人がいる

わたしはスーザンのスポーツイベントをみにいくのが好きだった。その場の音が好きだった。体育館の床をこするシューズの音、盛りあがった瞬間の観覧席の歓声。ソフトボールが芯にあたったときのバットの音、三振したバッターにかけられる励ましの声。**ドンマイ、ドンマイ、よくやった。**

何の得にもならず、子どもたちの喜びや悲しみだって明日になれば消えてしまうのに、われを忘れて試合に夢中になる大人たち。チャンスに登場する若いアスリートの、手に汗握る瞬間。アスリートがそのチャンスをものにできるかどうかは、だれにもわからない。ものにできないことのほうが多い。しかしときには、驚くようなことが起こる。するとその場にいる大人全員が、コーチも親も叫び声をあげる。

観覧席で見守るわたしは、「あのお母さん」のひとりだ。ひときわ大きな声で応援する。飛び跳ねたり、横から指示を出したり、非常時の航空管制官のように腕をふりまわしたりする。当然、スーザンは恥ずかしい思いをして、わたしを完全に無視するか、きっとにらみつけて、ほかの親たちに同情される。「ほらほら、娘さん、怒っているわよ!」わたしは笑いながら諭される。いつもハンガリー語で叫ぶから、何といったのかとたずねられる。

アスリートとしてのスーザンは……まずまずだった。意欲があり、運動神経もあり、チームの一員として競技するのが好きだった。どうしても勝ちたいという強い気持ちがあった。しかし、どこか自信が持てないようだった。躊躇したり、しりごみしたりして、ミスを犯すのを怖がっているようなところがあった。もちろんそれをみて、わたしはますます大きな声を出した。

スーザンが高校に入ったばかりのころ、バスケットボールの試合をみにいったことがあった。前半、わたしはハンガリー語で叫び続けていた。そのころまでにはわが家ではルールができていて、わたしはハンガリー語で叫んではいけないことになっていた（「恥ずかしいからやめて、ママ！」）。でも、わたしはがまんできなかった。スーザンの試合をみにいくと、どうしても興奮して、自然とハンガリー語が出てきてしまうのだ。その試合で、スーザンはオフェンスだったのだが、それはみただけではわからなかった。すでにわたしより背が高くなり、一八八センチメートルになっていたが、前半の間、スーザンはずっとディフェンダーのうしろに隠れていた。ボールをパスされないようにしているのは明らかだった。ボールの扱いに自信がなく、シュートしてもはずすだろうと思っているのだ。シュートをはずせばショックなのはわかる。でも、隠れてばかりいてはけっして上達しないのも事実だ。

「ジェレ・エレーレ、ネ・ブーヤール・エル（前に出てきなさい、隠れないで！）」わたしは叫んだ。

「積極的にいきなさい！　あなたならできる！」

わたしは叫んで、叫んで、叫び続けた。そしてハーフタイムになった。コーチは観覧席のわたしを指さして、スーザンにいった。「お母さんが何といっているのかはわからないけれど、いわれたとおりにしなさい」

わたしと同じくらい大声を出す人は、ほかにもいた。スーザンのチームメート、ホリーのお母さんであるジャネットだ。ジャネットとわたしはよく観覧席に並んですわり、いっしょになって大騒ぎをしていた。ジャネットはときどき試合に、チアリーダーがふるポンポンを持ってきていた。ホリーにとってそのポンポンは、スーザンにとってのわたしのハンガリー語と同じ**恥ずかしさのかたまり**だった。

わたしがスーザンにハンガリー語禁止を申し渡されたころ、ジャネットもホリーにポンポンを禁じられた。それ以降、わたしがジャネットの代わりにポンポンを持ち、頭の上でふりまわすようになった。やがてふたりは、ジャネットとわたしに試合にくること自体を禁止するようになった。

それでも、もしあのころにもどったなら、わたしは同じことをするだろう。応援し、ポンポンをふり、恥ずかしいといわれても大声で叫ぶだろう。自分だけを応援してくれる人がいるのは重要なことだから。だれにだってこう思ってほしいから。**わたしを信じてくれる人がいる。わたしにはすばらしいことができると信じて、どんなことがあっても応援し続けてくれる人がいる、**と。

エリオットがペンシルベニア大学を辞めてセントコア社に移ったあと、わたしを救ってくれたのは古い友人だった。

デイヴィッド。わたしが実験結果を「何の役にも立たない」と断じ、ごみ箱に捨てた医学生は、とうにエリオットの研究室での特別研究員の期間を終え、医学部にもどって医学士号を取得し、臨床研修の最初の一年を終えて、ペンシルベニア大学の神経外科の研修医になっていた。

その間、わたしたちは連絡をとりあっていて、いっしょに論文を発表することもあった。デイヴィッドはあいかわらずわたしが渡す文献を必ず読み、山ほど質問をしてきた。わたしの脳に入っているデータをすべて自分の脳にダウンロードしようとしているのではないかと思うほどだった。方法さえわかれば、そうしていたにちがいない。

「ケイト」――デイヴィッドはいつもわたしをケイトと呼んだ。まるでニュージャージー州チェリーヒルでいっしょに育った幼なじみみたいに――「ぼくはいつか、あなたの知識をすべて自分のものにしてみせるよ」デイヴィッドは、にかっと笑う。

わたしは首を横にふる。「でも、わたしは学び続けているわよ。あなたがわたしの知識を自分のものにするころには、もっとたくさんの知識をためこんでいるでしょうね！」

デイヴィッドはペンシルベニア大学での研修が終わる二年後には、臨床部に入りたいと考えていた。そのためには、すくなくともひとつの犠牲を払わなくてはならない。デイヴィッドは血管神経外科医を目指していた。脳や脊髄の血管を手術する高度な専門医で、脳卒中や脳動脈瘤の患者の命を救うような治療を行う。父親が脳卒中を起こしたデイヴィッドにとって、関わりの深い職業だろう。血管神経外科医は、別の意味でもデイヴィッドに合っていた。手術には高い集中力と、ある種の性格を必要とする。緊迫した、リスクの大きな状況で、賢明な判断を迅速に求められる。鋭敏さと決断力、そしておそらく何よりも、絶えず学び、向上し続ける姿勢が必要だ。

デイヴィッドにはそのすべてが備わっていた。

しかし、ペンシルベニア大学の血管神経外科医のポストには、空きがなかった。その代わり、脊髄外科医の空きならあった。デイヴィッドはその仕事で十分だと思っているようだった。デイヴィッドの将来は開けていた。臨床の仕事と基礎研究を両立させようと考えていて、基礎研究ではわたしと組みたがっていた。

わたしたちは同じ研究室でも同じ学科でもなかったが、デイヴィッドはｍＲＮＡを使った治療の可能性を信じていて、新しいアイデアまで出していた。もしかしたらｍＲＮＡを使って脳血管攣縮を予防できるかもしれないというのだ。動脈瘤や脳卒中の発症後、脳の血管が縮む危険な症状だ。脳血管攣縮は発生頻度が高く、命に関わるのに、効果的に予防する方法がないのだという。

一酸化窒素を使えば、血管を広げることができる。縮んだ血管に一酸化窒素を届けられれば、攣縮を緩和できる。しかし残念ながら一酸化窒素は気体で、ほんの数ミリ秒で半減してしまうため、注入しても効果がない。そこでデイヴィッドは、mRNAを使って一酸化窒素を発生させるタンパク質を作ることができれば、命を救う治療法を確立できるのではないかと仮説を立てた。

エリオットが辞職を発表したとき、デイヴィッドとわたしはすでに学科の垣根を越えた共同研究を進めていた。そのような異分野との協力自体は、珍しくなくなっていた。わたしはペンシルベニア大学では「あのmRNA研究の変わり者」として知られるようになっていた。医師や研究者に会うたびに、mRNAを作れますよ、どんなRNAでも扱えますよ、必要なときは声をかけてくださいねと触れまわっていたのだ。

珍しかったのは、デイヴィッドの入れこみようだった。共同研究のために小規模とはいえ——わたしの記憶が正しければ二万五〇〇〇ドル——資金を調達したうえ、アリゾナで開かれた学会で「細胞核に届ける：mRNAを用いた遺伝子治療」と題する論文を発表した。デイヴィッドはmRNAの可能性を信じただけでなく、宣伝しはじめたのだ。

エリオットがペンシルベニア大学を離れてしまったら、わたしが残れる望みは薄いということが、デイヴィッドにはわかっていた。助成金も、資金も、力のある人の後ろ盾もないのだから。ペンシルベニア大学のヒト遺伝子治療研究所は本格的に稼働し、二五〇〇万ドルの予算を持ち、数多くのバイオテクノロジー会社と連携して、嚢胞(のうほう)性線維症、乳がん、筋ジストロフィー、脳腫瘍、オルニチントランスカルバミラーゼ（ＯＴＣ）欠損症という遺伝子異常による難病の早期臨床試験を計画し、注目を独占していた。

エリオットの研究室は、シェルターのようなものだった。ｍＲＮＡを包む脂質のように、わたしを分解しようとする力から守ってくれていた。エリオットが去った今、わたしもこの大学に長くはいられないだろう。

デイヴィッドはこのわたしのキャリアの危機を、脳外科手術と同じくらい真剣に受けとめていた。

「でも、この大学にはあなたが必要なはずだよ、ケイト」デイヴィッドは息巻いた。「ぼくにだって必要だ。それに在留資格の問題だってあるだろう？」

わたしはだいじょうぶだと答えた。なんとか方法をみつけると。別の研究室で、別の大学で、ポストがみつかるかもしれない。米国軍保健科学大学のポストがみつかったように。どこかに居場所をみつけるわ。頭の中にあった別の心配は口にしなかった。スーザンは高校生になっていて、ペンシルベニア大学への入学を希望していた。入れるかどうかはわからなかったが、関係者向けの割引が使えなくなったら、とうてい学費は払えないだろう。

デイヴィッドはそれでも腹を立てていた。怒りはわたしのキャリア以外にも広がっていった。デイヴィッドの父親が親しくしていた人の多くが、医学部のトップが交代したときに心臓学科を去っていた。中でも父親の親友でデイヴィッドの名づけ親でもあるマーク・ジョセフソンは、ジュディ・スウェインの前任者、辞めさせられた心臓学科長だった。デイヴィッドにとって、わたしに起きていることは、多くの知りあいに起きたことの延長線上にあった。

「ケイト、あなたはすばらしい科学者だ。それにものすごい働き者だ。正しい意図と、とてつもないアイデアを持っている。だから、駆け引きなんかに巻きこまれちゃいけない。ビル・ケリーがなんだ。ジュディ・スウェインがなんだ。心臓学部がもういらないというんなら、別の場所をさがせばいい」

デイヴィッドは神経外科の学科長ユージーン・フラムにかけあった。学科にはどうしても分子生物学者が必要だ、わたしのことが必要だと主張した。まだただの研修医だったのに。学科長に対して学科の人事に関して意見するということは、人員構成や雇用計画を、ひいては仕事の流れや優先順位や予算を変えろということであり、慣例をあまりにも逸脱している。プロバスケットボールチームのフィラデルフィア・セブンティシクサーズのヘッドコーチに、どの選手をドラフト一位で指名すべきか口出しするようなものだ。

しかしデイヴィッドは自信満々だった。ペンシルベニア大学を愛し、すばらしい大学であってほしいと願っていた。わたしを採用することは、大学が一流であり続けるために必要なのだとユージーン・フラムに主張した。デイヴィッドはわたしと共同研究を計画していた。対等の関係で。無期限で。そのためには、わたしは神経外科のメンバーにならなくてはいけない。

デイヴィッドはいつも情熱的で、そのエネルギーには感染力があった。説得力のある主張のしかたも知っていた。どうやらユージーン・フラムにもその効果があったようだ。まもなくわたしは神経外科のフルタイムの職員になった。

わたしは心から感謝していたが、デイヴィッドはわたしがお礼をいってもぞんざいに手をふるだけだった。「やめてくださいよ、ケイト。ぼくは自分のためだけにやったんです。これで一生、すばらしい科学者といっしょに研究ができる。神経科学はあなたの専門知識から恩恵を受ける。ペンシルベニア大学は、ぼくたちの共同研究から恩恵を受ける。これはたんなるウィンウィンじゃない。ウィン、

ウィン、ウィン、ウィン、ウィン、だ」

あとになって、なぜあの人と研究をしているのかとほかの医師からたずねられたとき（彼らはいつだって同じようにきくのだ。どうしてあの人と研究をしているのか？　デイヴィッドは何度も同じ質問をされた）デイヴィッドは――だれとだって研究ができるはずの医学部のスーパースターは――こう答えた。「彼女は優秀だからさ」こういうときもあった。「彼女は助成金めあての研究なんかしない、本当に意味のある研究をしようとしているからさ」シンプルにこう答えることもあった。「彼女のアイデアはきっとうまくいくからさ。みていろよ、きっと成功させてみせる」

そう、自分だけを応援してくれる人がいるのは重要なのだ。自分を信じてくれる人、どんなことがあっても応援し続けてくれる人がいるのは、ありがたいことだ。

ペンシルベニア大学医学部神経外科の実験台。ここで17年間、mRNAの合成にいそしんだ。2005年フィラデルフィアにて。

デイヴィッドとわたしは、映画に登場する二人組の刑事のように、何から何まで対照的だった。わたしは強迫感にとらわれがちで、きっちりやらないと気がすまない。デイヴィッドは動きが大きく、エネルギーにあふれている。わたしは現実的で事務的。デイヴィッドは情熱にあふれ、感情を全身で表現する。わたしの目ははるか遠くの地平線に据えられている。デイヴィッドは熱心で、チャンスがあれば頭から飛びこんでいく。

あるとき、デイヴィッドはワシントンDCで開かれる大きな医学会議でmRNAについてポスター発表をすることになった。そこで大学の仕事を一日休み、ポスターを小脇に抱えて列車に飛びのった。意気揚々とコンベンションセンターに到着してみると……何もない。だれもいない。巨大なコンベンションセンターは、空っぽだった。年とった男性がひとり、廊下で掃除機をかけているだけだった。デイヴィッドはすっかり困って、男性に話しかけた。「ここで医学会議はありますか?」

男性は肩をすくめた。「今日はないよ」

デイヴィッドは一週間も早くきてしまったのだ。おそろしく用心深く、念には念を入れるわたしには考えられないことだ。

しかしデイヴィッドの熱心さは長所でもある。デイヴィッドはおそれ知らずだ。mRNAを細胞に運ぶための脂質の調合で苦労していたとき、デイヴィッドは、アドバイスしてくれそうな研究者に躊躇せず電話をかけた。研究室や自宅にいってもいいかと、何のためらいもなく電話でたずねるのをききながら、無邪気にそんなことを頼めるなんてとわたしは心底驚いていた。

対照的なふたりではあったが、デイヴィッドにもわたしにも、重要な特性があった。まず、わたしたちはふたりとも、けっして自己満足しなかった。

大学の医学研究の枠内でそつなく仕事をする研究者は大勢いる。同僚とうまく付きあい、委員会に参加し、すぐれた成果を出す。ほぼすべての面でうまくやっている。ところが、**好奇心がまったくな**

いのだ！　研究に対して助成金をもらい、満足な生活をしている。よい生活を送りたいと願い、それを実現して満足している。それはそれでいいのかもしれない。

しかし、デイヴィッドとわたしは、もっと貪欲だった。あらゆることを学び、注意深く調査し、できることはすべてやり、結果を残したいと思っていた。いい意味でも悪い意味でも、わたしたちはハンス・セリエが「おさえることのできない熱烈な好奇心」と呼んだものにとりつかれていた。あとひとつ、あとひとつ、といくら追いかけても、その先にはまだあとひとつある。科学界の最高峰といわれる地位にいる人たちの好奇心の欠如をわたしが嘆くと、デイヴィッドは何とか説明しようとした。

「医者というものは、トンネル・ビジョンを持つよう訓練されているんだ。だから視野が狭いのはしかたがない」

「そうだけど――」

「ケイト、いっておくけれど、彼らの考えを変えようとしても、自分がおかしくなるだけだよ」

わたしはため息をつき、それからわたしたちは目下頭を悩ませている問題にもどっていく。

わたしたちは朝早くから夜遅くまで働いた。デイヴィッドはときどき実験室を出て、スクールキル川にいき、研究と同じ熱心さでボートを漕いだ。それからまたもどってくると、実験室ではあいかわらずわたしが大量のデータとにらめっこをしている。

わたしたちは、一酸化窒素を発生させるタンパク質である誘導型一酸化窒素合成酵素（ｉＮＯＳ）の発現を指示する遺伝子のクローンを作った。その遺伝子を使い、くる日もくる日もｍＲＮＡを作った（デイヴィッドはｍＲＮＡを巧みに作れるようになっていて、その後、デイヴィッドの技術を基準として、わたしはほかの人たちの技術を評価するようになった）。試験管内の培養細胞にｉＮＯＳの遺伝情報を入れたｍＲＮＡを送りこみ、一酸化窒素が発生するかどうか調べた。発生すれば、ｍＲＮＡが正しく作れたことになる。次に動物実験の段階に入った。豚の脳にｉＮＯＳの遺伝情報を入れたｍＲＮＡを送りこみ、頭蓋に開けた窓から血管が広がっているかどうか観察し、記録のために録画した。デイヴィッドは、サルを使って脳血管攣縮の研究をしている著名な研究者がシカゴ大学にいることを知っていた。わたしたちはアイスボックスにｉＮＯＳの遺伝情報を入れたｍＲＮＡを入れ、その研究室を訪ねた（わたしたちが訪ねたとき、研究室のシステムが止まっていたため、ｍＲＮＡがサルにも有効か確かめることはできなかった）。デイヴィッドは、ニューヨーク州バッファローにある東芝脳卒中研究センターのジョン・ジャーマンという研究者とも連絡をとっていた。わたしは吹雪の中バッファローまで出かけ、ウサギでｍＲＮＡを試すことになった。そこで、わたしは手の洗い方について、詳しい指導を受けた。非常に細かいところまで指示があり、わたしは故郷のキシュウーイサーラーシュで父親が作業の前に手を念入りに洗っていたことを思い出した。このウサギを使った実験で、父親の仕事を思い出したとジャーマン医師に話すと、医師は破顔した。「そうですか！　わたしの父も神経外科医でした。わたしの祖父もね！」しかもその祖父はウィリアム・ジャーマンといって、アメリカ初の神経外科をイェール大学に創設するのにひと役買ったのだという。

わたしは笑って訂正した。ちがうんです、わたしの父親はまったく別の仕事をしていました、と。

いずれにしても、その実験では期待した結果は得られなかった。

しかし前進はあった。ｉＮＯＳの遺伝情報を入れたｍＲＮＡを動物で実験する前に、培養細胞での実験では狙いどおりのタンパク質に翻訳されることを証明していた。しかし、どういうわけか、動物への効果は限定的だった。わたしたちは実験結果をもとに、論文を発表した。ｍＲＮＡを使ってラットの脳にルシフェラーゼを発生させられたという論文だ。また、mRNAを使ってリン酸緩衝液に高レベルのタンパク質が発現したという論文も発表した。しかし、もっと強力な、もっと整合性のある、もっと**再現可能な**結果が必要だった。試験管の中（生体から切りはなされた細胞）だけでなく、生体内（生きた動物の体）でもmRNAが機能することを確かめたかった。

ありがたいことに、わたしたちはまだ若かった……すくなくとも気持ちは若かった。実験する時間はいくらでもあった。

前にも書いたように、デイヴィッドは血管神経外科医を目指していた。しかしペンシルベニア大学ではその仕事につけなかった。そして脊髄外科医の仕事で折りあいをつけていた。それで満足しているようにみえた。しかし、ニューヨークに新しく設立される神経学研究所で働くことになったユージーン・フラムから、いっしょにこないかと誘われた。デイヴィッドはその話を受けた。

わたしが神経外科に移ってから、まだ二年しかたっていない時期だった。状況の変化を受け入れるのは難しかった。「新しい学科長に、よく頼んでおくから」とデイヴィッドはいってくれた。新しい学科長は、ワシントン大学からきたショーン・グレイディだった。グレイディは輝かしい経歴の持ち主で――ジョージタウン大学の医学部を出て、研修医時代はバージニア大学で、クリストファー・リーヴ〔訳注：俳優。映画『スーパーマン』シリーズに主演し、人気を博したが、落馬事故で脊髄を損傷し、車椅子生活となった〕の治療に携わった一流神経外科医の指導を受けた――角ばった顎に青い目、テレビのニュースキャスターのような左右対称の顔をしていた。

わたしは首を横にふった。「あなたみたいにRNAを作れる人はいないわよ。だれがやっても、わたしはがっかりするでしょうね。もうわかっているわ」

デイヴィッドはにっこり笑ったが、目の縁が赤くなっていた。「じゃあ、ぼくもすこしは学べたってわけだね」

デイヴィッドはたしかに学んだ。

デイヴィッドは声を震わせた。「一生ペンシルベニア大学にいると思っていた。あなたといっしょにmRNA治療を開発して、世界を救うんだって。本当にそのつもりだった」デイヴィッドは何度か髪をかきあげた。「でも、もしかしたらぼくは、別の形で世界を救うことになるのかもしれない」

わたしはデイヴィッドの父親のことを考えた。脳卒中ですべてを奪われた人のことを。そのできごとは家族を絶望につき落とし、デイヴィッドの土台の一部になった。わたしの父親の職業と心臓発作によるとつぜんの死が、わたしの土台の一部であるように。

それがデイヴィッドのやるべきことなのだ。デイヴィッドがその道を選ぶのは当然だ。それでも、デイヴィッドにはつらい決断だったようだ。

初めて会ったとき、デイヴィッドは多くのチャンスに恵まれた人だと思った。でも、チャンスが多いことは、一種の重荷かもしれない。ドアがたくさん開いているのに、一度の人生でくぐることのできるドアがわずかだったとしたら、「あのとき、もし……」と生涯後悔し続けるかもしれない。

最後にデイヴィッドは笑った。この一〇年間、何度もみせてもらった、感染力のあるあの笑みだ。

「ぼくをやっかい払いできたと思ったら大まちがいだよ、ケイト。しょっちゅう電話するからね」

「覚悟してるわ、デイヴィッド」わたしはいった。「わたしはだいじょうぶよ。あなたの活躍を祈っているわ」そういうしかなかった。デイヴィッドはわたしがいちばん必要としているときに、応援してくれた。今度はわたしがデイヴィッドの新しい人生を応援する番だ。

そして、わたしは正しかった。それ以降、だれに頼んでも、デイヴィッドほど上手にｍＲＮＡを作れる人はいなかった。

第5部　スーザンのお母さん

コピー機の前で

世界はめまぐるしく変わっていた。わたしがペンシルベニア大学で働きはじめたころ、科学図書館ではまだカード目録を使い、学術雑誌は紙に印刷されていた。十数年後の二〇〇二年には、様子はがらりと変わっていて、学術雑誌はバックナンバーも含めてデジタル化されていた。世界のどこにいても、ラップトップで読んだり、保存したりできるようになった。しかし神経外科に移った一九九七年には、まだ図書館の書架の間を歩きまわり、『セル』誌をはじめとする学術雑誌を手にとっては、ページをめくっていた。

興味のある論文をみつけると、家にいても、大学にいても、コピーした。つまり、いつもコピー機の近くにいたということだ。大学では、あるコピー機を「わたしのコピー機」と思うようになったほどだった。そして実際に、そのコピー機をほぼ独占していた。

ある日、見慣れない人が「わたしのコピー機」を使っていた。年齢不詳のまじめそうな男性だ。髪は薄くなりかけているが、肌にはしわもたるみもない。**年下ね。でも、そんなに年の差はないかも。**

わたしは思った。ボタンダウンのシャツを、しわひとつないカーキズボンにきちんと入れている。履き心地のよさそうな、きちんとした靴。現実的で、派手ではない人のいでたちだ。男性はわたしに気づくと、まじめくさった顔で小さく会釈して、コピーを続けた。

わたしは順番を待ったが、愉快ではなかった。

その人はページをめくってはコピーし、次の論文もコピーを始めた。それにしても、この侵入者はだれだろう。ずっとここにいるのだろうか。これからは、「わたしのコピー機」も順番待ちをしなくてはならないのだろうか。

この状況でできることはひとつしかなかった。自己紹介だ。

こうして出会ったのが、ドリュー・ワイスマン。のちに、その名前がわたしの名前とセットになる人物だ。国立衛生研究所で、有名なトニー・ファウチ博士の研究室に特別研究員として勤めたのち、ペンシルベニア大学にきたばかりだった。そのころのわたしは、まだファウチ博士のことを知らなかったが、ドリューがそれ以上説明しなかったため、その「トニー」は大物であるのだろうと理解した。わたしはいろいろ質問した。ドリューはそのひとつひとつに礼儀正しく、簡潔に答えてくれた。ドリューは医学士号と医学博士号の両方を持ち、免疫学と微生物学が専門で、ペンシルベニア大学に自分の研究室を持ったところだった。研究室は小さかったが、ドリューには壮大な計画があった。インフルエンザやヘルペス、HIV感染症、マラリアといった感染症を予防する新しいワクチンを開発することだ。今はHIVワクチンを研究しているという。

当時のわたしは、所属する研究室や研究分野にかかわらず、耳を傾けてくれそうな人をかたっぱしからつかまえてメッセンジャーRNAの話をしていた。白状すると、すこしでもみこみのありそうな人がいれば、街頭の行商人のように、自分のとてつもないアイデアを売りつけようとした。**mRNA！ mRNAはいかがですか？ 心臓外科手術にmRNA！ 脳外科手術にmRNA！ どんなご要望にも合わせて、mRNAをお届けしますよ！ 上質のmRNA！ 極上のmRNAですよ！**

それまでは、mRNAの治療薬としての可能性に夢中になっていたため、ワクチンのことまでは考えが及んでいなかった。しかし、不本意ながらいっしょに使うことになったコピー機の前で、mRNAのまったく新しい展望がみえてきたのだ。

mRNAをワクチンに？ かしこまりました。お届けします！

わたしの研究の話をきくと、それまで無表情だったドリューの様子がどこか変わった。反応はかすかで、わずかに目を見開いただけだった。別の人だったら、何の意味も持たなかったかもしれない。しかし、ドリューのような控えめな人物に関しては、このわずかな筋肉の動きは、はっと息をのんだのと同じだった。ドリューが興味を持ってくれたことがわかった。

そのころ、ドリューはワクチン開発のため、抗原――抗体反応を引き起こす分子（たとえばウイルスや細菌、寄生虫など）を――細胞に届ける方法を模索していた。そして、研究室のメンバーとともにあらゆる方法を試しつくしてきた。しかし、まだひとつ、試していない方法があった。**それがmRNAだった。**

ドリュー自身は、RNAを合成したことはなかった。ところがまったくの偶然から、mRNA研究者が目の前に現れたのだ！ 今ふり返っても、信じられないほどの幸運だった。精密で規律正しい科学でさえ、ときには純粋な運というものに左右されることがあるのだ。

というわけで、ペンシルベニア大学でふたり目の共同研究者となってくれたデイヴィッドが、ニューヨークでの新生活に向けて出発するころには、わたしは三人目の共同研究者に出会い、研究を始めていた。研究熱心で、コピー機からなかなか離れてくれない免疫学者に。

自然界には鍵と鍵穴の関係というものがあり、まったく異なるふたつの分子――たとえば酵素とその作用を受ける基質――がぴたりとはまる。ふたつの分子がたがいをみつけると、補いあう部分がしっかりはまり、一連のできごとが展開していく。

生物の世界では、鍵と鍵穴は何度も出合い、驚くべきことが起こってきた。

そのときのわたしは知るよしもなかったが、コピー機の前に立っていたわたしは、このとき鍵と鍵穴が結合する瞬間にいたのだ。ドリューとわたしはまったく似ていないが、たがいに必要な知識と技術を持っていた。わたしは免疫学については何も知らないＲＮＡ研究者。ドリューはＲＮＡを扱った経験のない免疫学者。わたしたちが組みあわさったことで、歯車が回りはじめ、怒濤のようなできごとが起きていって……すべてを変えることになるのだ。

長い目でみる

スーザンも変わりはじめていた。大学進学を考える時期になったのだ。

スーザンにはペンシルベニア大学に入ってもらいたいという、わたしの気持ちは変わっていなかった。もう一〇年近く、学ぶのにこれ以上の環境はないと主張する人たちに囲まれてきたからだ。何といっても、アメリカ屈指のアイビーリーグだ。ハンガリーでいえばセゲド大学。学費を値引きしてもらえるのも大きかった。わたしにとっては、自然な流れに思えた。

しかし、スーザンは迷っていた。ペンシルベニア大学より、カリフォルニアの大学に通いたいと思っていた。カリフォルニア大学ロサンゼルス校（ＵＣＬＡ）からパンフレットと駐車許可証が送られてくると、キッチンで許可証をふりまわした。「でもママ、みてよ！　もう駐車許可証をもらったのよ。入学しちゃったようなものでしょ！」

ちがう、とわたしはいった。カリフォルニアには、飛行機に乗っていかなくてはならない。航空運賃は高すぎる。番狂わせの余地はない。スーザンの進路はペンシルベニア大学かペンシルベニア州立大学だ。どちらも申し分のない選択肢だが、スーザンに入ってもらいたい大学は決まっていた。

スーザンとわたしは、初めて勉強のことでけんかをするようになった。宿題をめぐって、小テストの準備をめぐって、必要な成績をとれているかをめぐって。そしてあのＳＡＴ〔訳注：大学進学適性試験〕のやっかいだったこと！　ＳＡＴの参考書をかたっぱしから買って、暇さえあれば、語彙のテストをした。「accede（同意する）」、「berate（叱りつける）」、「dearth（欠乏）」、「hackneyed（使い古した）」、「perfidious（不誠実な）」、「restive（反抗的な）」、「vindicate（擁護する）」

語彙は、ＳＡＴそのものについての口論と同じように、きりがなかった。

スーザンはとにかく試験勉強をやりたがらなかった。それまでも、そしてそのあとも、ＳＡＴと試験に対するわたしの不安ほど、わたしたちの間に摩擦を起こしたものはなかった。一日の終わりには必ずこうたずねた。「今日は何時間試験勉強をしたの？」

「本を読んだよ」とスーザンはいう。読書はけっこうだが、わたしの質問には答えていない。それに、その本はペンシルベニア大学に入るのに役に立つのだろうか。自分が高校時代に夢中になって勉強していたことが思い出された。試験は重要な意味を持っていた。どうしてスーザンは同じように身を入れないのか、理解できなかった。

ベーラは、スーザンに任せるべきだという考えだった。「スーザンはちゃんとやっているよ。だいじょうぶだ」

「だいじょうぶじゃないわ！　ペンシルベニア大学は、アメリカでも指折りの難関大学なのよ！」

わたしが心配していたのは、試験のことだけではなかった。スーザンには何もかも与えてやりたかった。ペンシルベニア大学への進学や、一流の教育だけでなく、世の中に冷たくされたときに必要となる情熱や粘り強さも。すべてを手に入れて、自分のやりたいことを追いかけてほしかった。SATの勉強に打ちこめないということは、ほかのことにも打ちこめないということだ。だからわたしはうるさくいい、スーザンは抵抗し、たがいに相手の頑固さを批判した。

しかし、成績や適性試験や出願について、けんかばかりしていたわけでもなかった。夕食後には外に出て、三人でバスケットボールをした。そんなときでも、わたしは手を緩めなかった。ゲームをするときに、子どもに手加減をする親もいることは知っている。実際よりも弱いふりをするのだ。全力を出さず、わざと負けて、子どもに何度か勝たせる。わたしはスーザンに対してそんなことはできなかった（ベーラも同じだったので、安心した）。

わざとスーザンに勝たせて、何がいいのだろう。しばらくは、うれしい気持ちにさせてやれるかもしれないが、長い目でみてスーザンのためになるのだろうか。くり返すが、わたしはスーザンに何もかも与えてやりたかった。わたしにとって、「何もかも」は長い目でみたものだった。

そのころのペンシルベニア大学は、長い目でみているとはいえなかった。一九九九年には、大学の病院機構と医学部は危機に陥っていた。両方の長であったビル・ケリーは、それまで一〇年間にわたって、大胆な賭けをしていた。ヒト遺伝子治療研究所を設立しただけでなく、三つの病院と数百の診療所を買収し、新しい建物を造り、一〇万平方メートル近くの臨床研究スペースをリフォームし、一〇を超える研究所を新設し、採用も積極的に行ってすべての学科の学科長を交代させた。

賭けは必ずしも成功しなかった。

病院機構（ひいては医学部）は、それまでの三年間で何億ドルもの赤字を出していた。医学部の危機は、大学全体に影を落とし、新たなキャンパスの総合計画は、新しい寮の建設を含めて延期になった。ムーディーズ・インベスターズ・サービス社は、大学の信用格付けを下げた。

神経外科の新しい学科長のショーン・グレイディは、予算に関することや資源の配分については目を光らせるつもりだと学科の全員にいった。

資源の配分。つまり、だれに研究室のスペースを与えるかということだ。

着任早々、ショーンはわたしを呼んだ。応対は丁寧だった。わたしの研究の話に耳を傾けてくれた。そしていくつか質問をしたあと、たいして感情もこめずに、期待できそうな研究だといった。わたしの論文が、発行部数は少ないものの、評判のよい科学雑誌に掲載されていることに言及しておいてから、しかし、現在は財政的に非常に厳しいから、わたしの資金不足に懸念を抱いているといった。きみは「専有面積に応じた資金」というものを知っているかね、研究員がどのくらいのスペースを確保できるかは、その研究員が確保した資金に比例するのだよ、とショーンは続けた。「今後、大学は、この基準に厳密に従うようになるだろう。だからきみも、外部からの資金確保を重視してくれ」

わかりました、とわたしは答えた。はい、おっしゃるとおりに。ところで、わたしのｍＲＮＡ研究について、もっとお話ししたいんですが。

ｍＲＮＡをワクチンに

ワクチンを作るとき、ドリューがターゲットにしようとしたのは「樹状細胞」だった。ドリューと初めて話をしたとき、わたしはそれがどんなものかさえ知らなかった。おそらく神経細胞の一種、軸索や樹状突起などの組織を持つ神経系の細胞なのだろうと思っていた。しかし実際には、樹状細胞は「抗原提示細胞」の機能を持つ免疫細胞で、当時、発見されたばかりだった。

免疫系はすばらしく複雑だ。免疫応答は全身で起こり、複数の臓器系や防護層が関係している。わたしが大学を卒業してから、免疫の仕組みの解明は驚異的に進み、わずか二〇年の間に大学で学んだ知識はすっかり時代遅れになっていた。ありがたいことに、ドリューと研究をするということは、免疫学の集中講義を受けるようなものだった。ドリューは用事もないのにぺらぺらしゃべるような人ではないのだが（夫人は、一日に話せる語数に制限があって、それを超えられないのだと冗談をいっていた）、一度口を開くと、複雑なことをみごとなまでにわかりやすく説明してくれる。

ドリューの説明によれば、樹状細胞がワクチンのターゲットに適しているのは、**自然免疫応答**――感染症への最初の決まった反応――と**適応免疫応答**をつないでいるからだ。

免疫系は人間を危険な病原体から守る。免疫系がなければ、人間は何十億もの細菌やウイルス、真菌、寄生虫などの病原体に襲われて、病気になってしまう。免疫系はけがからも人間を守ってくれる。

病原体が侵入すると、免疫系はまず、物理的に守ろうとする。皮膚がバリケードとなり、侵入を防ぐ。鼻の粘膜や呼吸器が、ハエとり紙のように病原体をとらえる。唾液や目、汗に含まれる酵素は、触れた細菌を分解する。胃酸も同じだ。肺の内側に生えている線毛（せんもう）は、入ってきた病原体が居すわらないうちに外に押し出す。

それでもときには招かれざる病原体がこの防衛網を突破することがある。すると自然免疫系の細胞の出番になる。感染から数分以内に病原体をとりかこみ、攻撃する。「ナチュラル・キラー細胞」（NK細胞）がその名のとおり、体に侵入したと思われる病原菌をさがし出し、破壊する。サイトカインというタンパク質が大量に分泌され、あるものは（わたしがハンガリーやスハドルニク博士のもとで研究していたインターフェロンのように）ウイルスの増殖を防ぐ。また、新しい細胞を免疫応答に呼びこむサイトカインもある（病原菌がみられない組織障害でも、同じような反応が起こることがある）。

自然免疫系の細胞やタンパク質は、それぞれにひとつずつの役割を担った最前線の衛兵のようなものので、**どんな病原体が侵入しても**まったく同じことをする。役割が決まっているため、すぐに作用できる利点がある。自然免疫系は、感染とほぼ同時にスイッチが入るのだ。

しかし、防護層はまだある。それは**適応免疫応答**だ。自然免疫系の応答が決まっているのに対し、適応免疫系は訓練を積み、特定の病原菌に的を絞った特殊作戦部隊のように機能する。適応免疫細胞のひとつであるB細胞は**抗体**を作る。抗体は侵入してきた病原体を無効にできるような形をしている。T細胞も適応免疫細胞のひとつで、高度に専門化したキラー細胞となって、病原体に感染した細胞をみつけて破壊する。新しいサイトカインを作って免疫細胞を活性化させる適応免疫細胞もある。

適応免疫細胞は特定の病原菌に反応しなくてはならないため、増やすのに数日かかる。細胞ができはじめれば、すばらしく正確に機能し、驚くほど強力で、効き目も長く続く。適応免疫系は病原体を**破壊**するだけでなく、**記憶**している。適応免疫細胞の一種であるメモリー細胞がずっと体の中で待ちかまえていて、必要となればすぐに働きはじめる。同じ病原体がふたたび侵入してくれば、メモリー細胞が気づき、適応免疫系がすぐに応答する。

ドリューによれば、樹状細胞がワクチンのターゲットとして理想的なのは、これら**すべての**免疫応答をスタートさせる役目を担っているからだ。

人間の体にはおよそ五〇〇〇万個の樹状細胞がある。そのひとつひとつに木の枝のような突起があり、伸びたり縮んだりする（木の枝のような形をしているため、樹状突起と呼ばれる）。樹状突起は肺や胃、腸の中をパトロールしてまわり、病原体が侵入しないよう見張っている。病原体を発見した場合には分解し、みずからの表面に分解したものを「提示」する。戦士が敵をばらばらにしたものを飾りにしてまとうようなものだ。そして樹状細胞はリンパ節まで移動して、適応免疫系の細胞に分解したものを「提示」する。**これが悪党だ。よくみてくれ。きみたちはこいつと闘うのだ。これを覚えて闘うのだ。さあ、いけ！**　とでもいうように。

ワクチンの働きはどれも同じだ。特定の抗原を、アジュバントと呼ばれる補強剤とともに、安全に体に届ける。その方法はいくつかある。生ウイルスの毒性を弱めて使うもの、不活性化したウイルスを使うもの、抗原として認識されるが毒性はない病原体の一部から作った組換えタンパク質を使うものもある。

しかし、ワクチンを作るのが非常に困難な病原体はたくさんある。たとえば、エイズ（後天性免疫不全症候群）を引き起こすＨＩＶ（ヒト免疫不全ウイルス）は、きわめて巧妙だ。まず、ＨＩＶは人体の免疫系を乗っとり、本来はウイルスと闘うはずのＴ細胞に侵入し、その中で複製する。そして複製するたびにゲノム（ヌクレオシド）を変化させるため、ＨＩＶの変異体が際限なく生まれていく。また、表面が糖の分子でおおわれているため、発見が難しい。そして何よりも、ＨＩＶは**みずからの遺伝物質を宿主の染色体に**組みこむため、一度感染すると一生体内から消えない。

四〇年も研究が続けられているにもかかわらず、ＨＩＶの有効なワクチン開発に成功していないのには、そのような理由があるのだ。

ドリューには、思いついたことがあった。ｍＲＮＡを使って樹状細胞に働きかけ、ＨＩＶの構造タンパク質――「Ｇａｇタンパク質」と呼ばれる――を翻訳させて、ウイルスから体を守る手段に変えようというのだ（ちなみに「Ｇａｇ」というのは、だじゃれなどの「ギャグ」ではなく、「群特異抗原（group-specific antigen）」の略である）。

具体的には、次のようなプロセスになる。

1．実験室で、ＨＩＶのＧａｇタンパク質を作る遺伝暗号を持つｍＲＮＡを作る。
2．そのｍＲＮＡをアジュバントとともに体に送りこみ、免疫応答をうながす。
3．細胞に入ったｍＲＮＡが、「タンパク質工場」であるリボソームに到達する。
4．リボソームはｍＲＮＡが運んできた指示に従って、Ｇａｇタンパク質を作りはじめる。**そこで作**

られたタンパク質は、ＨＩＶから隔離されているため、感染しない。

5．細胞がＧａｇタンパク質を作り、アジュバントは免疫系にこのタンパク質の存在を警告し、免疫応答をうながす。

6．免疫系は通常の手順に従って、Ｇａｇタンパク質を排除する。

7．適応免疫応答のおかげで、体はこのＧａｇタンパク質を永遠に記憶する。そして将来、そのＧａｇタンパク質が**本物のＨＩＶ**として細胞に侵入したときに、感染した細胞を速やかに除去する。

このｍＲＮＡワクチンの仕組みは、ある意味ではほかのワクチンと同じだ。体を抗原（この場合はＧａｇタンパク質）に触れさせて免疫系を刺激し、あとは体の自然な反応を利用する。しかし、このｍＲＮＡワクチンでは抗原そのものを体内に入れるのではなく、**その抗原を細胞内で作らせる**指示を提供する。

つまり、体はみずから抗原を作ると同時に、その抗原に対して免疫応答をするというわけだ。

このようなワクチンが実現すれば画期的な発見（ブレイクスルー）となる。現実的な利点もある。ＨＩＶの感染が深刻なのは中低所得国で、特に発生率が高いサハラ以南諸国では、高価なワクチンは手が届かない。従来のワクチンは製造に多額の投資が必要だが、ｍＲＮＡなら比較的安価に、すばやく作ることができる。例のコピー機の前で、ドリューはわたしにたずねた。Ｇａｇタンパク質の翻訳を指示するｍＲＮＡを作ることはできるのか。

わたしはにっこり笑った。「どんなｍＲＮＡでもお届けしますよ。わたしに任せて」

これまでの研究が水の泡に？

わたしたちはさっそくとりかかった。Ｇａｇタンパク質発現の暗号を持つプラスミドをドリューから受けとったわたしは、神経外科の自分の実験室でサブクローンにしてｍＲＮＡを作った。そのｍＲＮＡをリポフェクチンと混合し、培養細胞の樹状細胞に送る。

結果は、多くの点で期待できるものだった。樹状細胞にｍＲＮＡを送ってからしばらく待つと、ｍＲＮＡが翻訳されたことがわかった。細胞がＧａｇタンパク質の翻訳を始めたのだ！　さらに免疫応答を刺激している兆候もみられた。これは重要なポイントで、ｍＲＮＡがワクチンとしてみこみがあることを意味している。

しかし、奇妙なことも起きていた。ドリューによれば、樹状細胞が、想定をはるかに超える大量の炎症性サイトカインも産出させているというのだ。「細胞は活性化している。**信じられないほど**活性化している」誇張とは無縁のドリューが**信じられないほど活性化している**というのだから、よほどのことだろう。

どうやら炎症反応の原因はｍＲＮＡ自体にあるようだった。

わたしのｍＲＮＡが炎症を引き起こしている？

わたしは考えた。これまで一〇年間、ｍＲＮＡを治療薬として――脳卒中などの深刻な病気を治療する薬として――使うための研究を続けてきたが、もしｍＲＮＡが炎症を引き起こすとしたら？　そうだとしたら、問題だ。

大きな大きな問題だ。

一九九九年九月九日木曜日、一八歳のジェシー・ゲルシンガーは自宅のあるアリゾナ州トゥーソンから飛行機に乗った。行き先はフィラデルフィアで、荷物はかばんふたつだった。ひとつには着がえが、もうひとつにはビデオが詰まっていた。ジェシーの好きなプロレスや、シルヴェスター・スタローンやアダム・サンドラーが出演する映画のビデオだ。ジェシーはごくふつうのティーンエージャーだった。友だちと集まるのが好きで、店員のアルバイトをしていて、オートバイに夢中で、皮肉のきいたジョークでみんなを笑わせた。父親は、ティーンエージャーの親の例にもれず、息子がもうすこし勉強にもやる気を出してくれればいいのにと思っていた。

ジェシーには、オルニチントランスカルバミラーゼ（ＯＴＣ）欠損症という珍しい遺伝性疾患があった。およそ四万人にひとりが発症するこの病気は、食品タンパク質の分解を妨げ、血中のアンモニア（タンパク質代謝の最終産物）の濃度を上昇させる。それを放っておくと意識障害や脳症、場合によっては死を招く。誕生直後に発見されるケースが多く、そのような新生児期発症の半分は命に関わる。ジェシーのＯＴＣ欠損症は「軽度」とされていた。二歳で診断され、低タンパクの食事療法と一日五〇錠の服薬で、症状をおさえていた。

ジェシーがフィラデルフィアにきたのは、この病気の遺伝子治療の安全性を確かめる研究の被験者だったからだ。研究はペンシルベニア大学のヒト遺伝子治療研究所が行ったものだった。

ジェシーが大学に到着した四日後、研究者は何兆もの不活化したアデノウイルスを使って、修復した遺伝子をジェシーの細胞に送りこんだ。このアデノウイルスは、いわばトロイの木馬のようなもので、アデノウイルスのゲノムではなく、ＯＴＣに関する暗号を持つ遺伝子だけを運んでいた。

残念ながら、アデノウイルスはジェシーの免疫系を酷使してしまい、**サイトカインストーム**——免疫系のタンパク質が異常に発生する有害な状態——を引き起こし、臓器不全や急性呼吸窮迫症候群につながった。トゥーソンで飛行機に乗った八日後、ジェシーは死亡した。

つまり、炎症反応はそれほど深刻な事態につながりかねないということだ。

ジェシーの死は、その後何十年にもわたって、遺伝子治療の研究をゆるがし続けた。ペンシルベニア大学もゆらいだ。翌年一月、食品医薬品局はヒト遺伝子治療研究所にすべての治験を中止するよう命じた。その後、ペンシルベニア大学は罰金を払い、研究所を閉鎖した。

ｍＲＮＡが炎症抗体反応を引き起こしたとドリューからきいたとき、わたしはとても不安になった。ｍＲＮＡが免疫応答を起こさせるとしたら、治療に使うことはできない。ｍＲＮＡをワクチンに使うことは可能かもしれない。ワクチンには免疫応答が必要なのだから、あとは調整の問題ということもある。しかし、これまで考えてきた血栓や血管攣縮(れんしゅく)などの予防にｍＲＮＡを使うのは不可能だろう。

この一〇年、ｍＲＮＡを使った治療方法の確立という目標に向かって研究を続けてきた。その間には、無視されたことも、軽んじられたことも、降格させられたことも、国外退去をちらつかされたこともあったが、これほど動揺したことはなかった。ｍＲＮＡに免疫系を作動させない方法をみつけられなかったら、これまでの研究はすべて水の泡になる。

そもそも、**なぜ**ｍＲＮＡは免疫応答を引き起こしたのか。そこがドリューにもわたしにもわからなかった。人間の細胞にはｍＲＮＡが詰まっている。これまで何十億年も、生きた細胞のひとつひとつが、免疫系を刺激することなく大量のmRNAを作り続けてきた。人間の体のどの細胞にも、今この瞬間、数えきれないほどのmRNA分子が入っているのだ。驚くべきことかもしれないが、同時にごく**ふつうのこと**でもある。

研究室では、体内にあるものとまったく同じ物質を使ってmRNAを作った。自然界にあふれているふつうのAやCやGやUを使ったのだ。

しかし、データははっきりしていた。mRNAを培養細胞の樹状細胞に送りこむたびに、炎症分子の分泌が確認された。いったいどういうことなのか。

既知の事実で容易に説明できないものごとに遭遇したとき、すぐれた科学者がすることはひとつだけ。さらなる研究だ。

ときには**膨大な**研究が必要になることもある。

「クルード」というボードゲームがある。殺人事件を推理するゲームだ。プレーヤーは、だれが、どこで、どの武器を使って罪を犯したかを推理しなければならない。殺人がどのように起きたのか仮説を立てて（たとえば「マスタード大佐が、書斎で、ロウソク立てを使った」）、それを裏づけるために順番にひとりひとつずつ質問をしていく。やがて消去法で事実が浮かびあがってくる。

ドリューとわたしが直面した難題を、専門外の人に説明するには、このボードゲームにたとえるのがいいと教えてくれる人がいた。mRNAを治療に使えるようにするには、mRNAの何が炎症を引き起こし、細胞のどの部分が反応し、それがどのようなメカニズムで起きたかを明らかにする必要がある。そのための方法はひとつ。イエスかノーで答えられる実験という質問を、ひとつずつ積み重ねていくことだ。

「クルード」に出てくるのは、容疑者が六人、武器が六つ、部屋が九つ（答えの組みあわせは合計三二四通り）だけだ。ある程度の時間をかければ、だれかがそのうち謎を解く。一方、わたしたちには、そんな保証はなかった。わたしたちの前にある生化学の難問は、ぼう然とするほど複雑で、解決のプロセスはいつ終わるとも知れなかった。わたしたちにできることはかぎられ、可能性は無限大だった。道筋を示す地図はなく、どこから始めればいいかもわからない。壮大で複雑なボードゲームのプレーヤーのように、とにかくひとつずつ質問をするしかなかった。

スーザン・フランシアのお母さん

そのうちスーザンはカリフォルニアの夢を手放した。ペンシルベニア大学を見学し、進学カウンセラーに相談し、わが家のきわめて現実的な財政状況を考慮した。そのうちペンシルベニア大学に興味を持つようになり、夢中になっていった。そして高校三年の一二月、ペンシルベニア大学に早期出願した。

スーザンは優秀で、成績がよく、強力な推薦状もあった。それでも合格の保証はない。その数か月間は、家族全員で息を殺して過ごしていたような気がする。合否結果の通知がくる予定の日、スーザンは緊張のあまりまともに考えることができなくなっていた（白状すれば、わたしもそうだった）。当時、大学からの通知はまだ郵便で届いていて、午後にならなければ配達がこないことはわかっていた。気をまぎらわすため、わたしはスーザンをつれて州間高速道路三〇九号線沿いのショッピングセンターに出かけた。

わたしたちは洋服をみてまわった。スーザンは買う気もないトレーナーやジーンズを試着し、わたしは「うん、似あう」だの、「お金のむだね」だのと感想をいった。しかし、ふたりとも考えていることは同じだった。**今日、わかるんだ。今日、わかるんだ。今日、わかるんだ。**

家に着くと、スーザンはわたしがギアをパーキングに入れる前に車から飛びだし、玄関に飛びこんだ。わたしは買物袋を手に、あとを追った。ベーラがダイニングルームにすわっていた。

「わたしの手紙、きた?」スーザンはたずねた。わたしは入口に立ちつくし、不安で荷物を置くことさえできなかった。

ベーラはスーザンをじろりとみた。無表情だ。「手紙?」とすこしとまどったようにききかえす。そばにはその日の郵便が山になっている。大学からの合格通知らしきものはない。

スーザンは肩を落とした。考えをまとめようとしているのがわかった。合格通知の発送日ははっきりしていた。大学からの手紙がいつ家に届くかも正確にわかっていた。今日、手紙が届かなかったということは……つまり……合格しなかったということだ。

そうか。わたしは理解しようとした。**スーザンは合格しなかったのだ。**

励ましの言葉をかけなくちゃ。**生きていれば、ときには挫折を味わうことだって……。**

「ああ、そういえば」ベーラが思い出したようにいった。たまたま頭に浮かんだとでもいうように。その目がきらりと光った。高校の寮を抜けだし、お金も持たずにセゲド大学のディスコにまぎれこんだ、昔の少年の顔だ。片方の口の端を上げ、いたずらそうな笑みを浮かべる。「**この手紙のことかな?**」

ベーラはテーブルクロスの端をまくりあげた。そこには分厚く膨らんだ封筒があった。一目瞭然（りょうぜん）。スーザンは合格したのだ。

スーザンは金切り声をあげてテーブルの上の封筒をつかむと、勢いよく封を開けた。わたしは車から運んできた買物袋を持ったまま、ベーラの腕をたたいた。「ひどいじゃないの！」ほっとしすぎて、頭が混乱していた。「こんなことをするなんて！　スーザンの気持ちを考えてよ。わたしの気持ちもよ！」

六か月後、スーザンは高校を卒業した。朝はよく晴れていたが、屋外での卒業式が始まってまもなく、頭上で雷が鳴った。すぐにわたしたちの頭の上に滝のような雨が降ってきた。学校は全員を帰宅させ、卒業証書を受けとれなかった生徒もいた。稲妻が走るなか、わたしたちは車に急いだ。家に帰ると、スーザンは泣いた。高校の卒業式がだいなしだ。わたしは何とか慰めようとした。「スーザン、今日はあなたの人生最高の日なんかじゃない。あなたはこれから、高校の卒業式でじっとすわっていることなんかより、もっと大きなことをするのよ」（スーザンも一理あると思ったのだろう。数週間後に学校が卒業式をやり直したとき、出席しなかったのだから）

その秋、スーザンはペンシルベニア大学に入学した。毎年夏にハンガリーへのひとり旅に出発するときに空港でみせたのと同じ晴れやかでおそれを知らない笑顔で、いってきますといって。計算してみると、スーザンのひとり旅――五歳から毎年一〇週間ずつ――を合計すると、およそ二年半、親元を離れていたことになる。つまり、もう大学三年の半ばになっているのと同じというわけだ。

「しっかりね」わたしたちはいい、そのとおりにするだろうと信じていた。

ドリューは社交的ではなく、わたしよりはるかに控えめな人だった。しかし、わたしたちにはすくなくともひとつ、共通点があった。いつも仕事をしているのだ。ときどき、わたしは午前三時にドリューにメールをすることがあった。ドリューが起きていることはわかっていた。四時前には返信がくるからだ。わたしたちは昼も夜もやりとりした。それぞれ論文を読みあさり、すこしでも研究に役立ちそうな知見を、際限なく広がっていくように思える疑問の範囲を狭める可能性のありそうな事実をさがした。**何十年も**さかのぼってさがした。知りたいことができ、材料が手に入ると、解明のための実験を計画した。どのようなｍＲＮＡを作りたいかがわかってきても、それを研究室で作る方法を考えなくてはならなかった。

実験をくり返し、その結果が信頼できるものかをはっきりさせようとした。はっきりできなければ、またやり直し。試し、微調整し、また試す。大量のデータを検証する。研究を「リサーチ」と呼ぶには理由がある。たださがす（サーチ）のではなく、さがすことをくり返すからだ。さがし（サーチ）、それをもう一度さがす（リ・サーチ）。何度も、何度も、何度も。

わたしたちは肩を並べて研究した。ときにはドリューの実験室で、ときには神経外科のわたしの実験室で。そう、わたしはまだ神経外科に所属していた。そう、わたしの共同研究者は免疫学者だった。よくわからない？　そう、神経外科のほかのみんなもそうだった。

学科の区分は、わたしにとってあまり重要ではなかった。経営の観点からは意味があるのかもしれないが、科学的な観点からは？　意味はない。すべてのことはたがいに関係があり、科目はたがいに混じりあっている。医学では特にそうだ。心臓発作が脳卒中を引き起こすことがあるのに（実際、デイヴィッドの父親のケースがそうだった）、心不全はエリオットのような心臓専門医が治療し、脳卒中はデイヴィッドのような神経外科医が治療する。炎症はドリューのような免疫学者が専門だが、慢性の炎症が心臓や脳の疾患を引き起こしたり、心臓や脳の病気が全身に炎症を引き起こしたりすることもある。

人体は世界と同じように**システム**なのだ。きれいに分類して、はっきりと境界線を引くことなどできない。

わたしは基礎研究者だ。基礎研究の本質は、研究に導かれるままに研究することだ。自分がどの学科に所属しているかなんて、考えている暇はなかった。ドリューとわたしはとにかく必死だった。

ペンシルベニア大学の一年生になったスーザンのほうは、それほど必死に勉強していないようだった。成績は芳しくなく、よくできるのはハンガリー語だけ。子どものころから流暢（りゅうちょう）に話していたのだから当然だ。

ときどきスーザンはわたしの実験室に顔をみせた。そして自分が参加しているさまざまな活動について話してくれた。フィールドホッケークラブ、バスケットボールクラブ、映画上映クラブ、地元の子どもたちと活動するグループ。どれも立派な活動のようだったが、スーザンの声はちっともはずんでいなかった。スーザンのスケジュールは占めていても、心は占めていない。熱意は求められず、スーザンのほうも、活動にも勉強にも熱意を持てずにいた。授業をさぼることもあるのだと、スーザンは白状した。

途方に暮れているようにみえた。

スーザンの状況は、わたしにはさっぱり理解できないものだった。これまでずっと、いやおうなく、とりつかれたように打ちこんできた。打ちこむ以外のことを知らなかった。スーザンの状況を理解できないということは、どうやって支えればいいかもまったくわからないということだった。

ベーラとわたしは、たったひとつ、力になれそうなことをした。あなたを怠けさせるために学費を払っているわけではないと、釘（くぎ）を刺したのだ。スーザンのために払った犠牲、背負った苦労について話し、わたしたちはあなたに大きなチャンスをあげたのだ、わたしたちもがんばっているのだから、あなたもがんばるべきだといった。

だれかと親しくなる経緯はさまざまだ。あっというまに仲よくなることもある。エリオットとは同僚として、最初から温かい関係を築くことができた。初めのうちはうまくいかないこともある。デイヴィッドとはすぐにはわかりあえなかったけれど、いつのまにか子どものように夢中になっていっしょに仕事をするようになった。

ときには、関係がほんのすこしずつできあがっていくこともある。当人も気づかないほどの、ごくゆっくりとしたペースで。

ドリューと共同研究を始めて何年もたったある日、彼がブレスレットを着けていることに気づいた。金属のプレートがついていて、文字が刻まれている。「何が書いてあるの？」わたしはたずねた。「ぼくが意識不明になったときに、まわりの人に知ってもらいたい情報だ」ドリューは答えた。それからわたしの不思議そうな顔をみて、つけ加えた。「１型糖尿病だからね」五歳のときからだという。

ドリューがずっと1型糖尿病を抱えていた？ １型糖尿病は慢性疾患で、自己管理が必要だ。血糖値が下がったら糖分を摂取しないといけないし、炭水化物を消化したり血糖値が上がったりしたときにはインスリンを注射しなくてはいけない。つねに血糖値の測定と調整が必要で、それをしていても、重症低血糖症が起こることもあり、すぐに緊急処置をとらなくてはいけない。

わたしが驚いたのは、糖尿病がドリューとの関係に影響を及ぼすからではない。自分が**知らなかったから**だ。

でも、わたしたちはいつもそんな調子だった。たがいの家族のことや、子どもたちの近況をたずねあうことはあっても、個人的な話はほとんどしなかった。話すことといえば細胞のこと。RNAのこと。シグナルを伝達している受容体や、サイトカインや、クローン技術のこと。とにかく仕事漬けだった。しかし、たとえそんな関係であっても、親しくなれることがわかってきた。

科学について話すとき、実際にはどのような会話が交わされているのだろうか。もちろん「リガンド結合」や「エピトープ提示」や「翻訳因子」といった用語を使うこともあるが、話の内容はもっと大きく、もっと広いものだ。わたしたちが話しているのは**世界はどのような仕組みになっているのか**ということだ。実験を計画するということは、「わたしたちの仮説がすべてまちがっていたら?」、「次はどのようなことを学べるのか?」を問いかけることなのだ。

そして世界のありようがすこしずつみえてくると――実際に発見が始まると――ほかのだれとも共有できないものを経験する。それは**畏敬の念**だ。生物学は優雅で不思議で、この美しい謎の中で何日も、何年もともに過ごしていれば、心からの信頼と結びつきと敬意が自然と育まれていく。

ペンシルベニア大学での一年が終わった夏、スーザンはまたスポーツチームの一員になりたいのだと打ち明けてくれた。すべてのメンバーが協力し、大きな目的に向かって打ちこむ、本格的なチームの一員に。高校の代表チームでプレーしていたころのように、時間管理能力が求められる生活にもどりたいともいった。チームスポーツは、ものごとに焦点をあて、正確にとらえることに役立っていたのがわかったのだという。

　スーザンはペンシルベニア大学のチームに入りたいと思っていた。しかし、ペンシルベニア大学は全米大学体育協会の最高峰であるディビジョン1に入っているため、チームに入れるのはスカウトされた選手や、高校時代に敢闘賞以上を受賞した選手にかぎられる。陸上部なら可能性があるかもしれないが、スーザンは乗り気ではない。走るのが特に好きというわけではないからだが、スーザンは脚が長いし、陸上部は選抜テストで選手を入れることがある。

　夏が終わり、ベーラとわたしは二年生になるスーザンを車で送った。スーザンは大学の中庭にある寮に入っていて、わたしの実験室からみえる部屋にいる。学期が始まるとすぐに、スーザンは陸上部の選抜テストにいった。そこで、陸上部ではクロスカントリーチームの応援のために、メンバー全員が一〇キロメートル走るときかされた。スーザンはため息をついた。それはやりたくない。

「やめておきます」スーザンの陸上競技への道はそこで終わった。

　ペンシルベニア大学にはもうひとつ、選抜テストで選手を入れるチームがあった。経験がほとんど、あるいはまったくなくても受けられて、長距離を走らされる心配もない。それは**ボート部**だった。

「ボート部？」わたしはいった。デイヴィッドがボート部だった。わたしの印象ではエリートのためのスポーツで、わが家のような移民家庭とは縁がない。そもそも、ボートを漕ぐにはボートが必要だ。

「パンフレットには、ペン大生ならだれでも選抜テストを受けられるって書いてあるの！　ママ、わたしだってペン大生だよ！」スーザンは声をあげて笑ってみせてから、真顔になって続けた。背が高い女子は有利なんだって。スーザンの身長は約一八八センチメートルある。次の週、スーザンは意を決して女子ボート部の選抜テストにのぞんだ。

体育館に入った瞬間、チームのメンバーのひとりがスーザンを指さした。「その体格なら、一流のボート選手になれるわよ！」ほかのメンバーも口々に同意した。電話越しに報告してくれるスーザンの声に、この一年間、影をひそめていたものがもどってきたのを感じた。

「ママ、みんなとっても親切で、励ましてくれたわ！ わたし、本当にいい選手になれそうな気がしてきた」

やってごらんなさい、とわたしはいった。ただし、成績が下がらないようにね。

毎日長時間働いた、週が月になり、やがて何年もの月日が流れた。ドリューとわたしは、膨大な数の実験を重ねた。何よりも重要なのは、ＲＮＡを種類別に区分し、樹状細胞に送ったときにすべてが炎症を起こすかどうかを確認することだった。

哺乳類のｍＲＮＡは、炎症反応が**低い**ことがわかった。

哺乳類は、ミトコンドリアと呼ばれる細胞内小器官の中にもＲＮＡを持っている。ミトコンドリアは細胞の中にある小さな発電所のようなもので、細胞がさまざまな生化学反応を起こすのに必要なエネルギーを作っている。ミトコンドリアのＲＮＡをとり出すと、**高い**炎症反応がみられた。

細菌のＲＮＡは、ほとんどが高い炎症反応を起こしたが、細菌の転移（トランスファー）ＲＮＡ（ｔＲＮＡ）――ｍＲＮＡの暗号をタンパク質に翻訳するのを助けるとても小さなＲＮＡ――の炎症反応はとても**低い**ものだった。

RNA ヌクレオシドの修飾		
	少／なし	多
炎症反応大	ミトコンドリアの RNA 細菌のトータル RNA わたしたちが実験室で作った RNA	
炎症反応小 または 炎症反応なし		哺乳類の mRNA 細菌の tRNA 哺乳類の tRNA

何よりもうれしかったのは、哺乳類のｔＲＮＡでは、炎症反応が**まったく起きなかった**ことだ。しめた！　ＲＮＡが炎症反応をまったく起こさない可能性があるのだ！

わたしたちは実験結果を何度も検証した。

炎症反応大：
ミトコンドリアのＲＮＡ
細菌のトータルＲＮＡ
わたしたちが実験室で作ったＲＮＡ

炎症反応小　または　炎症反応なし：
哺乳類のｍＲＮＡ
細菌のｔＲＮＡ
哺乳類のｔＲＮＡ

炎症反応が大きいグループに共通していて、炎症反応が小さいグループには含まれない条件など、あるだろうか。

じつはあったのだ。

ロバート・スハドルニク博士の研究室で学んだように、自然界ではA、C、G、Uという基本的な構成単位に、小さな変化、つまりヌクレオシドの修飾がたくさん起きている。ヌクレオシド修飾があっても分子は同じように機能し、ときには恩恵をもたらすことさえある。

このようなヌクレオシド修飾は実際に起きていて、修飾されたRNAがみつかることもある。ヌクレオシドの修飾の有無を考慮に入れると、おもしろいことがみえてきた（前頁の表を参照）。

なるほど。もしかしたら、わかってきたかもしれない。

修飾されていないRNAが炎症を引き起こしている可能性があるのだ！ 決まった応答をするといわれる自然免疫系は、修飾されたヌクレオシドを**含む**RNA分子と、修飾されたヌクレオシドを**含まない**RNA分子をはっきりと区別している可能性がある。

修飾されたヌクレオシドを含まないRNA分子が、免疫細胞に警報信号を送っているということかもしれない。

これで有力な作業仮説が立てられた。**mRNAのヌクレオシドの修飾が、免疫応答を回避するカギである。**本当にそうなのだろうか。もちろんまだたしかではない。これは仮説にすぎず、ほかの可能性も排除できなかった。

この仮説を検証する必要がある。

そのためには二種類のmRNAを作らなくてはならない。**修飾された**ヌクレオシドを持つmRNAと、**修飾されていない**ヌクレオシドを持つmRNAだ。この二種類による炎症反応を比較するのだ。

すばらしい計画だが、大きな難題があった。そのようなヌクレオシド修飾ｍＲＮＡを作った前例が、まったくないのだ。どうすれば作れるのか、わたしにもわからなかった。

スーザンはボート競技にすっかりのめりこんだ。早起きして静まりかえったキャンパスを出て、スクールキル川にいくのが好きだった。静かな川面にボートを浮かべ、陸の世界を離れて水の上に出て、すいすいと岸を通りすぎるのが好きだった。自分の筋肉だけを使って、チームメートと同じ動きで、ボートを進ませるのが好きだった。力がみなぎり、全員の動きがひとつになったとき、とつぜん思いもかけないスピードでボートが進みはじめるのが好きだった。

「魔法よ」ボート競技についてわたしたちに語るとき、スーザンは何度もそういった。「あれは魔法よ」チームワークも、仲間意識も、水のにおいや音や動きも、新しい自分の発見も、スーザンにはすべてが魔法だった。

わたしは自分を優秀だと思ったことはなかった。学校では、ごくふつうの生徒だった。しかし一生懸命学ぶうちに、脳を鍛えれば能力を伸ばせることを発見した。スーザンも同じような発見をしたようだった。ボート部に入ったときには初心者だったかもしれないが、全力で打ちこむうちに、優秀な選手になっていった。とてもとても、優秀な選手に。

スーザンには子どものころから競争心があったが、それまで潜在能力を発揮するための技術がなかった。しかしようやく競争心を解きはなつ方法がみつかった。練習のたびに、チームのメンバーはローイングマシンで競いあった。練習を始めて数か月で順位がぐんぐん上がっていったので、スーザンはわくわくしていた。ボート競技のための体作りはまだ途中だったが、驚異的なスピードが出る瞬間があった(スーザンは長距離走を回避したつもりでいたが、ボートチームでも長距離を走ってタイムを計ることがあった。でもスーザンはボートに夢中だったので、苦にならなかった)。

一〇月、ベーラとわたしは、スクールキル川のほとりに設けられた海軍記念日レガッタの観覧席に陣どった。スーザンのボート競技を観戦するのは初めてだった。席のすぐ近くにあるボートハウスは、ハンガリーからフィラデルフィアに到着した夜に光に照らしだされていた、あのおとぎの村のような家並みだ。あの夜は、何もかもなじみがなく、このボートハウスも奇妙な風景の一部だった。今、わたしたちはその風景に溶けこんでいる。ここが**わたしたちの**生活の場になっている。そして**わたしたちの**娘は、ペンシルベニア大学のユニフォーム姿で、川のほとりにいる。

よく晴れて暖かい、すばらしい秋の日だった。大学チームがあちこちから集まり、熱気に満ちていた。選手たちは男子も女子も、天気と同じように美しかった。ボートを漕ぐには全身の筋肉を使い、しかも休む暇がない。だからどの選手も健康そのもので、手脚が長く、筋肉がついていた。まるでスーパーモデルの一群が屋外広告から出てきて歩きまわっているようだった。

スーザンは背が高いことをずっと気にしていた。しかし、ここではふつうだった。背筋を伸ばし、自信たっぷりに動いているのをみると、生まれて初めて伸び伸びと全身を広げたようにみえた。

そして、水上での動きのすばらしかったこと!

わたしはそれまでボート競技をまともにみたことがなかった。選手がうしろ向きにボートを漕いでいることに初めて気づいたほどだ。つまり、ボートを漕ぐ選手には、自分たちが進んでいる方向がみえないということだ。ボートの上でたったひとり、ゴールラインがみえているのは小柄なコックス(舵手(だしゅ))で、漕手(そうしゅ)と向かいあわせにすわり、選手に指示を与え、ボートの舵(かじ)をとる。ゴールラインがみえないスーザンには、自分たちがどのあたりにいるかがわからない。距離を測る目安もなく、ゴールが近いという確信もなく、ゴールまでの距離をみながらペース配分することもできない。ひとかきひとかき、全力を注ぐしかないのだ。

わたしの実験と同じだなと思った。ブレイクスルーができるのか、あとどのくらい時間がかかるのか、まったくわからない。全力を注げば、いずれ何らかの形で努力が報われると信じるしかないのだ。

チームのアシスタントコーチは、スーザンには能力もあるが欠点もあることにすぐに気づいた。失敗をおそれるあまり、自分をおさえてしまうことがあると、見抜いたのだ。「思いきって試してみるんだ。失敗してもかまわない。失敗をおそれていては、いつまでたっても自分の本当の力を出しきることなどできないぞ」

それはまさに、スーザンが最も必要としていたアドバイスだった。**失敗をおそれるな**。アシスタントコーチは、スーザンをわざわざ呼んでこういった。「スーザン、きみにはオリンピックを目指せる力がある」それをきいたとき、わたしはスーザンが高校時代、バスケットボールの試合でとにかくボールをパスされないようにしていたことを思い出した。「オリンピックに？ 本当？ スーザン、すごいじゃないの！」

たとえそこまでボート競技の才能がなかったとしても、わたしはスーザンを励まし、続けさせただろう。チームに入ってからというもの、スーザンは成績優秀者に選ばれるようになり、過去をふり返ってくよくよすることもなくなった。

神経外科の学科長、ショーンは、わたしに対する不満を募らせていた。学科長とはすくなくとも年に一度面談があり、その年の業績をふり返ることになっている。面談はいつも同じように進んだ。まず、わたしの研究の話から始まる。わたしは矢継ぎ早に、ドリューとふたりで発見したこと、mRNAが炎症反応を起こした理由がわかりそうなことをまくしたてた。ショーンはいつも顔色ひとつ変えずにきいていた。そして「そうか、なかなか重要そうだな」というような、生ぬるい励ましの言葉をかけてくる。

研究の話はそれで終わり。すぐに話題は、ペンシルベニア大学の基準で評価したわたしの業績に移る。論文掲載（並はずれてはいないが、まずまず）、引用回数（あるが、学科のほかのメンバーほどではない）、資金（あいかわらずゼロ）。

「カタリン、学科は今、プレッシャーにさらされているんだ。専有面積に応じた資金を調達できないとなると……」

専有面積に応じた資金。ドリューとわたしがブレイクスルーを目前にしているというのに、ショーンは専有面積だの資金だのの話をしている。「学科はちゃんと業績をあげていると思いますけど」わたしは言い返した。そのとおりだった。ほかのメンバーが調達してきた資金で、学科は十分運営できるはずだった。外傷性脳損傷の研究で、脚光を浴びている神経外科医もいる。その神経外科医のもとには年間何百万ドルもの資金が流れこんできている。

「カタリン」ショーンは語気を強めた。「大学が評価の対象にしているのは学科単位だけではない。個々の研究者についても評価しているんだ。きみが主著者を務めた論文が『ネイチャー』誌クラスに掲載されれば、わたしだってもうすこし口添えできるのだがね」毎月数百万人が購読する『ネイチャー』誌に掲載されることは、科学者にとって見果てぬ夢。広く読まれ、広く引用されることになる。

「しかし、きみは『ネイチャー』誌に論文が掲載されたわけではない。助成金をもらっているわけでもない。このままでは、よろしくないことになる」

しかしそのころには、わたしはショーンの話をきくのをやめていた。すでに頭の中は、自分にとっていちばん重要な問題でいっぱいになっていた。どうすれば修飾されたヌクレオシドを持つｍＲＮＡを作ることができるだろうか。

大学二年が終わった夏、スーザンはボートハウス・ロウにあるヴェスパー・ボート・クラブで、ボートを漕いで過ごした。まさにボート漬けの夏で、家族にも変化をもたらした。五歳のときから、スーザンは毎年ハンガリーで夏休みを過ごした。しかし今回はキシュウーイサーラーシュ滞在を新年度が始まる直前の二週間に縮めなくてはならない。

夏の間、スーザンは毎晩家に帰ってくると、練習のことやボートハウスの熱気のことを楽しそうに話した。話しながら食事を何度もお代わりして、水の上で使ったエネルギーを補給した。そしてばたんと横になってぐっすり眠り、朝早く起きだしてまた同じことをくり返す。全身が痛くなるまで、指が水ぶくれになって血が出るまでボートを漕いだ。「ママ、ほらみて！」といって、ぼろぼろになったてのひらをみせ、「殴りあいでもしたみたいだよね」という。傷だらけの手をみると、わたしの手まで痛くなった。

三年になると、スーザンはキャンパス外の家で、チームメートと生活するようになった。顔を合わせることは減ったが、よく電話をしてきて、これから出場するレガッタについて、レースの結果について、ベーラとわたしに話してくれた。わたしが観戦にいくと、必ずスーザン・フランシアのお母さんと紹介された。

こちらは、スーザン・フランシアのお母さん。

スーザン・フランシアのお母さんとは、もう話をした？

ああ、あなたがスーザン・フランシアのお母さんですか！

スーザン自身からきいていなくても、チームメートの反応をみれば——あのスーザン・フランシアのお母さん！——スーザンがどんな存在かは明らかだった。今やチーム一の漕手なのだ。

あるとき、スーザンはニュージャージー州プリンストンで行われる「ＩＤキャンプ」というものに出かけた。それがどんなものなのか、わたしにはわからなかったが、スーザンはその夜、興奮して電話をかけてきた。アメリカ代表チームの監督がきていたというのだ。キャンプの終わりに監督はスーザンを呼んで、きみはアメリカ市民かとたずねた。スーザンは大学二年が終わった夏、七月四日の独立記念日に市民権を取得していた。「どうしてそんなことをきいたと思う？　わたしに代表チームに入る力があると思ったからなの！」スーザンは大声でまくしたてた。

大学三年を終えたスーザンを、わたしたちはプリンストンに送っていった。夏の間、アメリカじゅうの大学から集まった選りすぐりの選手が、トップ選手養成のためのトレーニングを受けるのだ。だれもが高い目標とありあまる熱意を持っていた。夏の終わり、スーザンはカナダのオンタリオ州セント・キャサリンズで開かれるロイヤル・カナディアン・ヘンリー・レガッタに出場した。船舶用の運河で行われる、歴史あるレースだ。スーザンはたくさんのメダルを獲得し、フィラデルフィアにもどってくると、レースの様子を話してくれた。もしかしたら、この先、スーザンが望んでいるような未来が開けていくのかもしれない。

「もしもオリンピックに出場できたら、そのあとまたカナディアン・ヘンリーに出場してみたらどう？　きっと全勝よ！」

スーザンは真顔でわたしの目をのぞきこんだ。「ママ、オリンピックのあとは、もうカナディアン・ヘンリーには出ないよ。オリンピックは最高の舞台だから、それに出るってことは、頂点にのぼりつめたってことになるのよ」

そのときのスーザンの声には、いつもとちがうものがあった。率直さ、信念、確信。そして、スーザンは**オリンピックのあとは**といった。そのとき、わたしは理解した。スーザンにとって、オリンピックはもう仮定の話ではない。ただの夢ではない。スーザンは本気なのだ。オリンピックまでの道筋をきちんと計画していたのだ。

ブレイクスルー

ドリューとわたしは修飾されたヌクレオシドを含むmＲＮＡが炎症を起こさないことを検証しようとしていた。しかしそのためには、ヌクレオシド修飾mＲＮＡを**作らなくては**ならない。

自然界では、どのＲＮＡも初めは四つの基本的なヌクレオシドから成っている。ＲＮＡができあがると、選ばれたヌクレオシドが酵素によって修飾される。二〇〇四年当時、その酵素のほとんどがわかっていなかった。つきとめられ、特徴が明らかになった酵素も、合成するのは技術的にハードルが高く、不可能だった。だから、このアプローチは行き止まりだ。

もうひとつのアプローチは、すでに修飾されたヌクレオシドを購入し、それを使ってｍＲＮＡを作ってみる方法だった。しかし、そんなものがどこで買えるというのか？　わたしはかつての同僚ルドヴィグ・ヤーノシュに相談した。ヤーノシュはそのころ、ドイツでリボザイム関係の仕事をしていた。ヤーノシュの助言に従って、わたしは修飾されたヌクレオシドを一〇個――そのとき買えたものをありったけ――買った。

一〇個のうち五個には、ｍＲＮＡへの転写に欠かせない酵素ＲＮＡポリメラーゼが働かなかった。あっというまに可能性が半分になってしまった。さいわい、残りの五個には働いた。つまり、ヌクレオシド修飾されたｍＲＮＡを五種類作れることになる。

ヌクレオシド修飾ｍＲＮＡができたので、修飾されていないｍＲＮＡと比べられる。修飾されたことによって、ｍＲＮＡは炎症反応を起こさなくなるのだろうか。

わくわくする実験だった。信じられないほど興奮した。それでも、この実験が将来どのような意味を持つことになるかは、まったく想像できなかった――わたしたちだけでなく、世界にとっても。

前にも説明したように、科学研究は形を変え続けるパズルのようなものだ。新しいピースがはめこまれるとパズル全体が変わり、新たな領域に向かってさらに広がっていく。パズルはどんどん広がって、やがては宇宙をすっぽりおおってしまうかもしれない。

一方で、ひとつひとつのピースをよく観察すると、ピースそのものが過去の科学者たちによる何千もの発見から成るモザイクであることがわかる（さらにその発見をよく観察すると、その発見自体もモザイクであることがわかる。どの発見も先人の発見によって成り立っていて、古代にまでさかのぼることができる)。科学の世界ではよく「われわれは巨人の肩の上に立っている」という言い回しをする。まさにそういうことなのだ。

ドリューとわたしがｍＲＮＡの共同研究を始めるより一〇年ほど前、免疫系の分野で重要な発見があった。自然免疫系の樹状細胞などに含まれているタンパク質が「警戒」することがわかったのだ。「トル様受容体（ＴＬＲ）」と呼ばれるそのタンパク質は、危険がないかどうか、あたりを警戒している。自然免疫系の一部であるため、特定の抗原を警戒しているわけではなく、危険と関連づけられる分子のパターンを察知するのだ。

トル様受容体は、いってみれば典型的な強盗の特徴を見抜くように訓練された警備員のようなものだ。黒い目出し帽にボーダー柄のシャツ、片手に懐中電灯、片手に盗品を入れた袋を持ち、無精ひげを生やして、足音をしのばせて歩く。実際の侵入者は、そんなステレオタイプにあてはまらないかもしれないが、ボーダー柄のシャツと懐中電灯をみれば、警備員は警報器を鳴らす。

ヌクレオシド修飾されていないｍＲＮＡは、このトル様受容体を警戒させる特徴を持っているのだろうか。

ヌクレオシド修飾されたｍＲＮＡと、されていないｍＲＮＡを比較する実験をするとき、わたしたちはこのトル様受容体に注目していた。すると、目の前の視界がさっと開けた。修飾されていないｍＲＮＡは数種類のトル様受容体を警戒させた。しかしウリジンが修飾されたｍＲＮＡは警戒させなかった。

つまりウリジンを修飾すれば、人工のｍＲＮＡが原因と思われる炎症を避けることができるかもし

れない。それこそ、わたしたちがずっとさがしていた——世界じゅうが必要としていた——情報だ。これで安全なｍＲＮＡ治療薬の開発が始められる。

みつけたぞ！ユリイカ

今回も、お祝いはしなかった。冷蔵庫にシャンパンもなかった。データを確認したドリューはすこしだけ背筋を伸ばし、すこしだけ目を見開いた。わたしがｍＲＮＡを作れるといったときと同じように。わたしはつぶやいた。「免疫原性がない」（「免疫原性」とは「免疫応答を引き起こす性質」のことだ）わたしは何度もつぶやいた。くり返していないと、目の前の事実が消えてしまいそうな気がした。「免疫原性がない。免疫原性がまったくない」

すばらしい発見だった。しかし、この発見にはそれ以上の意味があることが、すぐに明らかになった。

スーザンは大学四年になった。犯罪学の修士課程にも入ったので、卒業時には学士号と修士号の両方を取得することになる。しかもスーザンは四年で卒業すると決めていた。

スーザンは勤勉だった。ボートを漕ぎ、授業に出る。ボートを漕ぎ、勉強する。ボートを漕ぎ、レポートを書く。眠って食べ、さらにボートを漕ぐ。

将来について考えることもあった。ＦＢＩに入ろうか。いつかカリフォルニアにいこうか。しかしたいてい、意識は二〇〇八年に向けられていた。初出場を目指すオリンピックが開催される年だ。

ドリューとわたしは大発見をした。ウリジンを修飾したものにかえることで、免疫系に察知されないmRNAを作ることができるようになった。しかし、このヌクレオシド修飾mRNAは、どのようにタンパク質に翻訳されるだろうか。その疑問への答えをみつけるべく、新たな実験が始まった。

RNAで最もよくみられる修飾ヌクレオシドは「シュードウリジン」と呼ばれるものだ。半世紀以上前に発見されたシュードウリジンは、さまざまなRNAの中に存在し、tRNAにもみられる。人体のあらゆる細胞に含まれ、自然に発生する。シュードウリジンを持つRNAはウリジンと同じ塩基（ウラシル）を持つが、ウリジンではなくシュードウリジンを持つRNAのほうが構造的に安定していて、やや頑丈だ。わずかなちがいだが、そのちがいが大きな意味を持つのだ。

ウリジンのさまざまな異性体を持つmRNAを試したところ、驚くようなことがわかった。シュードウリジンを持つmRNAは翻訳の効率がよく、**一〇倍以上のタンパク質を翻訳する**のだ。

ウリジンをシュードウリジンにかえたmRNAは、二重の意味で役に立った。危険な免疫応答を引き起こさないと同時に、より多くのタンパク質を翻訳するのだから。

この仕事を始めて三〇年がたっていた。ひとつひと

ドリュー・ワイスマン博士と。ふたりの共同研究で、炎症を起こさないヌクレオシド修飾mRNAの技術を開発した。2015年、フィラデルフィアにて。

つ日を重ね、ひとつひとつ実験を重ね、どの研究室でも努力を重ねてきた。そしてついに、ようやく、成果が現れたのだ。

mRNAを実験室で作る方法を確立した。

mRNAを細胞に届ける方法を確立した。

mRNAの劣化を防ぐ方法を確立した。

シュードウリジンをmRNAに入れることによって、炎症反応を防げるようになった。そして**大量の**タンパク質に翻訳できるようになった。

有頂天だった。これまでの概念を一変させる発見、医薬品やワクチンに新しい時代をもたらす発見だ。世界じゅうが興味を持つだろう。どんな学術雑誌も、どんなバイオテクノロジー企業も、どんな研究所も。わたしたちは信じて疑わなかった。

最初に論文を提出したのは『ネイチャー』誌だった。一流の科学雑誌、掲載されれば大学も一目置くようになるだろうとショーンが言及した雑誌だ。掲載基準は「すでに他紙に投稿されていない、科学的な重要度が傑出している、他分野の読者にも関心が持たれる」こと。ドリューとわたしの研究は、このすべてを満たしていた。

二四時間以内に返事がきた。編集者はわたしたちの論文は「漸進的貢献（インクリメンタル）」にすぎないとして、即座に却下した。「漸進的」――初めてきく言葉だった。そして辞書で調べて愕然（がくぜん）とした。わたしたちの研究は「小さな」貢献だとみなされた。これほど重要な発見が？『ネイチャー』誌の編集者には、この発見が持つ意味がわからないのだろうか。「漸進的」研究なら、ペンシルベニア大学でいつも目にしている。しかし、わたしたちが提出した論文は、ブレイクスルーだ。

しかたがない。免疫系を専門としている学術雑誌なら、この重要性を理解してくれるかもしれない。わたしたちは次に論文を『イミュニティ』誌に送った。免疫学の論文を専門に扱う定評ある雑誌だ。論文は査読段階に進み、三人の科学者に審査された。しかし、すぐには通過しなかった。差しもどしや追加の実験を経て、ようやく掲載が決まった。これで、すくなくともわたしたちの発見を世界に知ってもらうことができる。

雑誌が出版される前日、ドリューはいつものまじめな口調でいった。「カタリン、覚悟しておくんだ。明日から、きみの電話は鳴りっぱなしになるからね」講演の依頼が舞いこみ、ほかの科学者やジャーナリストに説明を求められるだろう。世界じゅうから注目を浴びることになる。

わたしはうなずいた。わかった。これだけ時間をかけたのだから、覚悟はできている。

電話は鳴らなかった。雑誌が出版された日も、その翌日も、その翌週も、その翌月も。その後の数年間で、わたしたちのブレイクスルーについて話してほしいと講演に招かれたのは二回だけで、両方とも二〇〇六年のことだった。一回目は日本で開かれた札幌国際がんシンポジウム。二回目はニューヨークのロックフェラー大学で開かれた核酸医薬学会の第二回総会だった。

ロックフェラー大学は興味深い場所だ。学部がないため、科学者以外にはあまり知られていないが、すぐれた科学研究機関で、現役の生物学・医学の科学者からの評価は高い。この大学には学科もなければ学科長もいない。どんな管理上のヒエラルキーも最低限におさえられている。学部は研究上の必要に応じて横断的に協力することを奨励されている。実験的なモデルだが、効果は現れている。一〇〇年の歴史の中で、ロックフェラー大学は数十人のノーベル賞受賞者、数十人のラスカー賞受賞者、一三二人の米国科学アカデミー会員、その他大勢の受賞者を輩出している（そのひとり、アレクサンダー・トマスは、わたしが生物学研究所でともに働いたトマス・イェネーのお兄さんだ。ハンガリー人はあちこちで活躍している！）。

ロックフェラー大学を訪れるのは楽しかった。大都市の中心部、アッパーイーストサイドのイースト川沿いにあるのだが、まるでひとつの独立した世界のように感じられた。どこをみても科学、科学、科学で、生物学研究所を思い出した。プレゼンテーションが終わると、別の研究所からきた科学者が近づいてきた。質問があるという。わたしはうなずいた。どんな専門的な質問でも答えよう。実験計画についての質問でも、ヌクレオシド修飾ｍＲＮＡ合成の難しさについてでも、免疫系の応答についてでも。

「あなたの上司はどなた？」彼女はたずねた。

わたしは相手の顔をじっとみた。「わたしです」ペンシルベニア大学の組織図がどうなっていようと、それが正直な返事だった。

そしてフィラデルフィアに帰った。長い間、それっきりだった。注目され、賞賛されると思っていたが、実際に待っていたのは沈黙だった。草分けとなる発見は、だれからも見向きもされなかった。どうやらブレイクスルーは、だれのもとにも届かなかったようだ。

わたしはスーザン・フランシアのお母さん

ドリューとわたしは研究を続けた。さらに論文を書き、人為的に合成したｍＲＮＡを精製する新しい方法をみつけた。新たにＲＮＡＲｘという会社を立ちあげ、二〇〇六年に法人化した。治療効果のあるｍＲＮＡを使った医薬品の開発を目的とした会社だ。最初の製品は、赤血球が減少する貧血の治療薬に決めた。赤血球の産生をうながすホルモンタンパク質の翻訳を指示するｍＲＮＡを作るのだ。

わたしたちは国立衛生研究所の中小企業助成金に応募し、スタートアップ資金として一〇万ドル、さらにマウスでの実験に成功したあとに八〇万ドルを受けとった。会社を軌道に乗せるには十分ではなかったが、当座の資金にはなるだろう。わたしたちは投資家に売りこみ、ほかの助成金にも応募した。

おそらくプレゼンテーションのせいだろうと、わたしは思った。ドリューもわたしも、やはり科学者だ。売りこみの経験はまったくない。ちょうどそのとき、ウォートンスクール――ペンシルベニア大学の有名なビジネススクール――が毎年恒例のコンテストを開催した。ＭＢＡコースの学生が、技術移転局が管理している特許の中からひとつを選んでビジネスプランを立てるというコンテストだ。優勝したグループは投資資金を獲得する。

ふたりの学生が、わたしたちのヌクレオシド修飾ｍＲＮＡの特許を選んだ。わたしたちはふたりに、もし資金を獲得できたら、喜んで役員として迎え、経営を任せるといった。しかし、ふたりも運には恵まれず、一次選考に残らなかった。

エリオットにも断られた。エリオットとは、ずっと連絡をとりあっていた。ｍＲＮＡが治療に使えるはずだと信じていることは知っていたので、ドリューとわたしの発見に感心してくれると思っていた。しかし、新会社の最高経営責任者になってほしいと頼むと、わたしが昇進できないことを告げたときと同じ、つらそうな表情になった。「ぼくは無給顧問になるよ。今の仕事はいいし、リスクは回りだ」

避したい性格だから、最高経営責任者は受けられないな。カタリン、申し訳ない。でも、ぼくにはむ

わたしという人間は、見通しのきかない人生を歩む運命なのかもしれない。しかし、スーザンのほうは一流への道を迷わず進みはじめていた。

ペンシルベニア大学を卒業した夏、スーザンはふたたびプリンストンでのトップ選手養成キャンプに参加した。二〇〇四年六月、夏のオリンピックを前に、アメリカ代表チームもプリンストンにきていて、最後の強化トレーニングに入っていた。スーザンはほかの参加者といっしょに、代表チームの手伝いをした。

スーザンはボートに乗り、毎日代表チームの練習相手をした。種目は女子エイト（進行方向とは反対方向を向いた漕手八人と、進行方向を向いたコックスから成るチーム）。毎朝、ちがう国のユニフォームを着た。毎日、代表チームの監督から指示を受けた。「次は二五〇メートルを一二本だ。最初の五本は全力で、六本目はどんな手を使っても勝つ意気ごみで、ふり返るな！」

予想どおり、代表チームはずっとスーザンたちに勝っていた。ところが六本目に、スーザンたちが勝つこともあった。スーザンはとうてい信じられなかっただろう。大学で三シーズンボート競技をしただけで、**オリンピック代表選手に勝つなんて。**

その夏、スーザンがレース相手をしたアメリカ代表チームは、アテネオリンピックで銀メダルを獲得した。監督たちはすでに次のオリンピックを見据えていた。夏の終わり、スーザンは二〇〇八年の北京大会に向けてトレーニングをするチームに招かれた。招集されたのは実際に出場できる人数の三

倍だったし、本番までまだ四年あったが、スーザンは目標に確実に近づいていることを実感できた。

その年、スーザンはまたロイヤル・カナディアン・ヘンリー・レガッタに出場し、すべてのレースに勝利した。

それからの四年間は、オリンピック代表の八席をめぐって、三〇人のライバルと力を合わせたり競ったりする日々だった。スーザンは毎日わたしの職場に電話をかけてきて、息をはずませながら午前中のレースの報告をしてくれた。スーザンにとって、一本一本の練習試合がオリンピックと同じ重さを持っていた。いい試合ができれば有頂天になり、できなければ絶望した。白状すれば、わたしはスーザンからの電話が怖かった。受話器の向こうからどんな声がきこえてくるか、わからなかったからだ。それでも、どんなときでも励ましたいと思っていた。

「まだ足りない、まだまだなの」スーザンはくり返した。「わたしは世界一になりたいのよ」

RNARxを設立する前に、ドリューとわたしは炎症を起こさないヌクレオシド修飾mRNAの特許を登録していた。

いや、それは正確とはいえない。ペンシルベニア大学のような研究機関の場合、職員が登録した知的財産の特許は**大学のもの**になる。だから、わたしたちのヌクレオシド修飾mRNAの特許は、ペンシルベニア大学のものになった。雇用契約によって、ドリューとわたしは特許から得られる収益の一部を受けとれるが、特許の使用許諾の権限は大学にある。

RNARxが会社として成り立つためには、わたしたちの知的財産をどう使うかを、わたしたちが決められる必要がある。この条件について、わたしたちは大学側と何度もやりとりした。交渉した。

押し問答した。弁護士まで雇った。

それでも、わたしは楽観的でいようとした。

神経外科では、あいかわらず資金を獲得できていないと、ショーンからプレッシャーをかけられていた。

「カタリン、わたしはきみに現実を理解してほしいだけなんだ」何度もわたしを呼びつけていたショーンは、あるときそういった。「ペンシルベニア大学では、獲得資金に応じて実験室の専有面積が決まる。ところがきみはそれにまったく達していない。これまで上司にはもうすぐ助成金がもらえるだろうと説明してきたが、ここまでくると、わたしも――」

「嚢胞（のうほう）性線維症」わたしは口走った。

ショーンは言葉を切った。「何だって？」

「ｍＲＮＡを使えば、嚢胞性線維症の患者さんの肺機能を回復させることができるかもしれません」ショーンが何もいわないのをみて、わたしはさらにたたみかけた。「考えてみてください、学科長！嚢胞性線維症の原因はＣＦＴＲというタンパク質の欠損、あるいは機能低下です。だからＣＦＴＲの翻訳を指示するｍＲＮＡを作って、患者さんに治療として届ければ、必要なタンパク質が細胞でつくられるようになるんです。**救う**ことができるんです！　吸入型にすることだってできるかもしれません。これがどんなに重要な研究か、わかりますか？」

ショーンは、いかにもがまんしてやっているといいたげな声色でいった。「カタリン。この学科で行われている研究は、**すべて**重要だ。たとえばダグが研究している脳振盪（しんとう）の認知機能への影響だって、とても重要だ。しかも、ダグの研究は資金を得ている。学科長としては、学科のリソースは平等に使うよう配慮しなければならない。そのためにも、すべてのメンバーに基準を満たしてもらう必要があるんだ。つまり……」

また**獲得資金に応じた専有面積**の話だ。本当に重要なのは、そんなことなのだろうか。わたしたちの研究はそんなことのために行われているのだろうか。そもそも、わたしは学科のリソースをむだ遣いなどしていない。給料は少なく、まわりの神経外科医たちと比べたら、笑ってしまうほどだ。もう五〇代だというのに、実験はすべて自分でやっている。実験助手も、博士研究員もついていない。これまでずっと、ジュディ・スウェインに降格させられて以来、わたしは学科のメンバーでもないのに学科の会議に出席しているのだ。

目の前で、ショーンはまだしゃべっている。科学のことでも、mRNAがどのようにして世界を救うかということでもなく、いつものように予算のことを。資金のことを。

「……きみもいっしょに解決策をさがしてくれることを願っているよ。さもないと——」

「すみません。仕事があるので」

二〇〇八年夏、最高の知らせが届いた。何週間にもわたる過酷な代表選手選考会を経て、アメリカ代表チームの監督がスーザンを部屋に呼び、握手をしてこういったのだ。「オリンピックチームへようこそ」

二〇〇八年八月初旬、ベーラとわたしはハンガリーで姉と落ちあい、いっしょに中国へ飛んだ。北京にいくのは初めてで、これ以上ないタイミングだった。街は熱気にあふれていた。中国経済が外資を受け入れるようになってからまだ三〇年もたっていない時期だったこともあり、オリンピックは中国全体が国際社会にデビューするパーティのようだった。オリンピックに関わっていない人までが、お祝いムードだった。通りには人があふれ、旗をふったり、アスリートらしき人に声援を送ったりしている。タクシーの運転手は、オリンピックに合わせて英語のフレーズを覚えている。見知らぬ人がとつぜん近づいてきて、プレゼントをくれる。ベーラとジョーカとわたしのそばにきて、いっしょに写真を撮ってくれという人が、引きも切らなかった。

「背が高い（トール）」笑顔でカメラに向かって立つわたしたちに、そういう人もいた。「すごく背が高い（ベリー・トール）」英語を話さない人たちは、両手を伸ばし、わたしたちの頭に近づけて、身ぶりで示した。「娘が選手なんです」わたしはその人たちに説明した。相手にわかるかどうかは、どうでもよかった。とにかくみんなにいいたかった。**わたしがここにきたのは、ジュジがオリンピックに出るから。美しくて、意志の強いわたしたちの娘が、オリンピック選手だから。**

スーザンの話では、最大の強敵はルーマニアだという。女子エイトの種目で、これまで三大会連続で金メダルを獲（と）っているのだ。ジョーカは教会をさがした。ロウソクに火をともし、アメリカ代表チームの幸運を祈るため。ジョーカはそれまでも、スーザンがワールドカップや世界選手権に出るたびに、そうやって祈ってくれていた。しかし、北京には教会がみあたらず、通行を禁止されている通りも多かった。わたしたちは市内を歩きまわり、どこかに教会はないかとさがしまわった。歩きながら、街の景色を目に焼きつけた。雲に向かってそびえ立つクレーン、建設中の高層ビル、超近代的なビルを建てるため、古い建物をとり壊すブルドーザー。街は急速に変わりつつあり、次に北京にきたときには、まったくちがう都市になっていることだろう。どんなに歩きまわっても教会はみつからず、ジョーカがロウソクに火をともすことはできなかった。

その夜、選手村から電話をくれたスーザンに、わたしたちは教会をみつけられなかったと報告した。

「ありがとう。でも、わたしたち、ロウソクがなくてもだいじょうぶよ」スーザンはいった。

勝つつもりなのだ。スーザンたちは、勝つつもりでいるのだ。わたしは思った。

北京国家体育場（あだ名は「鳥の巣」）で開会式が催された夜は、うだるような暑さだった。湿度は一〇〇パーセント近かった。それでも体育場の外は、北京市民でごった返していた。たとえ中に入れなくても、すこしでもそばにいたいという人たちだ。目もくらむような開会式だった。これまでも、これから先も、あれほどみごとな出し物をみることはないだろう。一万五〇〇〇人の出演者が伝統衣装を身につけ、太鼓をたたきながら、正確にきびきびと動く。まるで人間ではなく、精密機械か、巨大な生きもののようだった。

世界じゅうから集まり、体育場を埋めた九万人の観客のひとりとして、汗だくになりながら、わたしは思っていた。**わたしがここにいるのは、スーザンがこのオリンピックに出るから。わたしは、オリンピックに出場するスーザン・フランシアのお母さんなのだ。**

それで、スーザンの試合はどうなったか？　スーザンたちは、どんなチームも寄せつけなかった。最後の試合でアメリカ代表チームが二位以下に一挺身（いっていしん）以上の差をつけてゴールを切ったとき、わたしはほっとしてその場にうずくまりそうになった。ベーラもジョーカも立ちあがり、飛んだり跳ねたり、声がかれるまで叫んだりした。スーザンがまだボートの上で、疲れきった両手を上げ、勝利に酔いしれているとき、わたしたちは泣いていた。チームの要でいつも威勢のいいコックスのメアリー・ウィップルを、代表チームが大喜びで川の中に放りこんだときも――ボート競技の伝統だ――わたしたちはまだ泣いていた。表彰式でも、そのあとスーザンたちが美しい金メダルにキスしたときも、わたしたちは泣いていた。
わたしはスーザン・フランシアのお母さん。あの子が金メダルを持って帰ってくる。
ボート競技と科学の共通点はほかにもある。つねに出発点にもどり、新しく始めなくてはならない。新しい目標、新しい実験、自分を証明する新しいチャンス、新しい未知の領域。

　金メダリストになったスーザンも、帰国すれば**次の**オリンピックに出場できる八席をめぐって競いあう選手のひとりになる。一回世界一になったからといって、加点されるわけではない。北京大会が終わった瞬間、スーザンは二〇一二年のオリンピックでアメリカに金メダルをもたらせるかどうかという一点で評価されることになる。新たなチャレンジが始まったのだ。

　北京大会まで、ほかの選手に負けることは、スーザンにとって想定の範囲内だった。しかし北京大会後、スーザンの自分自身に対する期待値が上がった。そして試合で負けると、自己疑念に悩まされるようになった。**どうして負けたのだろう。どうして前みたいに勝てなくなったんだろう。選手としてのピークが過ぎてしまったのだろうか。**

　スーザンは自己疑念だけでなく、けがにも苦しんだ。ボート競技は体を痛めつける。スーザンは椎間板ヘルニアに悩まされ、肋骨（ろっこつ）を何本か疲労骨折していた。二〇一一年には痛みがひどくなり、すわることも、車を運転することも、テーブルの上の皿を持ちあげることさえ困難になった。スーザンは体じゅうに温湿布と鎮痛パッチを貼って競技を続けた。気をつけなさい、体の声に耳を傾けなさい、冷静に考えなさいとわたしはいった。もういいじゃない、オリンピックで金メダルも獲ったし、四回も世界チャンピオンになったんだから。そのたびにスーザンはきっぱりといった。「ママもパパも、さっさとロンドンオリンピックのチケットをとっておいたほうがいいわよ」

まったくスーザンときたら頑固なんだから。だれに似たのかしら。わたしは思った。

一方、わたしはわたしで、問題と疑念と痛みを抱えていた。ペンシルベニア大学と何年も交渉を続けてきたにもかかわらず、わたしたちの研究にもとづいた特許の許諾権は、あいかわらず大学側にあった。そして大学はこの特許の許諾について、別の会社と交渉を始めていた。

二〇一〇年――大学との交渉を始めてから、すでに何年もたっていた――ウィスコンシン州マディソンに本社をおくエピセンター社というバイオテクノロジー企業の最高経営責任者から電話がかかってきた。試薬や酵素、実験キットなど、遺伝子配列決定に関係する実験材料を扱う会社だ。実験室で幹細胞を作るため、わたしたちのヌクレオシド修飾ｍＲＮＡの特許を使わせてほしいという話だった。わたしは、ＲＮＡＲｘには権限がないため、使用許諾はできないのだと説明した。「とにかく、だれにも専用実施権を与えさせないようにしてください、どうか頼みますよ」と最高経営責任者はいって、ヌクレオシド修飾ｍＲＮＡで幹細胞を作る使用許諾に三〇万ドルを支払うと申し出た。

わたしはわくわくした。三〇万ドルが入れば、その資金で会社を軌道に乗せることができる。培養器を置くスペースも、装置も、培養細胞も、試薬も、本格的に事業を始めるのに必要なものをすべてそろえることができる。わたしはペンシルベニア大学の技術移転局に電話し、交渉を再開して決着をつけようと提案した。ウィスコンシン州の企業から打診があったといって、エピセンター社の情報を伝え、適性評価手続きをしてもらうことにした。

ところが気づいたときには、大学はエピセンター社に三〇万ドルで専用実施権を許諾していた。ほかの会社が——ＲＮＡＲｘも含めて——特許を使うには、エピセンター社（そのときにはセルスクリプト社になっていた）にサブライセンス料を支払わなくてはならない。この会社はじつにいい買い物をしたことになる。

ＲＮＡＲｘを立ちあげて四年がたっていた。国立衛生研究所からの助成金は底をつきかけているのに、ほかの投資家はまだみつかっていない。特許もなく、実験スペースもなく、みこみもなく、四年たっても製品の誕生には一歩も近づいていなかった。

ヌクレオシド修飾ｍＲＮＡをビジネスにしようとしているのは、わたしたちだけではなかった。数か月前、ハーバード大学とマサチューセッツ工科大学の研究者が、マサチューセッツ州ケンブリッジにスタートアップを設立した。主な事業は？　ヌクレオシド修飾ｍＲＮＡを使った創薬。まだ無名だったその会社は、修飾ＲＮＡを社名にしていた。「ＭｏｄｅＲＮＡ」、モデルナだ。モデルナに出資したベンチャーキャピタルの幹部には、わたしも会ったことがある。ペンシルベニア大学に、わたしたちの特許についてたずねにきたのだ。

わたしはため息をつき、特許の許諾権は大学にあるのだと説明した。

それなのに学科では、ショーンがあいかわらず獲得資金に応じた専有面積や、わたしの資金不足についてうるさくいってきた。わたしのほうは学科のメンバーにもどしてほしいとショーンに訴えるようになった。ショーンを説得し、復帰のための信任状を学科の事務局に提出してもらったが、却下された。

そこでわたしは事務局にいき、直談判した。担当者は、一度学科のコースからはずれた人をもどすことはないといった。なおも理由をたずねると、わたしが「学科の基準に達していない」からだという。

わたしは考えた。「それで、『学科の基準』というのは、どのように決めるんですか？」

担当者は首を横にふり、「知りません」とにべもなくいった。「とにかく、**あなた**は学科の基準に達していないと判断されたのです」

わたしはうつむかなかった。前に進み続けた。スーザンが毎日そうやっていたように。

スーザンにとって二度目の代表選手選考会は、前回より厳しかった。もしかしたら前回の厳しさを忘れていただけかもしれない。母親が出産の痛みを忘れてしまうように。選考会中のある夜、スーザンはすっかり落ちこんで電話をしてきた。体も心も限界だった。

わたしにできることはひとつしかなかった。わたしはうたった。スーザンが子どものころにうたった歌、わたし自身が必要としていた歌を。

みずからの手で掘れば
その輝きを自分だけのものにすることができる
それだけの価値があると、あなたにはきっとわかるはず……

大変なのはわかるけれど、全力をつくして手にするものは、何もかもすばらしい。そういいたかった。

痛みに耐え、スーザンは二度目のオリンピック出場を決めた。

娘スーザンがオリンピックのボート競技で金メダルを獲得したことを祝うベーラとわたし。2012年、イギリスのロンドンにて。

レースは六分間のスナップショットだ。あまりにも速くて、簡単なことのようにみえてしまう。観客の目にはみえないが、その背後には、何年もの積み重ねがある。毎秒、毎時、毎日、毎週、毎月の積み重ねがある。トレーニングや痛み、水ぶくれや自己疑念がある。

観客の目にはみえないが、その背後には地道な努力がある。地道な努力を支える情熱と意欲がある。

スーザンはすべてを賭けてボート競技に打ちこんできた。そしてその努力がふたたび報われた。二度目はイギリス、バッキンガムシャーのドーニー湖。すぐそばには絵画のように美しいイートン校のキャンパスがある。わたしは自分の子どもがアメリカ合衆国を代表して、みえないゴールに向かって漕ぐのを見守った。そして今度もわが子のボートが最初にゴールを切るのを目撃した。

わたしはスーザン・フランシアのお母さん。自

分の娘がオリンピックで金メダルを獲るのをこの目でみた……二回も。

もうここにはいられない

二〇一三年五月、神経外科に出勤すると、わたしの持ち物が廊下に出されていた。キャスター付きの椅子も、バインダーも、ホットプレートも、ポスターも、試験管の箱も。

いったいどういうこと？

実験室に入ると、神経外科の検査技師が、わたしの持ち物を段ボール箱に詰めていた。そばには巨大なごみ箱もあって、そこにぽんぽんと物を入れていく。**わたしの**物を。

「何をしているの？」わたしはたずねた。その間もごみ箱にどんどん物が入れられていく。実験台シート、古いピペットが入った箱。

「この場所を空けないといけないんです」検査技師はそっけなく答えた。「学科長が、ここを空けろって」

検査技師はアッセイプレートに手を伸ばす。

「さわらないで」わたしはぴしゃりという。

検査技師は一瞬ためらってから、アッセイプレート

追いだされる直前の、ペンシルベニア大学神経外科のわたしの実験スペース。2013年、フィラデルフィアにて。

を手にとる。

「さわらないでっていったでしょう」

「カタリン、いいたいことがあるなら、学科長にいってください」検査技師はアッセイプレートをごみ箱に入れた。

ショーンがオフィスで待ちかまえていた。「カタリン」かんしゃくを起こした子どもにいらだつ親のような声だった。まるで子どもを相手にするように話しだす。「もうこの話は終わったはずだ。業績をあげる時間はたっぷりあっただろう。**一七年**も」ショーンは新しいメンバーを採用したのだといった。助成金を受けているメンバーを。学科はそうやって回していかなくてはならないのだと。

でも、ここはわたしの実験室だ。わたしのすべてだ。

「心配しなくていい。きみのスペースはちゃんと用意してある」動物飼育小屋の近くにある小さな部屋を、実験に使っていいという。ひどい場所だ。RNAをきちんと扱うには狭すぎる。

廊下では、みんながわたしの持ち物をあさりはじめていた。ごみではないのに。

「すまないね、カタリン」ショーンはいった。「しかし、わたしだって、できるだけのことはしたんだ」

「ショーン」わたしは怒りをおさえていった。かんにさわったのはその話し方だ。まるで自分にはすべてわかっていて、わたしだけが理不尽なことをいっているような話し方。いつの日かmRNAが本領を発揮する日がくることが、わからないのだろうか。この人には本当に先がみえていないのだろうか。「あの実験室は、**いつか博物館になりますから!**」

ショーンは顔色ひとつ変えなかった。「ああ、そうかもしれないね、カタリン。しかし今は、方針に従って、別の人に使わせることにするよ」

とどめを刺したのは「方針」という言葉だった。その言葉と、おそらくショーンの無感動な表情だろう。そんなことはどうでもいいという表情。そのときわたしは思った。**もうこんなことは続けられない。もうここにはいられない。**

第6部　一変した世界

二〇二一年

まばゆいステージライト。スポットライトの前に立つと、割れるような拍手が起こる。講堂は人でいっぱいだが、顔がよくわからない。暗い袖からステージに出ると、目が慣れるのにいつも時間がかかる。

今わたしが立っているところには、さっきまでグラミー賞に何度も輝いた天才ミュージシャンのジョン・バティステがいた。エレクトリックブルーの細身のスーツ姿で、『ドント・ストップ』を演奏して喝采を浴びていた。

夢を諦めないで、信じることをやめないで……何があっても、立ち止まらないで。

その前には、アップル社の最高経営責任者、ティム・クックがここに立っていた。このあとにはアメリカ上院議員から気候変動問題担当大統領特使になったジョン・ケリーが立つことになっている。

そして俳優のミンディ・カリング、政治家のガブリエル・ギフォーズ、実業家のビル・ゲイツ、元プロバスケットボール選手のドウェイン・ウェイドなど、そうそうたる顔ぶれが続く。しかし今はわたしの出番だ。

まずはこの場所を把握しよう。滑らかな板張りの壁のこの場所――ニューヨークの円形広場コロンバスサークルそばのリンカーン・センターにあるフレデリック・P・ローズ・ホール――の天井には、赤いダイヤモンドのような照明が半円形に並べられている。ステージ上のわたしには、それが晴れやかな笑顔にみえる。わたしのうしろには「タイム100サミット」という巨大な文字が映し出されている。ひと文字がわたしの体よりも大きい。

ステージ近くでは、黒服のカメラマンが通路をくねくねと歩きまわり、木星の姿をとらえようとしている望遠鏡くらい大きなレンズをわたしに向ける。わたしは深呼吸をしてテレプロンプターを確認し、聴衆に視線をもどす。ああ、ようやく目が慣れてきた。もう顔がわかる。笑みを浮かべてこちらをみあげている人、慎重に感情を表に出すまいとしている人。

わたしが話しだすのを待っているのは、地球上で最も影響力のある人たちだ。

わたしは口を開く。「わたしの父は肉屋でした……」

あれから驚くほどたくさんのことがあった――世界でも、わたしの人生でも。

二〇一三年、わたしは非常勤の肩書きと図書館利用の権利を保持したまま、ペンシルベニア大学を離れた。何か別のことを始める潮時だと思い、バイオテクノロジー業界を視野に入れていた。

そのころには、環境は大きく変化していた。ドリューとわたしに特許の打診をしてきたベンチャーキャピタルが投資したマサチューセッツ州のスタートアップ、モデルナ社は、設立当初に三億ドル近くの資金を調達していた（しかもそれはほんの手始めで、二〇一八年までに新規株式公開でさらに二〇億ドル近くを調達した。最初の製品が世に出る何年も前のことだ）。

初め、もしかしたらモデルナ社で働けるかもしれないと思った。世界各国の民間企業も考えた。驚いたことに、どの企業もわたしと話をしたがってくれた。メッセンジャーRNAのことを知っていて、わたしの論文も読んでいた。mRNAの可能性について、わたしが説得する前から相手が理解しているなんてことは、初めてだった。相手――バイオテクノロジー業界や医薬品会社のトップの人たち――は可能性に気づき、理解していた。わたしと同じように、その可能性に大きな期待を寄せていた。

これまでずっと「mRNAの可能性を信じる会」のメンバーは、片手で数えられる程度だった。会に加わりたい人などどみあたらなかった。ところが今は世界じゅうに支部を持つほどになっているのだ。

勤務先の候補として、わたしがいちばん興味を持ったのは、比較的小規模で控えめなビオンテック社で、ドイツのマインツに本社があった。研究医で夫婦でもあるウール・シャヒンとエズレム・テュレジらが、共同で設立した。

ウールはトルコのシリアとの国境近くで生まれ、四歳のときに家族とともにドイツに移民した。父親はドイツにあるフォード社の工場で働いた。エズレムはイスタンブール出身でドイツに移民した外科医の父親と生物学者の母親との間に生まれた。ウールもエズレムも医師になり、ドイツのがん病棟で働いているときに出会った。ふたりとも、がん患者に十分な治療ができないことに失望していた。既存の治療法は、正確さと迅速さに欠けると考えていた。

ふたりが期待したのは免疫療法だった。患者本人の免疫系を活用してがんと闘う。そこでビオンテック社を設立し、医薬品をできるだけ速く患者のもとに届けることにした。その医薬品のベースとして使おうと考えたのがｍＲＮＡだった。

二〇一三年七月、スーザンの応援でスイスのルツェルンを訪れたわたしとベーラを、姉がマインツまで送ってくれた。そこでわたしはビオンテック社のスタッフを対象に、研究についての講演をした。講演後に昼食をともにしたとき、ウールが会社の事業の前提について説明してくれた。

同じがんにかかった患者がふたりいても、ふたりの腫瘍は三パーセントしか似ていない。このように個人差の大きい腫瘍に対して、既存の治療はおそろしく画一的だった。放射線治療と外科手術と化学療法。このアプローチは、多くの患者に思うような効果をもたらさないばかりか、健康な細胞まで破壊してしまう。一方、ｍＲＮＡをベースとした免疫療法なら、**それぞれの腫瘍と闘うのに必要なタンパク質を正確に選んで**届けられる可能性がある。

ビオンテック社の共同創業者で最高経営責任者のウール・シャヒンと初めて会った日に。数か月後、わたしはビオンテック社に入る。2013年、ドイツのマインツにて。

わたしたちは長い間話しこんだ。ウールは的確な質問をし、ビオンテック社の業務についてわかりやすく説明し、実験室での研究と患者のニーズを結びつける鋭い分析力をみせた。ｍＲＮＡの仕組みについて、完全に理解していた。

わたしはウールが気に入った。控えめで謙虚だが、会社の使命について語るときには、明るくやさしい笑みを浮かべる。わたしと同じように、仕事と生活を切りはなしていないようだ。仕事は一生の仕事であり、生活そのものなのだ。彼の動機があくまで患者を助けたいという気持ちにあり、資金を出してくれた投資家よりそれを優先しているところも気に入った。創業から五年たっているのに、ビオンテック社はまだウェブサイトを持っていなかった（いや、じつはあることはあった。しかし何年も「準備中」になっていたのだ）。プレスリリースも出していなかった。まるで身を隠すようにして、科学的にたしかなものができるまで、いかなる主張もしなかった。それは、わたしの論文に対する態度と同じだった。

ウールはわたしにポストをオファーしてくれた。副社長のポストだ。わたしは、ヌクレオシド修飾mRNAの研究を続けられるという条件なら、考えてもいいと答えた。ウールはその条件でいいといった。しかし、またしても、見知らぬ国で新しい生活を始めなくてはならないのか。

「もちろん、きみはそうすべきだよ」ビオンテック社からオファーをもらったと話すと、ベーラはいった。「またとないチャンスだ。でも……」ベーラは口ごもってから続けた。「今、家族の拠点まで失っていいのかどうか、ぼくにはわからない」ベーラのいいたいことはわかった。これまで何十年も、わたしが実験室から実験室へと渡りあるき、しっかりと根を張ることができなかったのをみてきたのだから。

「家を売ってドイツに引っ越して、やっぱりうまくいかなかったら、どうする？　アメリカにもどってきて、またゼロからやり直さなくちゃならない」

アメリカでの最初の夜を思い出した。何もかも、窓の外で飛ぶホタルさえも、見慣れないものだった。わが家を思いうかべれば、そこにあるものはすべて、ベーラが文字どおり手をかけたものだった。

この床はベーラが一枚ずつ厚板を敷いた。あの窓はベーラが設置した。あの棚はベーラが作り、あのキャビネットはベーラが設置し、あの梁(はり)はベーラが交換して石膏(せっこう)ボードを貼った。この家は、ベーラが愛情こめて働いた結晶。スーザンが育ち、わたしたちが記念日や成長を祝い、どんなにつらい日にもわたしを迎えて慰めてくれた場所。

「あなたのいうとおりだわ。そのとおりよ」

こうして、ベーラはアメリカにとどまることになった。わたしはドイツで小さなアパートを借りる。ビオンテック社で働くのは、一年か二年だろう。「ヌクレオシド修飾ｍＲＮＡを使った薬が実用化されて、最初の患者さんの治療が始まったら、帰ってくるわ」

ビオンテック社へ

マインツはライン川のほとりにある美しい都市で、二〇〇〇年の歴史が、壮麗な大聖堂や、木骨作りの家々や、石畳の通りに刻まれている。わたしはそこで質素なアパートを借りたが、ほとんど何も置かなかった。装飾品も、芸術品も、家らしさを感じられるものは何も。わたしは五八歳になっていた。ベッドルームには家具もなく、天井から裸電球がぶら下がり、ベッドフレームにマットレスが置いてあるだけだった。わが家は、大切な場所は、大西洋の向こう側にあった。

朝は五時ごろに起き、出勤前に一時間、ライン川沿いを走った。そして夜になると、空っぽのアパートに帰った。ときどき夜に母に電話をかけると、世の中のできごとを教えてくれた。母はわたしが世情に疎いことを知っていて、ドイツの首相アンゲラ・メルケルがその日にしたことをわたしに伝えるのが自分の役目だと思っていた。**今日は気候変動について、国連で重要なスピーチをしたのよ。G7開催前にオバマ大統領と会談したのよ。難民の受け入れを表明して、ずいぶん批判を浴びているけれど、信念を曲げていないわ。**「それにね、あの人は科学者なのよ、カタリン」と母は続ける。「物理学者なの」

母はあいかわらず頭が切れたが、体は弱ってきていた。わたしはときどき母に注意した。**お母さん、もっと体にいい食事をしなくちゃ。お母さん、ちゃんと運動している？　毎日心拍数を上げることが、大切なのよ。**その声色は、子どもころ、病気になったわたしに話しかけてきた母の声色と同じだった。心配のあまり、うるさく叱りつける声色だ。

数か月に一度は、ベーラに会うためにアメリカに帰った。二週間ほど家にいて、リモートで仕事をした。そしてまた何もないアパートにもどって、仕事を続けるのだ。

スーザンはボート競技を引退した。二〇一四年には殿堂入りを果たし、しばらくはコーチをしたり、講演をしたり、モデルをしたりした。そしてついに念願かなってカリフォルニア大学ロサンゼルス校（ＵＣＬＡ）に入学した。ＭＢＡコースに入り、二〇一八年にＵＣＬＡのアンダーソン・スクール・オブ・マネジメントを卒業した。二〇一九年七月、スーザンは電話をかけてきて、大切な人ができたと打ち明けた。ライアンは建設業界の人で、総合建設会社でプロジェクトマネジャーをしているという。

「いいじゃない。物作りができるってことは重要よ」わたしはいった。これまでずっとそれに助けられてきた。

九月、付きあいはじめてまだ二か月しかたっていないスーザンとライアンは、夜の便でドイツにやってきた。わたしのアパートに着いたのは明け方だった。あとでスーザンにきいたところによると、それがふたりにとって七回目のデートだったという。ドアを開け、ライアンをひと目みたとたん――ライアンは背が高く、少年のようで、スーザンと同じくらい浮かれていた――わたしは両手を広げて抱きついた。それから体を離し、ライアンの目をのぞきこんでたずねた。「イエーガーマイスターを一杯どう？」

ライアンは驚きを隠し、笑みを浮かべた。その笑顔が南部出身のライアンの魅力のひとつであることを、わたしはゆくゆく知ることになる。「もちろんです！」

部屋の中に入り、わたしが注いだリキュールを、三人ともあっというまに飲みほした。それがお祝いのようなものだった。もうわたしにはわかっていた。この人とは長い付きあいになる。

バイオテクノロジー業界での仕事は楽しかった。仕事の内容も、交わす会話も、さばさばしていて正直だった。わたしたちがやっているのはビジネスだ。すぐれた科学にもとづいた製品を作っているのだ。研究のためには投資家から資金を受け、研究の成果である製品を売ることによってその資金を増やす。まっすぐな真っ向勝負だ。

資金は大学での研究でも重要だった。しかし、多くの人がそうではないふりをしていた。資金の影響を、科学雑誌への掲載、引用、委員会、内輪のグループや、出身校、「有力者」といった名声の象徴でおおいかくしていた。

業界は現実的だった。その知見は有効か、有効ではないか。その知見は役に立つか、そのデータによって裏づけられるのはどちらのアプローチか、といったことが重視された。言葉になまりがあろうと、アイビーリーグを卒業していようと、ごますりが得意であろうと、関係なかった。

ビオンテック社では、六五か国からきた研究者が働いていた。全員がドイツ語を理解するわけではなかったが、全員が科学を理解していた。

ここで初めて、わたしは自分ひとりで実験をすることがなくなった。基礎科学チームのリーダーとなり、ｍＲＮＡとその製法を改良するため、協力して実験した。ビオンテック社はｍＲＮＡを使ったがんの免疫治療薬の開発に向けて、着実に前進していた。また、さまざまな感染症を予防するためのｍＲＮＡワクチンの開発にも着手していた。そのためには、ドリューとの共同研究も続けなくてはならない。ビオンテック社はペンシルベニア大学のドリューの研究室に出資して、さまざまなワクチン開発の支援を始めた。その中には、わたしたちが最初にとり組んだＨＩＶワクチンも含まれていた。わたしたちは独自に臨床実験を行い、製品を開発すると同時に、大手製薬会社とも提携した。そのひとつが二〇一八年に発表された、ファイザー製薬とのｍＲＮＡをベースにしたインフルエンザワクチンの共同開発だ。わたしたちは研究を始めた。

ビオンテック社で働くのは楽しかった。とても気に入っていた。

しかし、試練がないわけではなかった。二〇一六年、わたしは耳下腺（じかせん）がんと診断された。耳下腺は唾液を分泌する器官だ。スーザンがカリフォルニアから看病にきてくれた。わたしと同じように、スーザンもドイツ人医師の話が理解できずに苦労した。わたしたちはモニターをみつめ、情報を継ぎあわせて、医師が勧める内容を理解しようとした。何度か手術を受け、二回目の手術の後遺症で数か月間、片方の目が閉じられなくなり、顔の半分が麻痺（まひ）した。

二〇一八年、母が腎不全でこの世を去った。八九歳だった。一月の晴れた日、降ったばかりの純白の雪に包まれた墓地で、わたしたちは三四年前に父を葬ったとなりに、母の遺灰を埋葬した。

そう、試練がないわけではなかった。

しかし、よいことがたくさんあった。わたしはマインツが好きだったし、職場も好きだった。重要な仕事の一翼を担っていた。スーザンとベーラは、カリフォルニアとフィラデルフィアで、元気に幸せに暮らしている。それまでのことを考えれば、ものごとはうまくいっていた。文句のつけようのないほどに。

ペンシルベニア大学のワクチン学者パルディ・ノルベルト博士（左）と、ビオンテック社の心臓学者サボー・ガーボル・タマーシュ博士（右）と、国際 mRNA 衛生学会で。2019 年、ドイツのベルリンにて。

そしてわたしがビオンテック社で働きはじめてから六年がたった一月のある日、ウールは『ランセット』誌である記事を読んだ。はるか遠い国で、何かが起きている。新しい呼吸器系ウイルスが、中国の武漢で蔓延を始めたのだ。

新型コロナウイルス感染症

そのあと起きたことについては、ここであらためて書く必要はないだろう。二〇二〇年初めに生きていた人なら、その人なりの記憶があるはずだ。もしかしたら、初めはどこか遠くで起きていることのように思えたかもしれない――**どこかで、だれかに、歴史的なことが起きていると。**

そしてある日、もしかしたらここで、自分に起きるかもしれないと考えはじめる。そしてあるニュースで、胃がひっくり返りそうな思いをする。まるで世界の終わりを描いた映画が、とつぜん現実になったように。

もしかしたら買い物にいって、何をどのくらい買うか、いつになく戦略的な計画を立てたかもしれない（もしかしたらトイレットペーパーや除菌グッズを買いこんだかもしれない。もしかしたら買いこもうと思ったけれど、やめたかもしれない。あるいは多くの人がそうだったように、店にいったら何もかも売り切れで、棚が空っぽだったかもしれない）。

学校や職場が閉鎖されたという人もいるはずだ。一時的なことで、数週間もすれば再開するといわれたかもしれない。もしかしたら最前線で働いていた人もいるかもしれない。病院で、薬局で、輸送網で、食料品店で仕事をして、家に閉じこもっているわけにはいかなかったかもしれない（もしそうだったとしたら、心からお礼をいいたい）。

いずれにしても、世界が一変したことを覚えているはずだ。その話を、あらためてわたしがする必要はない。

それはコロナウイルスだった。球状のウイルスで、周囲についている「光冠」のような突起を使って、細胞の中に入っていく。発泡スチロールのボールの外側に、ゴルフのティーがびっしりついているところを想像してほしい。ティーはスパイクタンパク質、ボールの中にはウイルスの遺伝情報が収納されている。ほかのウイルスと同じように、このウイルスも体の細胞を乗っとり、巧妙に細胞機構をウイルス工場に変えて、自分のコピーを作らせる。

コロナウイルスが初めて発見されたのは一九六〇年代。引き起こす疾患は、かぜや胃腸障害など、たいていは軽いものだった。感染して数日間寝こむことはあっても、命に関わることはまれだった。しかし、これまでに世界は二回、ニアミスを経験した。二〇〇二年から二〇〇三年にかけて、SARS－CoV（「重症急性呼吸器症候群」の頭文字をとって「サーズ」と呼ばれた）が主にアジアで流行し、八〇〇〇人が感染した。感染者は多くなかったものの、毒性が強く、致命率は一〇パーセントだった。命は助かった人も、症状は重かった。この毒性の強さが、逆にウイルスの蔓延を妨げた。感染した人（つまりは他人に感染させるおそれのある人）はあまりにも具合が悪く、出歩けなくなるからだ。

二〇一二年に発見された中東呼吸器症候群（MERS（マーズ））コロナウイルスも、重い症状を引き起こした。致命率は三五パーセント近く。天然痘よりも高かった。さいわい、MERSは人から人への感染があまり広がらず、報告された感染者の数は二五〇〇人と、比較的少なかった。

新しいコロナウイルス——のちにSARS－CoV－2、あるいはCOVID（コビッド）－19（ナインティーン）（二〇一九年新型コロナウイルス感染症の略）として知られるようになる——は急速に感染が広まり、深刻な問題となった。症状が重くなって入院する人もいれば、症状が出ても軽くすむ人もいた。感染して死亡する人がいる一方で、症状が軽度、あるいはまったくない人もいた。

新型コロナウイルスは、軽症、あるいは無症候ですむこともあると知った人たちは、ほっとした。**たとえ感染しても、たいしたことはないだろう。**しかし、科学者や公衆衛生当局者は、「無症候」ときくと重く受けとめる。他人に感染させるかもしれないことに気づかずにいると、ウイルスをばらまいてしまうからだ。

COVID－19の致命率は、SARSやMERSより低かった――一パーセントから三パーセントの間――が、けっして安心できなかった。世界人口の一パーセントといえば、一〇〇〇万人単位だ。ウイルスは世界じゅうに急速に広がっていった。新型のウイルスであるため、**だれも免疫を持っていない。**

ワクチンが必要だ。しかも、なるべく早く。

史上最速のワクチン開発

それまで、最も短い期間で開発されたワクチンは、一九六〇年代のおたふくかぜワクチンで、四年で開発された。しかし二〇二〇年初頭、世界じゅうが機能を停止していた。経済は落ちこみ、エッセンシャルワーカーは連日危険なウイルスにさらされ、幸運にも外に出かけずにすむ人たちも、大切な人に会えずにいた。

四年もかけていられない。

スピードは、mRNAを使った医薬品やワクチンの強みのひとつだ。抗原の遺伝子配列がわかれば、その抗原に合わせた暗号をmRNAに載せ、脂質パッケージに入れて速やかに送りだすことができる。ウールとエズレムは、思いきった決断をした。ビオンテック社のリソースを残らず注いで、新型ウイルスの感染を防ぐワクチンを開発するのだ。

ふたりはすべてを賭けた。

二〇二〇年一月初旬、中国のウイルス学者である張永振が、ＳＡＲＳ－ＣｏＶ－２ウイルスの遺伝子配列を公表した。およそ三万近くの塩基、つまりＡやＣやＧやＴが連なった長いもので、二九種類のタンパク質を作るよう指示していた。この二九種類のタンパク質によって、ウイルスは宿主の免疫系に侵入し、細胞に入り、通常の細胞プロセスを妨害し、細胞を乗っとって、自分自身の複製を大量に、ときには致死量に達するまで作りだすのだ。

ウールが『ランセット』誌の記事を読んでから数週間後、ビオンテック社はファイザー社と新型コロナウイルスのワクチン開発で提携することを口頭で約束した。まだ詳細を詰める前から、両社は全力で開発にとりかかった。ビジネスの常識から考えると異例のことだったが、たがいの誠意を信じ、迅速さを優先させた結果だった。ワクチンを開発するときは、たったひとつのタンパク質に狙いを定める。スパイクタンパク質だ。スパイクタンパク質はウイルスの表面にあるため、それに結合する抗体ができれば、すばやくウイルスを中和できる。最終的に実用化するワクチンのベースとなるのは、ウリジンをＮ１－メチルシュードウリジンに入れかえた修飾ｍＲＮＡだ。

ベーラの誕生日の三月一八日には、毎年わが家に帰っていた。二〇二〇年もそのつもりだった。ベーラは六〇歳になる。何か月も前から、三月一三日の金曜日にドイツを発つルフトハンザ航空の席を予約していた。そして家に帰った直後、アメリカは入国制限を発表した。それから一〇か月間、わたしは在宅勤務をしながら、別の大陸にいるチームのメンバーに指示をすることになった。

二〇二〇年のあの時期の緊迫感と格闘について、ここでそのまま伝えることは不可能だろう。ワクチン開発については、すでにウールとエズレムの共著〔訳注：邦訳書は『mRNAワクチンの衝撃――コロナ制圧と医療の未来』、ジョー・ミラーと共著、石井健監修、柴田さとみ他訳、早川書房、二〇二一年〕や、ファイザーの最高経営責任者アルバート・ブーラによる本〔訳注：邦訳書は『Moonshot――ファイザー　不可能を可能にする9か月間の闘いの内幕』、柴田さとみ訳、光文社、二〇二二年〕が出版されている。

ここでわたしにいえるのは、それが驚くべきとり組みであったこと、勇気と専門知識、決断力、精密さが求められる仕事だったことだ。それは先頭に立つ人たち――アルバートやウール、エズレム――だけでなく、従業員から請負業者、納入業者など、プロジェクトに関わったすべての人たちも同じだった。

バイオテクノロジー業界には以前から敬意を持っていたわたしだが、二〇二〇年以来、畏敬の念さえ抱くようになった。あの年、ビオンテック社とファイザー社が成し遂げたことは、奇跡といっていいだろう。新たなベースを使って新たなワクチンを開発したというだけの話ではない。ワクチンの開発にともなって、新しい製造機械や装置、巨大な冷凍設備、新しい輸送基準、まったく新しい世界的なサプライチェーンが必要になった。すべてを迅速にそろえ、進行を妨げたり滞らせたりするものをとりのぞかなくてはならなかった。どんなに費用がかかることでも、どんなに手間がかかることでも、ファイザー社からの返事はいつも同じだった。「了解、すぐやりましょう」

すべての段どりを計画・実行するのは途方もない作業で、巨額の投資が必要だった。ファイザー社が製造する数十億回分のワクチンは、生産ラインから出てきた一本目のガラス瓶から一〇億番目のガラス瓶まで、分子ひとつにいたるまで、まったく同じでなければいけない。接種の際に開封されるワクチンはすべて同じ。マンハッタンの薬局でも、ミュンヘンの病院でも、マンシーの公民館でも。

わたしが生涯賭けてとり組んできた研究が、わたしのはるか先をいき、全世界に広がっていく。初めて子どもを学校に送りだす親の気持ちにすこし似ていたが、そのたとえでは、壮大なスケールと驚くべきスピードを表現することはできない。わが子が漕ぐボートが、オリンピックでゴールラインを切るのを見守る気持ちというたとえのほうが近いだろうか。わが子が世界一のコーチとチームメートに支えられ、世界じゅうの注目を浴びながら金メダルを獲得するのを。

スーザンとライアンは二〇二〇年七月に婚約した。結婚式はその年の一〇月、ふたりが出会ったバージニア州シャーロッツヴィルに決まった。うれしい知らせだったが、わたしには祝っている時間も、いっしょに計画したり、花飾りやドレスや招待状や写真の相談をしたりする時間もなかった。スーザンが電話で詳しい話をしてくれても、うわの空で「ふーん、ふーん」とあいづちを打って、すぐに読んだばかりの論文の話を始めてしまう。仕事が頭から離れることはなかった。もっと論文を読まなければ、このウイルスと感染症についての貴重な論文が、一一本も未読のままになっている。論文がすぐそばをすりぬけていき、自分が追いつけずにいるのを、じりじりと身をもって感じる。一〇月になるころには、結婚式のことはほとんど頭から抜けおちていて、現実味がなかった。

スーザンに会うのはクリスマス以来だった。リハーサルディナー――親族や親しい友人だけのささやかなパーティー――にいったわたしは、娘の姿にはっとした。

そこに、わたしのジュジがいた。壁に寄りかかり、手にピーナッツ入りのM&M'sの袋を持っている。スーザンは新婦の付添人役の友人と話をしていた。オリンピックに出場したときのチームメートだ。スーザンはブロンドの髪をうしろになでつけ、床まであるドレスを着て、ボート競技で鍛えた腕はあいかわらず引き締まっていて、顔はカリフォルニアの太陽を浴びてきれいに日焼けしていた。**頑固で美しい、わたしの娘。**明日結婚する娘。わたしはそこで、スーザンをみつめていた。スーザンはチョコレートを口に入れ、笑みを浮かべて、話を続けた。まだわたしに気づいていない。

何かがちがう。

とつぜん、わたしはスーザンに駆けよった。挨拶もしないうちに、言葉が口からほとばしり出た。

「予定日はいつなの？」

顔の形だったのか、ドレスのラインだったのか。手に持ったチョコレートだったのか。とにかくわかったのだ。

わたしにはわかった。

霧のような雨、秋の紅葉。大量の赤いバラ、馬車。金メダリストの付添人役たち、ひとりはカウボーイブーツを履いている。ベーラの乾杯の言葉は、こう始まった。「ワクチンについて、質問がある方には、今夜、カタリンがお答えします……」参列者が長い列を作るラブ・トレイン、裸足（はだし）のラインダンス、花輪をかぶって踊るベーラ。秘密というわけでもない新しい命、わたしの孫は、白いレースに安全にくるまれている。

式の間じゅう、笑みを絶やさなかったスーザンとライアンの前には、輝かしい人生が待っている。

スーザンの結婚式の二八日後、ファイザー社とビオンテック社の臨床試験の結果がもどってきた。世界各地の一五三か所にいる四万三四四八人の被験者が、ふたつのグループに等分された。ひとつのグループにはワクチンを、もうひとつのグループにはプラセボ（生理食塩水）を接種した。試験はブラインド方式で行われ、接種する側もされる側も、だれがワクチンを接種され、だれがプラセボを接種されたかをまったく知らなかった。発熱や喉の痛みなどの症状が出た被験者は、クリニックで新型コロナウイルスに感染したかどうか検査を受けた。データが集められた。ワクチンの有効性が、ワクチンを受けた人のほうが感染しにくいかどうかが、明らかになるのだ。

通常なら、ワクチンや新薬の試験には、決まったプロセスがある。まず、前臨床試験。製品を作る前の基礎的な検査だ。さいわいそのほとんどは、ビオンテック社とファイザー社のインフルエンザｍＲＮＡワクチン開発時、そしてこれまでの何十年にもわたる研究――ＲＮＡ全般について、ｍＲＮＡについて、脂質について、製剤について――ですんでいた。

前臨床試験が終わると、三つのステップから成る臨床試験に入る。ステップが上がるにつれて、被験者の人数が増え、費用も膨らむ。第Ⅰ相臨床試験では、安全性を確認する。**このワクチンや医薬品は安全か、一回の量はどのくらいにすべきか。**健康な人に被験者になってもらい、投与量をすこしずつ変えて試験する。第Ⅱ相臨床試験では、**効き目**を確認する。ワクチンなら**効果的な免疫応答を引き起こすか。**第Ⅲ相臨床試験では、より多くの被験者を対象にする。被験者が多様であるほど、結果の信頼性が上がる。ここでは有効性を調べ、これまでの試験で何か問題を見逃していないかを確認する。

ＣＯＶＩＤ－19のワクチンも、安全性や試験方法、被験者の数や多様性を十分考慮して、このすべてのプロセスを踏んだ。しかし、第Ⅰ相と第Ⅱ相の臨床試験を同時進行し、できるだけ早く結果が得られるようにした。まだ臨床試験が完了する前から、ファイザー社は数百万回分のワクチンを製造し、極低温の倉庫で保管していた。

臨床試験でワクチンの有効性が確認できれば、すぐに出荷できるように。データを待っている間、多くの同僚が不安を口にした。わたしは不安ではなかった。それどころか、わたしには確信があった。

二〇二〇年一一月八日は日曜日だった。ベーラとわたしはスーザンの誕生日を、自宅で静かに祝った。夜になって、電話が鳴った。ウールだった。ファイザー社のアルバート・ブーラから連絡があり、ワクチンの有効性が確認されたという。疑う余地のない結果だった。修飾ｍＲＮＡを使ったわたしたちのワクチンは、当時広まっていたウイルスの株に対し、九五パーセントの効果があったのだ。

わたしは電話を切り、ベーラの顔をみた。とても冷静だった。

「有効性があるって」わたしはそれだけいった。

よい知らせをきいてもすぐに仕事にはもどらなかったのは、研究者になって初めてだった。わたしは自分にいちばんふさわしい形でお祝いした。特大サイズのグーバーズを開けて、ぺろりと平らげたのだ。

どんな賞よりも価値があるごほうび

わたしの話が、自分でも信じられないうちにあっというまに広まった。初めは、ニュースの中で名前が言及される程度だった。数十年間にわたる努力の末、史上最速でワクチン開発を成し遂げた多くの研究者のひとりとして。

一一月一〇日、ファイザー社とビオンテック社の第Ⅲ相臨床試験の結果が発表された翌日、『ＳＴ

AT』誌に「mRNA物語：かつては無視されたアイデアが新型コロナワクチン競争をリードする技術になるまで」という記事が掲載された。一週間後には『ガーディアン』紙が、わたし個人にスポットをあてた記事を出した。「新型コロナワクチン技術の先駆者：『その効果を疑ったことは一度もない』」という見出しの記事のいちばん上には、ロンドンオリンピックのときにベーラとスーザンと撮った写真が載っていた。三人とも赤と白と青の服を着ている。さらに『ニューヨーク・ポスト』紙（「数十年にわたるmRNA研究によってふたつのCOVID－19ワクチンを生みだした科学者」）、『テレグラフ』紙（「『救い』：mRNAへのゆるぎない信頼が世界にCOVID－19ワクチンをもたらした」）の記事が続いた。一二月にはCNNのインタビューを受け、アンカーのクリス・クオモに「ぼくにはとうてい説明できないような研究をした」科学者として紹介された。わたしはそれまでの一〇か月間、Zoomで仕事を続けてきた部屋から出演し、クオモの質問にせいいっぱい答えながら、ずっと思っていた。**どういうこと？　いったい何が起きているの？**

わたしにはさっぱりわからなかった。

クリスマス直前、コピー機の前での偶然の出会いから二〇年以上を経て、ドリューとわたしはいっしょにファイザー・ビオンテック製の新型コロナウイルスmRNAワクチンを受けた。そのころにはモデルナ社のmRNAワクチン――ファイザー・ビオンテック製のワクチンと同様に、わたしたちの修飾ウリジン研究をもとに開発された――が緊急使用許可を得て出荷されはじめていた。わたしたちはペンシルベニア大学で接種を受けた。廊下には医療従事者が――二メートルの間隔を空けて――やはりワクチンを受けるために列を作っていた。ペンシルベニア大学の同僚が、大きな声でいった。

「ワクチンの発明者たちがきた！」とどろきのような歓声があがり、涙で視界がにじんだ。

しかし、それは過分な賞賛だった。たしかにわたしたちは画期的な発見（ブレイクスルー）をして、それがパンデミックで大きな役割を果たした。だがほかにも賞賛されるべき人はたくさんいる。たとえば、わたしたちの研究の土台には、これまで多くの科学者たちが積み重ねてきた研究がある。細胞や細胞核、DNAやRNA、それに細胞質メッセンジャー「X」を発見した科学者たち。転写という精巧なプロセスを発見し、試験管内で再現した科学者たち。脂質混合物を作り、mRNAを細胞に送ることを可能にした科学者たち。そのようにして発見された技術は、どれもわたしたちの研究に欠かせないものだった。

それから医療従事者やエッセンシャルワーカー――医師や看護師、技術者や清掃スタッフ――は、ワクチンが開発されるまでの一年間、みずからの生命を危険にさらしても、感染した患者の治療や看護にあたったり、毎日働いたりしてくれた。

ビオンテック社とファイザー社の人たち、それに協力してくれた企業の人たちもそうだ。技術者、技師、倉庫のスタッフ、一年たらずでワクチンを作って届けるための製造や機械、輸送や物流管理など、わたしには想像もつかないような専門知識を持つ人たち。そしてもちろん、何万人もの被験者が、まれにみる脅威の中、新しい仕組みを使った新しいワクチンの試験に協力してくれた。

ほかにも賞賛に値する人たちはいくらでもいる。ワクチン接種を実現するのに協力してくれた人たち。アメリカでも、世界でも、コミュニティの中からボランティアが出て力になってくれた。年金生活者も、そのために休みをとってくれた人もいた。仕事が終わったあとに接種会場に駆けつけて、夜を徹してできるだけ多くの人ができるだけ速やかにワクチンを受けられるように活動してくれた人もいた。雨や雪の中で交通整理をしたり、身分証明書を確認したりしてくれた。ワクチンのガラス瓶を開封し、注射器に充塡(じゅうてん)し、接種券に記録を書きこみ、不安がっている人をなだめてくれた。次々と目の前に現れる腕に、次々と針を刺してくれた。何十回が何百回になり、何千回になり、何百万回になり、何億回にもなっていった。

賞賛すべき人はあまりにも多く、払われた犠牲はあまりにも大きい。修飾ｍＲＮＡの詰まった注射器の針が腕に刺さったとき、涙がこぼれてきた。結集された力の大きさに圧倒されていた。そして自分がその一部になれたことに誇りを感じていた。

記者からの電話が鳴り続け、世界のリーダーから招待状が届いた。ナショナル・パブリック・ラジオ、フランス24、ＷＢＵＲでとりあげられ、『ル・モンド』紙、『ボストン・グローブ』紙、『ロサンゼルス・タイムズ』紙、『ハンガリアン・フリー・プレス』紙で特集記事になった。『フォーブス』誌には二〇二〇年の最もインスピレーションを与えた移民のひとりに選ばれた。わたしの研究の話は、ドイツ、ベトナム、メキシコ、中国、トルコ、ブラジルと、世界じゅうを駆けめぐった。

『ニューヨーク・タイムズ』紙には、ジャーナリストのジーナ・コラータが書いた、わたしの紹介記事が載った。写真の中で黒いウールのコートを着ているのはたしかにわたしだったし、葉を落とした木々や雪の積もった地面はたしかにわが家の私道の景色だった。さらに『ニューヨーク・タイムズ』紙のポッドキャスト『ザ・デイリー』で追加のエピソードが流れた。まるで靴下かジーンズでもひっくり返すみたいに、穏やかで平凡だった生活が、とつぜんだれかの手で白日の下にさらされたような気がした。

二〇二〇年一二月、わたしのツイッター（現Ｘ(エックス)）のフォロワーは二〇人だった。一〇年前に、スーザンの最新情報をチェックするために作ったアカウントで、フォロワーのほとんどはスーザンの友人だった。その数が一気に四万五〇〇〇人（本書執筆時点）に膨れあがった。ワクチンに感謝する人たちからメッセージや手紙、カードが届くようになった。

ようやく老人ホームにいる夫に会えるようになりました……

わたしの母は……

隔離状態だったため……

これまでずっと孤独で……

おびえていた……

こんなにうれしいことが……

子どもたちに会えて……

ついに生まれたばかりの孫を抱くことが……

孫を抱く。それはわたしも願っていたことだった。

アレキサンダー・ベアーは二〇二一年二月に生まれた。長い指に丸い顔、世界に魅了されているかのような大きな目。スーザンは自然体で子育てをしていた。わたしはスーザンたちの家に二週間滞在し、せっせとハンガリー料理を作り、ひと晩じゅう「ベアーくん」をゆすった。こういう徹夜は初めてだった。わたしは滞在を心ゆくまで楽しんだ。

わたしは賞を受けるようになった。たいていはドリューと、あるいはウールとエズレムといっしょだった。四人で受賞することもあった。授賞式のために世界じゅうを旅し、高名な科学者たちと同じ賞を手にすることに驚いていた。過去の受賞者の中にはジョナス・ソーク〔訳注：ポリオワクチンを開発した医学者〕、ジェームズ・ワトソンとフランシス・クリック、ジェーン・グドール〔訳注：チンパンジーの研究で知られる動物行動学者〕、ルイ・パスツール〔訳注：細菌学者〕、ニコラ・テスラ〔訳注：電気とエネルギーの研究で知られる発明家〕、それにセント゠ジェルジ・アルベルトまでいる。高校生のとき、クラスで「アメリカ合衆国」とだけ住所を書いて手紙を送った、あのハンガリー出身の有名な科学者だ。ラスカー賞の授賞式では、同席した受賞者の中にデイヴィッド・ボルティモアがいた。ハンガリーの生物学研究所で働きはじめたころ、わたしが夢中になって読んでいたウイルスに関するテキストの著者だ。彼の研究にどれほど刺激を受けたか、直接話ができたのは大きな喜びだった。

名誉学位も贈呈された。デューク大学、イェール大学、テルアビブ大学、そしてわが母校（アルマ・マーテル）のセゲド大学（セゲドはいつもわたしの心にある）からも。イェール大学では、憧れのジョーン・スタイツに会うことができた。RNAの分野の先駆者だ。テルアビブ大学では、いっしょに名誉学位を受けたふたりの女性と親しく話すことができた。ハーヴェイ・ワインスタインの事件を暴いたジャーナリストのジョディ・カンター、そしてロックフェラー大学のすぐれた神経生物学者で、遺伝子と環境が相互に作用して行動に影響を与えることを明らかにしたコリ・バーグマン。科学界における女性について、世界における女性について、自分たちがこれまで歩んできた道や、いまだに直面している難題、女性が成功するために必要なもの（育児サービス、指導者、教育の機会）について、三人で話しあった。

　ドリューとわたしは『タイム』誌の表紙に登場し、二〇二一年のヒーローに選ばれた。わたしは『グラマー』誌の今年の女性にも選ばれ、写真撮影のために雑誌のスタッフが大量のメーク道具と洋服の山を抱えてわが家にやってきた。わたしは黒いワンピース姿でくるりと回り、派手な黄色のセーターとサングラスでポーズをとった。いかにも借り物といった感じだったが、おかげで楽しい午後を過ごした。

　旅はまだ続いた。ブリュッセル、バンコク。ハノイではベトナム出身の大学の同級生に再会した。アンゲラ・メルケルの家に、食事に招かれた。ベルギーではフィリップ国王と食事をした。日本では徳仁天皇と雅子皇后にも会った。二日に一度はちがう国のちがう町で目覚め、大陸もちがうこともざらだった。スーザンはよく同行してくれた。頼りがいのある旅の友で、必要なときにはいつでもミネラルウォーターを手渡してくれた。どこにいっても、スーザンは今や「カタリン・カリコの娘さん」。スーザンがオリンピック選手だったころにわたしが「スーザン・フランシアのお母さん」だったのと、立場が逆転した。

　ハンガリーにもどったときには、高校時代の恩師トート・アルベルト先生に会うことができて、とてもうれしかった。先生は八〇代になっていた。ワクチン開発前に新型コロナウイルスに感染し、重症になったそうだが、明るい人柄は変わっていなかった。セゲド市からは名誉市民の称号を贈られた。式典はベーラとわたしが結婚したセゲド市役所で行われた。大学時代の友人がたくさん駆けつけてくれて、同窓会のようになった。式典のあと、旧友のサバドシュ・ラースローの家にいった。大学時代、ともに鉄道の旅をした仲間だ。ラースローは長年南アメリカで働いたあと、生物学研究所にもどっていた。

クラスメートは世界じゅうに散らばっていて、それぞれいい仕事をしていた。世界各地を忙しく旅する合間に、昔の友人とゆっくり話ができて、ほっとした。

この時期、大勢の友人が会いにきてくれた。ワクチンを受けてからまもないある朝、フィラデルフィアの自宅にあるローイングマシンで運動をしていると、玄関のチャイムが鳴った。ドアを開けると、そこに立っていたのはジーン・ベネット、ペンシルベニア大学で働きはじめたころ実験室をいっしょに使っていた同僚だった。ジーンもスポーツウェア姿で、昔と同じ思いやりと情熱にあふれた声でこういった。「カタリン、どうしても会いたかったのよ！　あなたをどんなに尊敬しているか、あなたと同じ実験室で長年働いたことをどんなに誇りに思っているか、伝えたくて」そのころジーンは、失明を引き起こす難病の治療のために開発した治療法が、人間の遺伝子治療として初めて食品医薬品局に承認され、とても有名になっていた。のちに、ジーンとわたしはいっしょにイェール大学から名誉学位を受けることになる。

アストゥリアス皇太子賞授賞式の歓迎パーティで。わたし、スペインのフェリペ国王、娘のスーザン、その夫ライアン、わたしの夫ベーラ。2021 年、スペインのオビエドにて。

生物学研究所の同僚だったルドヴィグ・ヤーノシュとは、実際に会うことはなかったが、頻繁に連絡をとっていた。あるとき、わたしはこんな昔話をした。「覚えている？よく実験室で洗浄作業をしながら『偶数か奇数か』なんてゲームをしたわね」

「カタリン、ぼくには思い出にひたっている暇はないんだ。やるべきことがたくさんあるからね」

世界がどんなに変わっても、ヤーノシュがちっとも変わらずにいるのは、愉快だった。

ブダペストでは、画家たちが壁にわたしの顔を描いてくれた。二〇平方メートルの、はっきりとした色あいのその壁画は、『ア・イェヴェート・マジャロック・イーリャーク（未来はハンガリー人によって書かれる）』と題されていた。わたしたちは姉も誘って壁画をみにいった。母が、そして父が、これをみてくれたらと思った。何十年も前、父がいったことは本当だった、わたしはたしかに探索者（クタトー）だったと、両親にいいたかった。わたしは一生を賭けて探索を続けてきた。そしてその過程で発見したものが、人類にとって大きな意味を持つことになった。

不安もあった。これまでのように論文を読む時間がとれなくなっていた。何年も前、講演をききにいった高名な科学者のことが思い出された。講演が始まったとたん、その科学界の英雄が新しい文献を読んでいないことがわかって、がっかりしたのだ。

わたしはあんなふうになりたくない。ぜったいになりたくない。でも、いったいどうやって時間を確保すればいいのだろう。

この時期、一度だけシャンパンを開けたことがあった。とてつもなく長時間の移動が必要な賞の祭典が中止になり、数日間の休みができたのだ。これで息抜きができる。論文も何本か読むことができる。

そしてお祝いしたい気分になった。

手紙とメッセージはまだまだ届いた。

お仕事に感謝しています……

親友に会うことができました……

ついに妹と抱きあって……

また手をつないで……

科学者のみなさん、ありがとう……

中には好意的でないメールやメッセージもあった。ワクチンに関して、人びとを恐怖に陥れるような情報が出まわっていたのだ。**ワクチンを接種するとDNAが書きかえられてしまう。ワクチンを接種すると新型コロナウイルスに感染する。ワクチンの開発は拙速だった。ワクチンで不妊症になる。ワクチンで月経周期が変わる。**

「未来はハンガリー人によって書かれる」と題されたわたしの壁画の横で。2021年、ハンガリーのブダペストにて。

その多くは誤った情報だった。ワクチンでDNAが書きかえられることはもちろんなく、DNAに働きかける可能性さえない。それがmRNAの特徴なのだから。しかし、誤った情報の中には、わずかな真実をもとにしたものもあった。たとえば、免疫応答を引き出すものが、一時的に月経周期を変化させる可能性はある。一〇〇年前、最初のワクチンが使われたとき、この現象が確認され、文献に記されている。この変化は一時的で、免疫系が機能していることを示している。危険性はなく、いずれすべてが平常にもどる。

わたしは不安を感じている人を責めなかったし、今も責めるつもりはない。このワクチンのもとになっている仕組みは複雑だ。人は理解できないものには恐怖を感じる。残念なのは、理性を働かせるべきときに、中途半端な事実やまったくのでたらめを使って、わざと恐怖をあおっている人がいることだ。ときには何かを――たいていはウイルスから「守ってくれる」製品を――買わせるためだが、ときにはわたしにはけっして理解できない理由から、人びとを恐怖に陥れている。

しかし、科学を理解しながら、十分に説明ができていないわたしたちにも、責任はあるかもしれない。本書執筆時点で、「シュードウリジン」をネット検索したら、最も頻繁に調べられている疑問は次のようなものだった。**シュードウリジンに毒性はあるのか**。それは多くの人がワクチンについて理解しようとして、ネットで情報を集めているからだ。

さらにネットで検索してみたが、さがしている情報がみつからなかった。**いいえ、シュードウリジンに毒性はありません。シュードウリジンは、すでにあなたの細胞の中に存在しています。あなたの体はこれを敵ではなく、味方とみなしています**。これが正確な答えだ。

命を救うワクチンや医薬品について十分理解するために、人びとが**知っていること**と、**知っておく**

べきことの間には大きな隔たりがある。今、その隔たりは大きく、搾取のチャンスを提供してしまっている。わたしたちは何とかして、隔たりを小さくしなくてはならない。

そこで、質問が寄せられたとき、わたしはできるだけのことをした。何百通もの、もしかしたらすでに何千通かもしれないメッセージに、返事を書いた。心配する必要がないことがわかる、研究やデータを紹介した。そこまでするのは、わたしが「ワクチンチーム」にいるからではない。これはフットボールの試合ではない。そこまでするのは、わたしが科学者だからだ。わたしは長年データを――他人のデータより自分自身のデータを――精査してきた。そのデータが何を意味しているのか、理解してもらいたかったからだ。

一年がたった。さらに一年たった。わたしは空港から空港へと飛びまわり、ホテルからホテルへと渡りあるいて、講演をしたり、インタビューに応じたり、夢にも思わなかった賞を手に写真におさまったりした。次から次へと新しい経験があり、思いがけないことがあった。かつてアインシュタインが働いていたプリンストン高等研究所を訪れたとき、グローバル・スペース・ベンチャーズの最高経営責任者レティシア・ギャリオット・デ・カイユーに会った。彼女のドレスには、女性科学者の絵が描かれていた。マリー・キュリー、ロザリンド・フランクリン、キャサリン・ジョンソン〔訳注：NASAの宇宙計画で軌道計算を担当した数学者〕、マリアム・ミルザハニ〔訳注：双曲幾何学などの研究で数学界のノーベル賞といわれるフィールズ賞を女性で初めて受賞した数学者〕、そしてわたし。

二〇〇二年にセゲド大学とも関わりのあるふたりのハンガリー人研究者ハイネル・ジュジャンナとシャールネツキー・クリスティアンが発見した小惑星には、わたしの名前がつけられた。小惑星番号一六六〇二八番、カリコーカタリン。この小さな星は火星と木星の間にあって、三・七年かけて太陽の周囲を一回公転する。

また、バージニア州の医師夫婦が、ふたり目の子どもにわたしの名前をつけたという、うれしい知らせもあった(こんにちは、小さなウィンザー・カタリンさん。とても威勢のいい子だときいていますよ、何よりです)。

家族が再会できた、また集まれるようになった、抱きあえた、握手できた、笑顔がみられたという報告が続いた。二〇二一年一月、ニューヨーク州プラッツバーグのメドウブルック・ヘルスケア老人ホームで、入居者がワクチン接種を受けた一週間後に新型コロナウイルスの集団感染が起きた。検査の結果、七〇人の感染が確認された。ワクチン接種のおかげで、死者は出なかった。その年の九月、老人ホームはカタリン・カリコに感謝する日を設けてくれた。送られてきた写真には、わたしの写真が印刷されたTシャツ姿の入居者たちが写っていた。母の日の写真もあって、入居者たちが一年ぶりに大切な人のもとを訪れた様子がわかった。

明るい日の光の中で笑みを浮かべる人たちをみて、わたしは思った。**これは、どんな賞よりも価値がある。いちばんのごほうびだ。**

もしもあのとき……

二〇二〇年一〇月、ワクチンの出荷が始まるより前に、わたしはヒヤシンスの球根を買い、水栽培にして、暗く涼しい場所に置いておいた。五センチメートルまで伸びたところで、ペンシルベニア州のわが家の窓辺に移した。球根は植物の定めに従い、急に色づいて花を咲かせた。

ときどきわたしはヒヤシンスをながめては、思い出していた。母が育てていた庭や、祖母が市場で売っていた花や、子どものころに魅了されたハンガリーの植物学者チャポディ・ヴェラの美しい挿絵を。

わたしはいつまでも、ハンガリーの平原に立ちつくし、生命の驚くべき営みに心奪われていた少女のままだろう。


イギリスのケンブリッジ大学で、ホーキング教授フェローシップのスピーチを終えたわたしに、若い科学者が近づいてきた。ルーマニア出身の彼女は、生い立ちや、四人家族がひと部屋の日干しれんがの家でくっつきあっていた生活について、わたしが話したことをきいていた。「わたしも同じような家で育ちました」彼女は目に涙を浮かべていった。「わたしもそういう生活をしてきたんです」

そんなふうに話しかけられるのは、初めてではなかった。わたしに関する記事が掲載されると――テディベアのおなかに現金を隠してハンガリーを出たことが知れわたると――同じように母国を出てきた人たちから手紙やメールがくるようになった。


わたしも同じことをしました。

ぼくも現金をこっそり持ち出しました。

わたしも住みなれた家を出て、右も左もわからない見知らぬ国で新しい人生を踏みだしました。

これからも、移民がこられるように。高い志を持って、困難を乗りこえ、チャンスを手に入れられるように。前に進み、その過程で世界に貢献できるように。

注目を浴びるのは、わたしが望んだことでも、頼んだことでもなかった。わたしは早いうちから他人からの評価を重視せず、研究だけを大切にしてきた。自分がすべき仕事をしっかりして、その研究が行き着く先を信じてきた。たとえ生きている間に結果が出なくても。ところがとつぜん、すべてが変わった。注目され、感謝されるようになった。それも現実とは思えないほど。

どうしてこんなことになったのだろう。

いったいどうして。

リンカーン・センターで、タイム１００サミットの舞台に立ち、観客がよくみえないほどのまばゆいライトを浴びながら、わたしは考えていた。「どうしてこんなことになったのだろう。水道もないひと部屋の家で質素な生活をしていたわたしが、ニューヨーク市のステージに立って、世界で最も影響力のある人たちに向かって話をしているなんて。これはけっして、わたしの意志の力ではない」

そう、意志の力ではない。そしてもっと重要なのは、別の方向に転がっていた可能性はいくらでもあったということだ。

わたしは「もしもあのとき……」とあれこれ考え、感慨にひたるタイプではない。それでも、分かれ道はたしかにあった。もしもハンガリー政府が、あるいはキシュウーイサーラーシュの先生たちが、肉屋のやせた頑固な娘に力を貸そうと思ってくれなかったら。もしもあのチェーンスモーカーの皮肉先生が、わたしの大学入学の妨害に成功していたら。もしもロバート・スハドルニク博士が本当にわたしを国外退去にしていたら。もしもエリオットに出会っていなかったら。もしもデイヴィッドがわたしの首をつないでくれなかったら。もしも科学雑誌のデジタル化が数年早く実現し、ドリューとコピー機の前で出会っていなかったら。

もしも、もしも、もしもあのとき。

この「もしも」の中には、当時はとうてい幸運とは思えなかったこともある。もしもハンガリーで資金援助が停止されていなかったら。もしもスハドルニク博士が、ずっといっしょに仕事をしたいと思うような人物だったら。もしもデイヴィッドとエリオットが新しいポジションを得たりせず、わたしがとり残されなかったら。世界は今とはちがっていただろうか。

自分の仕事が役に立ったと思いたい。しかしここにくるまでには、多くの積み重ねがあった。多くの幸運に恵まれた。そう考えると不思議な気持ちになる。同じようにやってきても、運に恵まれない人もいる。今、この瞬間、そんなチャンスが目の前にある人もいる。気づかずに見逃していることはないだろうか。

タイム100サミットでのスピーチを終えたわたしを、舞台袖でスーザンが迎えてくれる。わたしたちはダウンタウンのフラットアイアン・ディストリクトで開かれているロス賞のシンポジウムに急ぐ。そこでドリューとカメラマンたちが待ちかまえている。主催者に案内されて歓迎パーティの会場を歩きまわる。人びとの話題は国立衛生研究所のR01助成金で、「コールド・スプリング・ハーバー研究所の実験の様子は?」とか「ええ、論文を再提出したところなの」といった声がきこえる。ドリユーとわたしは屋上のテラスに出る。研究についてビデオインタビューを受けている間、下からは行き交う車の音がきこえていた。

会場に入り、賞を受けとり、研究について話をする。会場の人たちが写真を撮っている。ほとんどは知らない人だが、ひとり、見覚えのある顔がいる。満面の笑みと、ボートで鍛えた疲れを知らぬエネルギー。こめかみあたりに白いものがまじりはじめているが、見まちがいようがない。デイヴィッド。友人、同僚、そしてわたしのキャリアを救ってくれた恩人。

デイヴィッドはすばらしいキャリアを積んでいた。脳のバイパス手術の分野ではアメリカ屈指の神経外科医となり、世界的に高い評価を受けている。これまで多くの命を救ってきた。また、病院再生の手腕も有名で、アッパーイーストサイドの活気のない地域病院を、一大外科病院に変えてしまった。もしかしたら、読者の中にはすでにデイヴィッドをみたことがある人もいるかもしれない。ネットフリックスのドキュメンタリーシリーズ『レノックスヒル―医師たちの奮闘記―』、そしてそのスピンオフの『エマージェンシー：ニューヨーク』に登場した四人の医師のひとりとして。

デイヴィッドとわたしは抱きあった。久しぶりの再会だった。

翌日にはパール・マイスター・グリーンガード賞の授賞式に出席した。エリオットの研究室で実験助手をしていた友人のアリス・クオ——ドットマトリクスプリンターの前でともに実験結果を待った仲間——が応援にきてくれた。科学ライターのデーヴァ・ソベルが講演で、科学に従事した女性について何年も書いてきたが、どういうわけか一九世紀にハーバード大学天文台で働いた女性科学者たちのことを過小評価していたと語った。「彼女たちのことはずっとハーバードの歴史のかわいらしくて風変わりなエピソードとして片づけてきたのです」とソベルはいった。昼食会でわたしたちは、科学の世界が公正になるには、まだまだやるべきことがたくさんあると話しあった。

その夜は、スーザンとタイム１００祝賀会に出席した。レッドカーペットを歩き、ずらりと並んだカメラマンに写真を撮られた。カメラマンのおめあては、もっぱらアンドリュー・ガーフィールド、ゼンデイヤ、メアリー・J・ブライジといった芸能人たちだった。しかしスーザンは情報番組『アクセス・ハリウッド』のレポーターが人ごみの中できょろきょろしているのをみつけて、近づいていった。「インタビューにぴったりの重要人物をご紹介するわ……カタリン・カリコ博士。みんなの命を救った有名な科学者よ！」

「もちろん！」レポーターは顔を輝かせ、マイクをとり出した。スーザンに押しだされたわたしは話しだし、ｍＲＮＡについて延々と語った。

神経外科医のデイヴィッド・ランガー（左）、心臓学者のエリオット・バーナサン（右）と。わたしの mRNA 研究を早い時期に支えてくれた。ロックフェラー大学の名誉博士号授与式の歓迎パーティで。2022 年、ニューヨーク州ニューヨークにて。

タイム１００祝賀会の翌日、スーザンとわたしは、さらなるイベントのためにロックフェラー大学に向かった。『イミュニティ』誌に論文が掲載されたあとの二〇〇六年に、講演に招いてくれた機関のひとつだ。今日はここで名誉学位を授けられることになっている。

まずは中庭で歓迎パーティが開かれた。夏で、太陽がじりじり照りつけていた。わたしはあたりをみまわし、涼しそうな場所をさがした。すみっこの日陰に、ダークスーツ姿の男性がいた。メガネの奥からのぞいているのは、やさしそうで温かな目、よき隣人、よき市民、よき同僚の目だった。

どこにいても、その目をみればわかる。

「エリオット!」わたしはエリオットに歩みよった。ニューヨークにきて三回目の、旧友との抱擁だった。

メッセージを届ける

わたしについて書かれた記事の中に、「カリコ問題」と題されたものがあった。その題を最初にみたとき、わたしの名前は問題にまでつけられるようになったのかと笑ってしまった。

それはグッド・サイエンス・プロジェクトという非営利団体で最高責任者を務めるスチュアート・バックが『STAT』誌に寄せた記事で、重要な指摘をしていた。わたしの仕事を、今ふり返って評価するのは簡単だ。しかし、現在進行形で重要な仕事をしているのに見過ごされている人たちに気づくにはどうすればいいのだろうか。そのような仕事のために資金を調達するにはどうすればいいのだろうか。一九八五年に、可能性を秘めたアイデアを持っていたのは、わたしだけではないはずだとバックは主張している。

そう、そうなのだ。わたしだけではないはずだ。

mRNA分子は一時的に存在して、メッセージを届ける。わたしのmRNA研究についてのこの本も、メッセージを届けてくれることを期待している。

ひとつ目のメッセージは、改善の余地があるということだ。学術研究機関における科学研究は改善できる。たとえば、名声の基準——肩書き、論文掲載実績、引用回数、助成金、委員会、礼儀作法、獲得資金に応じた専有面積——と質の高い研究の基準ははっきり分けるべきだ。このふたつがまるで同等であるかのように混同されることが、あまりにも多い。しかし、論文がたくさん、あるいは早く掲載されたからといって、すぐれた科学者であるとはかぎらない。論文掲載が少なかったり遅かったりする科学者の中には、慎重に吟味した正確なデータだけを使って論文を書くべきだという考えの人もいるかもしれない。同様に、引用回数は論文そのものの価値より外的要因に左右されるように思われる。ドリューとわたしが画期的な発見を『イミュニティ』誌に発表したとき、ほとんど顧みられなかった。しかしパンデミックが起こったことで、わたしたちの研究やその重要性が理解されるようになった。

また、科学者の評価基準をもっと幅広くしてはどうだろうか。ほとんどの研究機関では、科学者の価値を、何よりもまず調達した資金で判断する。しかし、ほとんどの助成金は研究者にどんな研究をしてどんな発見をするか、非常に細かく定義させる。科学とは、質問すること、試すこと、疑問に導かれるまま進んでいくことだ。そのためには、未知の世界に入っていかなくてはならない。未知であることが重要なのだ!

そして、わたしたちは資金が学術研究者に与える影響や、その意味について、もっと率直になるべきだ。資金が重要なのは、民間企業でも大学でも同じだ。しかしわたしの経験では、学術研究機関にかぎっては、よいアイデアを無視することが許されている。

ふたつ目のメッセージは、COVID－19ワクチンはmRNAの実用化に道を開いたが、それで終わりではないということだ。研究者はmRNAの潜在的な可能性を探り続けている。数種類のがんや嚢胞性線維症、珍しいタイプの代謝異常を治療する医薬品、そして難しい感染症のワクチン。これからの一〇年で、mRNAを使った新しい医薬品やワクチンが続々と生まれるだろう。

わたしはそれをだれよりもしっかりと目撃するつもりだ。

ロックフェラー大学で名誉学位を受けたあと、イーストリバーをのぞむガラス張りのビルで、豪華なパーティが開かれた。

左どなりのスーザンは、わたしと長年付きあいのある同郷の研究者たち――ニューヨーク大学の神経科学者や、夫婦で重力波を研究しているコロンビア大学の天体物理学者――とハンガリー語で話している。テーブルの下で、スーザンはそっと自分のおなかをなでる。わたしのふたり目の孫がいるのだ。

右どなりでは、デイヴィッドとエリオットが和気あいあいと昔話に花を咲かせている。まるでふたりの子どものように肩を寄せあい、頭をくっつけるようにして、笑いあっている。ディナーが終わるころ、ふたりは今後mRNAでどんな治療ができるようになるか、ブレーンストーミングを始めた。そして半分本気で会社を興そうといいだした。実現するかはわからないが、ふたりが組めばきっと成功するだろう。

そのころ、ベーラはフィラデルフィアの自宅にいて、ガラスと木でできたディスプレーキャビネットの仕上げにとりかかっていた。もちろん、ベーラお手製のキャビネットだ。わたしが帰宅するころには完成していて、すべての棚が、夢のような賞の数々でいっぱいになるだろう。

わたしは耳をすませていた。磁器の食器にフォークがあたる音、わたしが愛し尊敬する人たちの話し声、母国の言葉とわたしを迎えてくれた国の言葉が織りあわさり、わたしを包んでいた。

こんなことが起こるなんて、夢にも思わなかった。

翌朝は早く起きた。四時に車がホテルまで迎えにきて、空港まで送ってくれることになっている。まだまだ旅は続き、たくさんのホテルに泊まり、たくさんの講演をする。パリで、ビルバオで、ブダペストで、ふたたびパリで、そしてもっと遠くで。

こんな生活が永遠に続くわけではないだろう。すでにもっと穏やかな生活を望みはじめている。ゆっくりすわって科学論文を読む生活を。そこから新しい疑問が生まれ、その疑問が新しい実験へと導いてくれるだろう。

しかし今はもうすこしだけ、この瞬間を味わっておこう。まだ若い、駆けだしの科学者だったころの気持ちを忘れないでおこう。そして今まさに駆けだしたばかりの若い科学者たちのことを思い描こう。彼らはやがて論文を発表し、いつの日かだれも想像しなかったようなブレイクスルーをするだろう。

発見すべきことは、まだまだたくさんある。

エピローグ

この本は、先生たちへのお礼状から始まった。わたしの先生、そして会うことのない多くの先生への。

先生たちは種子を植えてくれていると書いた。

最後は科学者たち――現在の、未来の、可能性を秘めた科学者――と、人類の進歩に貢献したいと願っているすべての人たちへの言葉で終えたいと思う。特に、現状にうまくなじめない人たちへの。もしかしたら、あなたは教科書に載っている科学者のようではないかもしれない。もしかしたら、あなたは新しい言語の習得中で、強いなまりのある話し方をするかもしれない。もしかしたら、周囲にひとりも科学者がいない環境で育ったかもしれないし、だれもきいたことがないような学校を卒業したかもしれないし、権力の中枢を動かしている目にみえないルールがまったく理解できないかもしれない。そんな人には特に、わたしの言葉を覚えておいてほしい。

ごくふつうのある日、具合の悪い体を引きずるようにしてセゲドの町を歩いていたわたしに、とつぜん悟りの瞬間が訪れた。できなかった貢献は、だれにも気づかれずに終わる。わたしのところにやってきて、仕事を続けろといってくれる人などいない。ここでやめたとき、あるいはすこしずつハードルを下げて全力投球をしなくなったとき、失われたものはまったく気づかれることなく消え去るだろう。

重要な貢献が実現せずに終わった世界は、まったくふつうの世界にみえるだろう。それが現状維持だ。

あの日、なぜあのような気持ちになったのかはわからない。しかしあの悟りが長い年月、わたしを支えてくれた。ずっと顧みられることもなく、あらゆる状況が陰に陽に「カタリン、これはあなたがすべき仕事ではないよ」と告げていた長い年月の間、ずっと。

あの悟りは、前に進む力になってくれた。諦めてしまいそうな局面で、わたしを頑固にしてくれた。

もしかしたら、そんな天のお告げのような悟りの瞬間は、だれにでも訪れるものではないかもしれない。だからわたしからあなたに伝えたい。**立ち止まらないで。**

あなたの今後の貢献は、まだ仮定にすぎないかもしれない。でも、どうかそれを現実のこととして扱ってほしい。それは重要なものなのだ。たとえその結果がもたらす影響をあなたがみることができなくても、重要なものなのだ。だれの力も及ばない、大いなるものの一部なのだ。どうか続けてほしい。あなたのあとひとつを。そしてあとひとつ、さらにあとひとつと。

すべての種子は新たな生命を育む。その生命が新たな種子を生み、さらに新たな生命が育まれる。それがくり返される。

だからあなたも、自分の中にあるものを信頼してほしい。そこでみつけたものを育んでほしい。たとえ——いや特に——だれにも顧みられないときでも。

進み続けよう、成長を続けよう、光に向かって。
あなたは可能性。あなたは種子。

謝辞

両親には勤勉な生き方を教えてくれたことに、すばらしい姉にはいつも励まし、前向きな気持ちにさせてくれたことに、感謝している。夫には特に、つねにわたしと「わたしの科学」を信じてくれたことに、娘には紆余曲折の人生でずっと力になってくれたことにお礼をいいたい。家族からの無償の愛と支えなしにがんばることなど、わたしには想像できない。

わたしの物語を文字にするよう励ましてくれたすべての人にも感謝を。特に、アリ・ベンジャミンには言葉にできないほど助けてもらった。マドゥリカ・シッカはきめ細かな編集をしてくれた。友人や同窓生、同僚たちは、さまざまな形で協力してくれた。貴重な助言をしてくれた次の人たちにお礼をいいたい。高校時代の同級生シューイコシュ・イロナ、高校時代の生物教師トート・アルベルト先生と、子息のトート・チャバ、セゲド大学でともに生物学を学んだコンツ・ジュジャとサバドシュ・ラースロー、ペンシルベニア大学での同僚ジーン・ベネット、エリオット・バーナサン、デイヴィッド・ランガー、ショーン・グレイディ、ノーバート・パーディ、テンプル大学での同僚ロバート・ソボル、家族ぐるみの付きあいのエリザベス・バギ。そして、モリー・グリックとクリエーティブ・アーティスツ・エージェンシーの励ましにも感謝している。

カタリン・カリコ（Katalin Karikó）
1955 年生まれ。ハンガリー出身の生化学者。ペンシルベニア大学特任教授。ドイツのビオンテック社顧問。40 年にわたる研究を経て、アメリカの免疫学者ドリュー・ワイスマンとの共同研究により、遺伝情報を伝える物質「mRNA」を医療に応用する技術を開発。ファイザー社／ビオンテック社およびモデルナ社の新型コロナワクチンの開発に貢献した。その功績が讃えられて、アメリカのラスカー賞（2021 年）、日本の慶應医学賞（2021 年）、日本国際賞（2022 年）など、数々の科学賞を受賞。2023 年には、ノーベル生理学・医学賞をワイスマンとともに受賞した。

笹山裕子（ささやま・ゆうこ）
翻訳家。上智大学外国語学部英語学科卒業。訳書に、マイケル C. ブッシュ＆GPTW 調査チーム『世界でいちばん働きがいのある会社』（日経 BP）、グウェン・ストラウス『ザ・ナイン　ナチスと闘った 9 人の女たち』（河出書房新社）、ヘザー・モリス『アウシュヴィッツのタトゥー係』（共訳、双葉文庫）など。

校閲協力：
石井健（東京大学医科学研究所）
駐日ハンガリー大使館

本文内の写真はすべて著者提供によるものです。

ブレイクスルー　ノーベル賞(しょう)科学者(かがくしゃ)カタリン・カリコ自伝(じでん)

2024年7月20日　初版印刷
2024年7月30日　初版発行

著　者　カタリン・カリコ
訳　者　笹山裕子
装　幀　小口翔平＋畑中茜（tobufune）
発行者　小野寺優
発行所　株式会社河出書房新社
〒162-8544　東京都新宿区東五軒町2-13
電話03-3404-1201［営業］　03-3404-8611［編集］
https://www.kawade.co.jp/
印　刷　株式会社亨有堂印刷所
製　本　小泉製本株式会社
Printed in Japan
ISBN978-4-309-25470-8